Inspirerend Leidinggeven

ing. Rogier Offerhaus MBA

Inspirerend Leidinggeven

10 krachtbronnen voor Persoonlijke Effectiviteit

hNb

UITGEVERIJ H. NELISSEN | SOEST

Copyright: © Uitgeverij Nelissen B.V., Soest, 2001
Omslag: Julius de Goede, Utrecht
Binnenwerk: Henri van Santen, Studio Imago, Amersfoort
ISBN: 90 244 0560 2
NUGI: 684
1e druk: 2001

Uitgeverij Nelissen B.V.
Postbus 3167
3760 DD Soest
Telefoon: (035) 541 23 86 – Telefax: (035) 542 38 77
Website: http:/www.nelissen.nl
e-mail: service@nelissen.nl

Dankwoord

Ik heb het gevoel dat ik het winnende voetbaldoelpunt heb gemaakt en door iedereen gefeliciteerd wordt. Terwijl ik weet dat ik zonder mijn teamspelers nooit dit doelpunt had kunnen maken. Zonder hun ideeën, inspiratie, kennis en ondersteuning had ik dit boek nooit kunnen schrijven. Ik ben jullie allemaal zeer dankbaar en maak een diepe buiging naar jullie.

Als ik begin te denken aan alle mensen die mij geholpen hebben en die ik wil bedanken wordt de lijst alleen maar langer en langer.
Allereerst wil ik mijn vrouw, Petra, en dochter, Carmen, bedanken voor de continue ondersteuning die ik dagelijks van hen krijg en de bereidheid om naar mijn ideeën te blijven luisteren. Zonder jullie aanwezigheid was dit boek er waarschijnlijk niet gekomen. Verder wil ik mijn familie bedanken voor hun vriendschap en de discussies die mij gevormd hebben. In het bijzonder wil ik mijn moeder, Jetty Mellink-Lieftinck, en mijn vader, Rob Offerhaus, bedanken want zonder jullie had ik hier niet gezeten.

Voor het schrijven van dit boek heb ik gebruikgemaakt van heel veel kennis van andere leermeesters; zonder hen had ik dit boek nu niet kunnen schrijven. Ik wil hen dan ook heel erg bedanken voor het aanbieden van hun kennis en voor al hun ideeën, inspiratie, modellen en persoonlijke uitleg. Een paar mensen wil ik in het bijzonder bedanken en dat zijn Dhanya Haremboure, Stephen Covey, Amy en Thomas Harris, Chandrika, Chet Borucki, Piet Weisfelt, Wibe Veenstra, Hans Streng en Anthony Robbins. Dankzij jullie heb ik dit boek kunnen schrijven en heb ik mijn wereld kunnen begrijpen.

Mijn uitgever Nelissen wil ik heel erg bedanken voor de steun en het vertrouwen dat zij mij hebben gegeven. Vooral de gesprekken met Jan de Ruijter hebben mij zeer geholpen en gaven mij de inspiratie om de volgende stap te zetten in het schrijfproces.

Ik wil ook heel graag alle deelnemers aan mijn coaching- en trainingstrajecten bedanken voor jullie betrokkenheid, openheid, aanwezigheid, inzet en discussies die mij zoveel kennis en inzichten hebben gegeven. Ik wil jullie bedanken voor het vertrouwen dat jullie mij hebben gegeven en dat jullie mij accepteren zoals ik ben. Zonder jullie was ik nu niet geweest waar ik nu ben.

Ik wil u bedanken voor het kopen van dit boek en het vertrouwen dat u mij daardoor geeft. In de rest van dit boek heb ik de vrijheid genomen u, met alle respect, te tutoyeren. Ook al kennen wij elkaar niet zo goed, ik wil dat je dit boek leest alsof je mij al jaren kent. Dit boek is in de mannelijke vorm geschreven, maar uiteraard heb ik alle respect voor de vrouwelijke lezer en worden wel degelijk beide seksen bedoeld.

Over de auteur

Ing. Rogier Offerhaus MBA is schrijver en zelfstandig managementcoach en -trainer. Hij is directeur van zijn eigen coachings- en trainingsbureau, ROI Training & Coaching, in Utrecht. Daarnaast besteedt hij een groot deel van zijn tijd aan het onderzoeken van leiderschap en aan het schrijven van boeken en artikelen over dit onderwerp. Ook is hij met enige regelmaat te gast in televisieprogramma's, zoals RTL Z.

Na een HTS-studie Werktuigbouwkunde, gevolgd door een kopstudie Bedrijfskunde, heeft hij een jaar gereisd en gewerkt in India, China en andere delen van Azië. Daarna heeft hij gewerkt voor DSM en vervolgens heeft hij een jaar doorgebracht in Midden- en Zuid-Amerika, waar hij Spaans studeerde en duikmeester was bij een duikschool. Na terugkomst in Nederland haalde hij zijn MBA aan de Universiteit Nyenrode en richtte hij, na korte tijd gewerkt te hebben bij Arthur Andersen, RIO Training & Coaching op. Uitgangspunt hierbij was (en is) dat hij deelnemers aan zijn trainingen coachingstrajecten wil helpen een hoog rendement te halen uit hun inspanning. Tegelijkertijd volgde hij vanuit zijn verlangen meer te begrijpen van menselijk gedrag de driejarige opleiding in psychologie, emotionele intelligentie en professionele communicatie bij Phoenix-opleidingen TA/NLP.

Inmiddels heeft hij talloze mensen, van directeur tot leraar en van trainer tot ondernemer, succesvol getraind en gecoacht op het gebied van inspirerend leidinggeven, professionele communicatie, succesvol presenteren en persoonlijke effectiviteit. Enkele bekende bedrijven en organisaties die hij op deze manier heeft geholpen zijn ABN AMRO, XEROX, MARS en het NOC*NSF. Daarnaast verzorgt hij een opleiding "Inspirerend leidinggeven" aan het InterCollege in Den Haag. Ook geeft hij regelmatig presentaties (onder andere voor de Speakers Academy) over inspirerend leidinggeven, inspirerend communiceren en inspirerend ondernemen.

De missie van Rogier Offerhaus is het resultaatgericht begeleiden van mensen en organisaties die in een veranderingsproces zitten. Het doel is dat ze nog succesvoller en gelukkiger worden.

Voor lezingen of dagvoorzitterschap kunt u Speakers Academy benaderen. Voor trainingen, coachingstrajecten en recente publicaties kunt u kijken op: www.offerhaus.com.

Inleiding

Om inspirerend leiding te geven volstaat het niet om jezelf of andere mensen te motiveren met extra geld, extra vakanties, extra werk of een nog grotere lease-auto. Om mensen te kunnen inspireren moet je zelf geïnspireerd zijn. Een andere manier is er niet. Inspirerend leidinggeven kan daarom in het begin best lastig zijn omdat je niet gewend bent om op deze manier leiding te geven. Maar als je eenmaal je verlangens, krachtbronnen en inspiratie hebt gevonden wil je niks anders meer. Dan kom je in een 'flow'-staat terecht waardoor alles vanzelf lijkt te gaan. Je dag vliegt voorbij en je werk wordt je hobby. De kwaliteit van je werk gaat met sprongen omhoog en je krijgt ook nog goed betaald voor al je activiteiten. Je voelt je gezond en je krachtbronnen lijken onuitputtelijk.

Dit boek leert je hoe jij jezelf en anderen kunt inspireren. Het vertelt je hoe jij je verlangens kunt ontdekken en die effectief kunt realiseren. Het laat je zien hoe je inspirerend leiding kunt geven aan andere mensen zodat zij ook al hun verlangens kunnen realiseren. En jullie samen inspirerend kunnen leven en werken.
De eerste vijf hoofdstukken behandelen hoe je toegang kunt krijgen tot je persoonlijke verlangens en krachtbronnen, en hoe jij je persoonlijke en professionele effectiviteit snel en makkelijk kunt verhogen. De volgende vier hoofdstukken vertellen jou hoe je andere mensen inspirerend kunt coachen in het realiseren van hun verlangens. Het laatste hoofdstuk geeft je de belangrijke informatie hoe jij altijd geïnspireerd kunt blijven door jezelf continu te vernieuwen.
Aan het einde van ieder hoofdstuk vind je tien praktische tips die je direct kunt toepassen.

Dit boek is het resultaat van een jarenlange zoektocht, zowel binnenin als buiten mij, om te leren hoe ik inspirerend leiding kan geven aan mijn leven en dat van anderen. Mijn intentie met dit boek is geweest om een heel praktisch en makkelijk leesbaar boek te schrijven over het realiseren van verlangens. Graag hoor ik uw reactie op dit boek. U kunt mij per e-mail bereiken: rogier@offerhaus.com.

Utrecht, juni 2001

Rogier Offerhaus

Inhoud

INLEIDING

De 10 krachtbronnen van effectieve mensen

KRACHTBRON 1: Je verlangens realiseren
KRACHTBRON 2: Jezelf leren kennen
KRACHTBRON 3: Je pro-actieve Doener gebruiken
KRACHTBRON 4: Je positieve Denker gebruiken
KRACHTBRON 5: Je gelukkige Voeler gebruiken
KRACHTBRON 6: Succesvolle relaties ontwikkelen
KRACHTBRON 7: Coachen van je partners pro-actieve Doener
KRACHTBRON 8: Coachen van je partners positieve Denker
KRACHTBRON 9: Coachen van je partners gelukkige Voeler
KRACHTBRON 10: Jezelf vernieuwen

"Schilders moeten schilderen. Dat is hun levenstaak."
Csikszentmihalyi

Inleiding

Ieder mens heeft verlangens. Verlangens die in onszelf zitten en heel graag gerealiseerd willen worden. Verlangens die schreeuwen om aandacht en uitvoering. Verlangens die ons gelukkig maken en zin geven aan ons leven. Verlangens die een uitdaging voor ons zijn en onze persoonlijke kracht maximaal aanspreken. Verlangens die het beste uit onszelf halen en waar wij voor willen gaan. Verlangens die ons kracht geven en ons grenzeloos succesvol kunnen maken.
Succesvolle mensen gebruiken heel bewust hun verlangens en vertellen hun verlangens ook aan de mensen in hun omgeving. Zo had Mahatma Gandhi het verlangen dat zijn land, India, door Indiërs bestuurd zou worden en dat de Engelsen weg zouden gaan. Met al zijn kracht gaf hij leiding aan dit verlangen en na vele ja-

Succesvolle relaties ontwikkelen
Coachen van je partners pro-actieve Doener
Coachen van je partners positieve Denker
Coachen van je partners gelukkige Voeler
Jezelf vernieuwen

ren gingen de Engelsen inderdaad weg, en konden de Indiërs hun eigen land gaan besturen. Nelson Mandela had het gigantische verlangen dat in zijn land Zuid-Afrika alle mensen dezelfde rechten zouden hebben. Na meer dan dertig jaar leiding te hebben gegeven aan dit gigantische verlangen en meer dan twintig jaar in de gevangenis te hebben gezeten werd zijn verlangen realiteit. Er kwamen democratische en vrije verkiezingen waar iedereen zijn stem kon uitbrengen. Bill Gates had het buitengewone verlangen om op iedere tafel een computer te willen zien staan. En door keihard aan dit verlangen te gaan werken heeft hij dit verlangen bijna gerealiseerd en is hij heel succesvol geworden.
Zo hebben veel meer succesvolle mensen, uit de politiek, uit het bedrijfsleven en uit de sport, hun verlangens gerealiseerd en zijn daardoor erg gelukkig geworden. En dat kun jij ook worden. Want al deze mensen werden in hetzelfde lichaam geboren als jij en hebben daarmee nu hun verlangens gerealiseerd. Jij kunt jezelf nu ook succesvol en gelukkig maken door je verlangens en jezelf optimaal te gebruiken. En daar kun je nu direct mee beginnen want als jij elke dag één persoonlijk verlangen realiseert, kan je leven grenzeloos succesvol en gelukkig worden.

Als jij elke dag één persoonlijk verlangen realiseert, kan je leven grenzeloos succesvol en gelukkig worden.

Helaas heb ik de afgelopen tien jaar tijdens mijn trainingen en coachingstrajecten heel veel mensen ontmoet die hun verlangens niet meer gebruiken. Die zelfs niet meer weten wat hun verlangens, behoeften of dromen zijn. Zij gebruiken hun persoonlijke verlangens niet meer en zijn passief of ze zijn de verlangens van andere mensen gaan realiseren. Zij hebben zich ondergeschikt gemaakt aan de verlangens van hun bazen, familieleden, collega's of medewerkers. Zij hebben de moed verloren om hun eigen verlangens te realiseren. Zij luisteren ook niet meer naar hun eigen verlangens en kunnen zichzelf niet meer motiveren om actief bezig te zijn met hun verlangens. Sommigen van hen hebben ook nooit geleerd om hun verlangens te vertrouwen en hoe zij hun verlangens succesvol kunnen realiseren. Niet van hun ouders, niet van hun leraren (op school) en niet van hun leidinggevenden (op het werk). Wanneer ik deze mensen ontmoet, raakt mij dit altijd zeer. Ik wil namelijk heel graag dat zij kunnen genieten van hun verlangens en hun leven. Dat zij succesvol en gelukkig kunnen zijn op deze aarde. Dat zij kunnen genieten van zichzelf en van alles wat deze schitterende aarde hen te bieden heeft.

Dit boek heb ik voor hen geschreven. En voor de mensen die ik vaak in mijn werk als trainer en coach van directeuren, managers, ondernemers en professionals tegenkom, die hun verlangens 'even' vergeten zijn. Die hun ontwikkeling op een laag

pitje hebben gezet en elke dag het werk doen dat hen opgedragen wordt. Die zonder passie en uitdagende levensdoelen hun leven leiden. Die geen leiding kunnen geven aan hun leven. Die zich afhankelijk zijn gaan opstellen naar hun omgeving: organisatie, bazen of familie, en zichzelf hebben afgesneden van hun levensbron. Die de sleutel naar hun levensbron vol verlangens niet meer kunnen vinden en geen levenskracht hebben om het maximale uit hun leven te halen.
Voor alle mensen die hun levenssleutel weer willen vinden en de deur wagenwijd willen openzetten voor hun verlangens is dit boek geschreven. Voor hen die met passie willen leven en elke dag willen genieten van hun ontwikkeling is dit boek geschreven. Voor hen die verliefd willen worden op het leven en succesvolle relaties met anderen willen ontwikkelen is dit boek geschreven. Dit boek heb ik voor alle mensen geschreven die wél succesvol en gelukkig willen zijn. Die wél naar hun verlangens willen luisteren, ze willen vertrouwen en ze willen gebruiken om succesvol en gelukkig te zijn. Voor alle mensen die zichzelf willen ontwikkelen en nu niet weten hoe zij dat het beste kunnen doen.

Ik heb de overtuiging dat ieder mens op deze aarde grenzeloos succesvol en gelukkig mag zijn. Ik geloof dat iedereen het recht heeft op een succesvol en gelukkig leven. Gelukkig en succesvol zijn, is volgens mij, een geboorterecht. Het is voor mij geen uitzondering dat iemand gelukkig is, maar een gewoonte. Zoals de gewoonte dat je iedere dag het maximale uit je leven wil halen en ervoor wil gaan. De gewoonte dat jij je eigen levensdoelen wil bedenken en die wil realiseren. De gewoonte dat jij van je successen wil genieten en trots wil zijn op de activiteiten die je vandaag gedaan hebt. De gewoonte dat je het beste uit jezelf en anderen wil halen. De gewoonte dat je positief in het leven wil staan en anderen maximaal kunt ondersteunen in het realiseren van hun verlangens. De gewoonte dat jij je zeker en vol zelfvertrouwen voelt. De gewoonte dat jij je persoonlijke kracht kunt vertrouwen en weet dat je elke prestatie kunt leveren die je wil leveren. **De gewoonte dat jij je ontwikkeling en je persoonlijke effectiviteit succesvol kunt besturen.** De gewoonte dat wat jij wenst, door jou te realiseren is. De gewoonte dat wat jij wil, ook kan.

Al deze gewoontes zijn te realiseren door één persoon. En die persoon ben JIJ. Jij kunt alles bereiken waar je ooit naar verlangd hebt. Als jij er nu aan begint, op dit moment, dan kun jij alles bereiken wat je wil bereiken. Ik durf dit te zeggen omdat alle succesvolle mensen die ik heb mogen spreken, mij hetzelfde hebben verteld. Zij vertellen mij allemaal dat zij zelf verantwoordelijk zijn voor hun succes en geluk. Niemand anders heeft dit voor hen gedaan. Zij hebben zelf alles met hard werken bereikt en werken elke dag aan het realiseren van hun verlangens. Elke dag motiveren zij zichzelf om weer een stap te zetten in de richting van hun verlangens

Succesvolle relaties ontwikkelen
Coachen van je partners pro-actieve Doener
Coachen van je partners positieve Denker
Coachen van je partners gelukkige Voeler
Jezelf vernieuwen

zodat deze gerealiseerd worden. Als jij nu beslist om je verlangens te gaan realiseren, gaan er deuren voor je open die tot nu toe gesloten zijn gebleven. Je krijgt dan de beschikking over je gigantische persoonlijke kracht die je ondersteunt in alles wat je doet. Met de kracht van een laserstraal bereik jij je doelen en realiseer jij je toekomstbeeld waar je altijd naar verlangd hebt. Jouw eerste stap daarin is om je persoonlijke verlangens bewust te gaan gebruiken.

Als jij er nu aan begint, op dit moment, dan kun jij alles bereiken wat je wil bereiken.

Krachtbron 1: Je verlangens realiseren

Succesvolle mensen gebruiken hun verlangens om succesvol te zijn. Zij gaan bewust op zoek naar hun verlangens en maken met behulp van hun verlangens hun toekomstbeeld. Visueel ziet dit er als volgt uit:

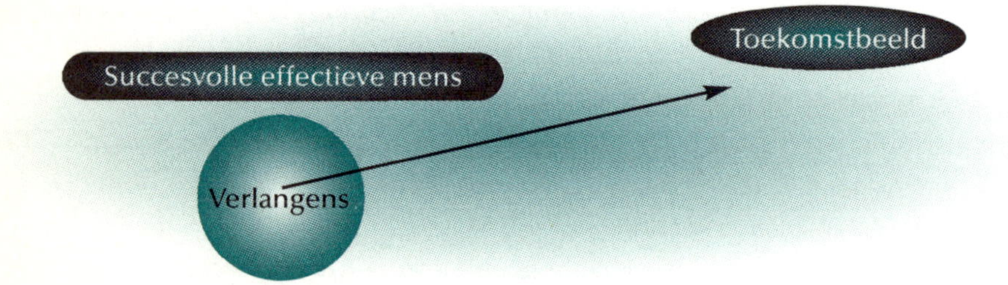

Zij gebruiken de aantrekkingskracht van hun verlangens om gelukkig en succesvol te worden. Hun verlangens zijn de levensdoelen waar zij van houden en waar ze voor willen gaan. Zij zetten zich voor 100% in om hun verlangens te realiseren. Een goed voorbeeld hiervan is de voetballer Johan Cruijff. Zijn grootste verlangen als klein kind was om met voetbal bezig te zijn en daar is hij heel succesvol in geworden. En zo hadden Mahatma Gandhi, Nelson Mandela en Bill Gates ook hun verlangens. En met behulp van hun verlangens creëerden zij hun toekomstbeeld waar zij elke dag onvermoeibaar aan werkten om te realiseren.
De tweede stap voor jou is om jezelf te ontdekken.

Krachtbron 2: Jezelf ontdekken

Voor het realiseren van je verlangens heb je de beschikking over één persoon. En die persoon ben jij. Jij met al je persoonlijke kracht zult je verlangens 'moeten' gaan realiseren. Niemand anders is namelijk zo gemotiveerd als jij. Niemand anders heeft de persoonlijke kracht om door te gaan waar anderen gestopt zijn. En hoe beter jij jezelf kent, hoe sneller en makkelijker jij je verlangens kunt realiseren. Voor het succesvol realiseren van je persoonlijke verlangens is het erg belangrijk dat jij jezelf ontdekt. Dat jij weet wat je sterke kanten en minder sterke kanten zijn. Dat je weet waar je goed in bent, wat je leuk vindt om te doen en waar je persoonlijke kracht ligt. Succesvolle effectieve mensen weten ook altijd waar hun persoonlijke kracht ligt en maken daar maximaal gebruik van. Hun persoonlijke kracht gebruiken zij daarbij als hun instrument voor het realiseren van hun verlangens. En voor hun zwakke kanten huren zij specialisten in, die in dit werk weer goed zijn. Effectieve mensen kunnen ook het beste uit zichzelf halen omdat zij van zichzelf houden. Zij begrijpen dat zij hun leven in dit lichaam zullen doorbrengen en dat zij er niet uit kunnen. Zij verzorgen zichzelf dan ook goed en willen hun persoonlijke kracht zo lang mogelijk gebruiken om al hun verlangens succesvol te kunnen realiseren. Daarvoor maken zij gebruik van hun lichamelijke kracht, hun ***Doener***, van hun mentale kracht, hun ***Denker***, en van hun emotionele kracht, hun ***Voeler***. Visueel ziet dit er als volgt uit:

Voor het realiseren van je verlangens heb je de beschikking over één persoon. En die persoon ben jij.

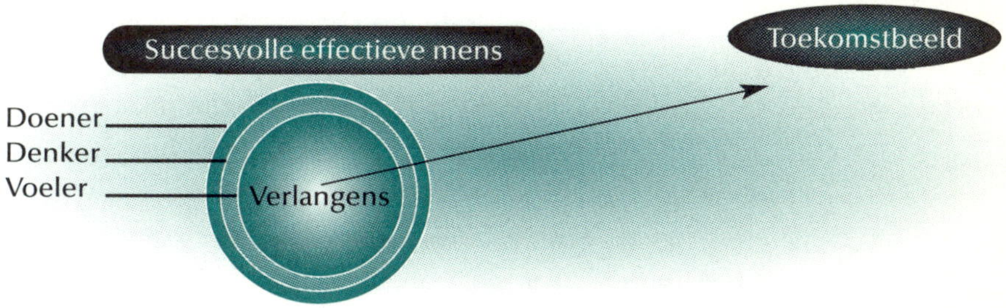

Krachtbron 3: Je pro-actieve Doener gebruiken

De derde stap is om de lichamelijke kracht van je Doener pro-actief te gebruiken. En dit doe je door te gaan *doen*. En nog meer te gaan doen. En daarna wéér te gaan doen. Nu jij je verlangens gebruikt en je persoonlijke krachten hebt ontdekt moet je in actie komen. Je moet iets gaan doen, want als je op de bank blijft zitten gebeurt er niks. Door je Doener pro-actief te gebruiken kom je in actie en realiseer jij je verlangens. Zoals elke reis begint met het nemen van de eerste stap, begint jouw reis met het bewust gebruiken van je pro-actieve Doener. Je pro-actieve Doener is je lichamelijke kracht, die zich graag inzet voor het succesvol realiseren van je verlangens. Zoals een sporter lichamelijk graag bezig is met zijn favoriete sport is jouw pro-actieve Doener lichamelijk graag bezig met je verlangens. Je motiveert hem door lichamelijke activiteiten te laten doen die in de lijn liggen van je verlangens, zoals schrijven, verkoopgesprekken voeren en presentaties houden. Als jij je pro-actieve Doener een opdracht geeft, gaat hij meteen aan het werk. Hij gaat direct klanten bellen of brengt je naar de klant. In je pro-actieve Doener zitten je gedrag en vaardigheden die je 24 uur per dag ondersteunen in het realiseren van al je verlangens. En als jij dat wil, ontwikkelt je pro-actieve Doener nieuw gedrag en vaardigheden zodat jij nog effectiever, succesvoller en gelukkiger kunt worden. De kracht van je pro-actieve Doener ziet er visueel als volgt uit:

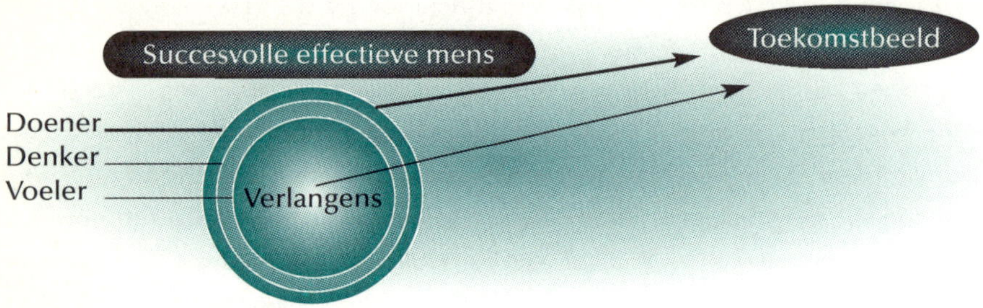

Krachtbron 4: Je positieve Denker gebruiken

De vierde stap is om de mentale kracht van je Denker positief te gebruiken. De mentale kracht van je positieve Denker ondersteunt je bij het realiseren van jouw verlangens door onder andere de juiste doelen, overtuigingen, beslissingen en vragen te formuleren. Je positieve Denker vindt de antwoorden op al je vragen en bedenkt de oplossingen voor al je problemen. De mentale kracht van je positieve Denker zorgt er ook voor dat je geconcentreerd en gefocust aan je verlangens kunt werken, zodat je die snel, effectief en doelmatig mogelijk kunt realiseren. Je positieve Denker is gevuld met persoonlijke positieve overtuigingen zodat je alles kunt bereiken wat je wil bereiken. Hij neemt je beslissingen en zorgt ervoor dat jij je tijd en geld optimaal kunt inzetten voor het snel realiseren van je verlangens. De mentale kracht van je positieve Denker ziet er visueel als volgt uit:

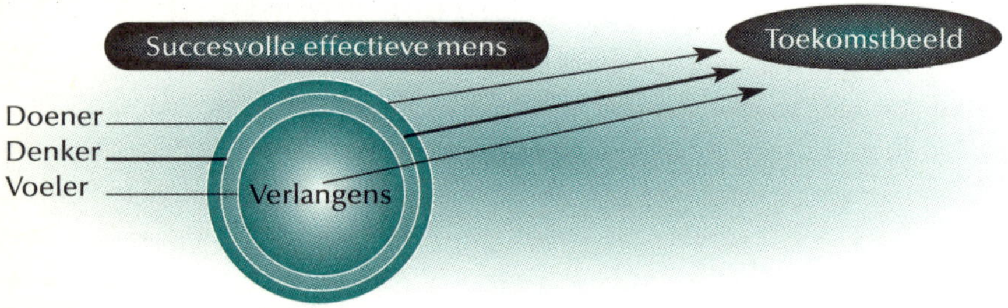

Krachtbron 5: Je gelukkige Voeler gebruiken

De vijfde stap is om de emotionele kracht van je gelukkige Voeler bewust en succesvol te gebruiken. In je gelukkige Voeler zitten je verlangens, passie, wilskracht, gevoelens, emoties en waarden. Je emotionele kracht geeft je heel veel kracht omdat hij je motiveert om door te blijven gaan waar anderen al gestopt zijn. Elke dag heb je ook weer een nieuwe hoeveelheid emotionele kracht die je kunt gebruiken om je verlangens te realiseren. Daarbij zijn de emoties van pijn en geluk de duidelijkste signalen dat je met de verkeerde of juiste verlangens bezig bent. Voor het realiseren van je verlangens is je gelukkige Voeler een onuitputtelijke krachtbron die jou je hele leven energie blijft geven. Daar hoef je helemaal niets voor te doen, behalve van hem te houden. En hoe meer jij van je gelukkige Voeler houdt, hoe meer emotionele 'passie' kracht jij van hem krijgt. De emotionele 'passie' kracht van je gelukkige Voeler ziet er als volgt uit:

Op het moment dat jij je verlangens, je pro-actieve Doener, je positieve Denker en je gelukkige Voeler bewust gebruikt, ben je in staat om je persoonlijke verlangens effectief te realiseren. Wanneer jij die aan het realiseren bent, kun je vanzelf de behoefte krijgen om je successen en geluk met anderen te delen. Of je kunt de behoefte krijgen om bepaalde verlangens samen met anderen te gaan realiseren. Op het moment dat jij die behoeftes voelt, is het belangrijk om met je vrienden, familie of collega's succesvolle relaties te kunnen ontwikkelen. En dat is de volgende stap.

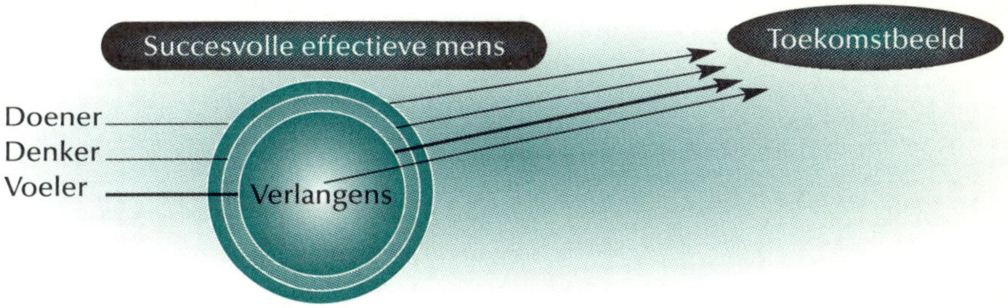

Krachtbron 6: Succesvolle relaties ontwikkelen

Voor het ontwikkelen van een succesvolle relatie met een ander is het belangrijk dat je bewust kiest met wie je wel en met wie je niet een relatie wil opbouwen. Door een bewuste keuze te maken kun je een respectvolle en gelijkwaardige relatie ontwikkelen, waarbij jij de ander als een gelijkwaardige partner ziet. Je partner zal dit zeer waarderen en op deze basis kunnen jullie een succesvolle relatie ontwikkelen. Jullie relatie kun je het beste ontwikkelen door naar de ander te luisteren en hem te volgen. Dit doe je door zijn lichaamstaal te spiegelen, zijn woordkeuze te gebruiken en je in zijn positie te verplaatsen. Als de relatie zich positief ontwikkelt, kun je er ook voor kiezen om je partner te gaan coachen. Dan neem je een gedeelde verantwoordelijkheid voor het succesvol realiseren van zijn verlangens en kun jij jezelf als leidinggevende verder ontwikkelen. De relatie ziet er visueel als volgt uit:

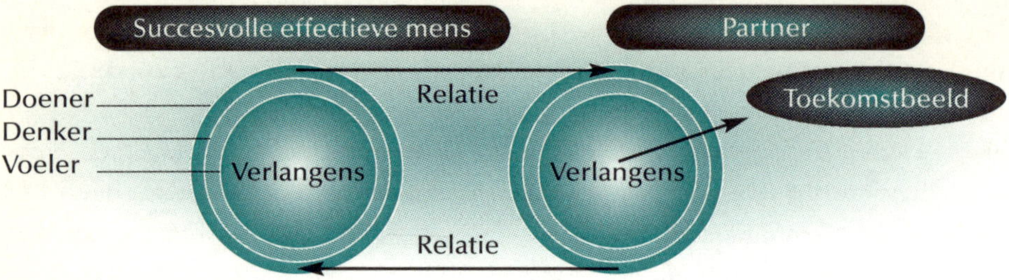

Krachtbron 7: Coachen van je partners pro-actieve Doener

Wanneer je de beslissing hebt genomen om je partner te gaan coachen is het goed om met hem een resultatencontract af te spreken. In dit contract leggen jullie vast aan welke verlangens jullie willen gaan werken. Om je partner zo goed mogelijk te kunnen coachen in het opstellen en realiseren van zijn resultatencontract is het belangrijk dat jij een goed beeld van hem krijgt. Zodat jij weet hoe je partner zich sinds zijn geboorte heeft ontwikkeld, wat hij heeft gedaan en hoe hij zijn drie persoonlijke krachten heeft gebruikt. Voor het krijgen van een goed beeld is het verstandig om eerst zijn levensgeschiedenis te bespreken en dan samen met hem het resultatencontract af te spreken. Nadat je het contract hebt afgesproken kun je zijn pro-actieve Doener gaan ondersteunen in het realiseren van zijn verlangens uit het contract. Daarvoor kun je gebruikmaken van de vier begeleidingsstijlen die Hersey en Blanchard hebben ontwikkeld. Deze zijn:

- instrueren
- overtuigen
- overleggen
- delegeren.

Daarbij is overleggen de enige coachende stijl. Je partners pro-actieve Doener coachen ziet er visueel als volgt uit:

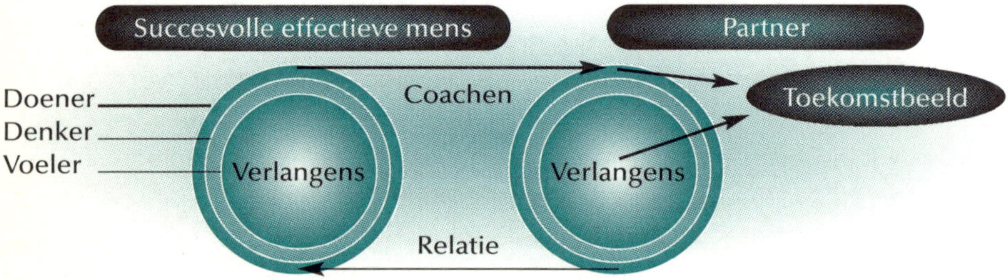

Krachtbron 8: Coachen van je partners positieve Denker

De volgende stap in je ontwikkeling is om je partners positieve Denker te gaan coachen. Wanneer jij je partners positieve Denker gaat coachen is het belangrijk om goede afspraken te maken volgens welke regels jullie met elkaar willen gaan samenwerken. Anders kan er tussen jullie een 'ego'-machtsstrijd ontstaan. Nadat je de samenwerkingsregels hebt afgesproken ga je samen zijn zelfbeeld en overtuigingen analyseren, waarbij je vooral kijkt of die positief zijn. Dit onderzoek kun je het beste doen vanuit de positieve overtuiging: Ik ben Oké – jij bent Oké, omdat je dan effectief kunt samendenken. Daarna ga je kijken naar zijn doelen, hoe hij beslissingen neemt en nodig je hem uit om zijn eigen denkmodel of filosofie voor zijn leven te gaan ontwikkelen. Je partners positieve Denker coachen ziet er visueel als volgt uit:

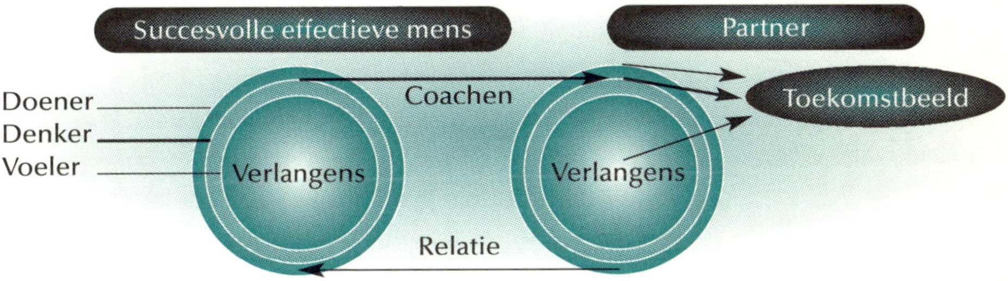

Krachtbron 9: Coachen van je partners gelukkige Voeler

Je volgende ontwikkelingsstap is om je partners gelukkige Voeler te gaan coachen. Je bent dan bij de kern van je partner aangekomen en er is tussen jullie een groot vertrouwen ontstaan. Je mag het als een compliment opvatten dat je hem op zijn emotionele niveau mag gaan coachen, want dit betekent dat je hem op de vorige niveaus succesvol hebt begeleid. Belangrijk op dit niveau is dat jij jullie emotionele relatie goed houdt. Dat kun je vooral doen door positief te blijven staan op jullie gezamenlijke emotionele bankrekening. Positief blijven staan doe je door complimenten te geven en hem positief te ondersteunen in het bewust worden van zijn succesvolle ervaringen, en hem te begeleiden in het ontdekken van zijn waarden en emoties. Je leert hem hoe hij zijn emotionele kracht effectief kan gebruiken voor het succesvol realiseren van zijn verlangens. Je partners gelukkige Voeler coachen ziet er visueel als volgt uit:

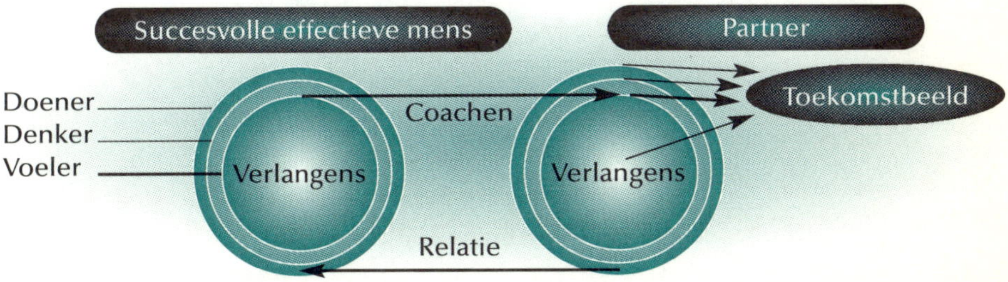

Krachtbron 10: Jezelf vernieuwen

De tiende stap die je kunt maken in je ontwikkelingsproces is jezelf te vernieuwen. Jezelf vernieuwen is heel erg leuk omdat je leven dan vol verrassingen en uitdagingen blijft. De belangrijkste voorwaarde om jezelf te vernieuwen is dat je open en nieuwsgierig blijft naar je wereld en de mensen in je omgeving. Dat je op zoek blijft gaan naar nieuwe mogelijkheden en nieuwe verlangens blijft realiseren. Dat je blijft genieten van je grenzeloze persoonlijke kracht en de aarde waarop je mag leven. Dan is je vernieuwingsproces ook niet zwaar of frustrerend en is het een feest om te veranderen. Succesvolle effectieve mensen houden ook altijd hun nieuwsgierigheid naar nieuwe producten, diensten, oplossingen en mensen. Zij hebben een innerlijke honger naar verandering en willen elke dag een nieuwe activiteit leren. Zij vinden een bestaande situatie al gauw saai en voorspelbaar. Zij houden van spanning en vinden risico's nemen leuk. Zij houden van uitdagingen en gaan voor het maximale in hun leven en werk. Voor jou is het de uitdaging om je te blijven vernieuwen, want stilstaan is achteruitgaan. **Nu je echter zo goed contact hebt met je verlangens, je pro-actieve Doener, je positieve Denker en je gelukkige Voeler zul je merken dat jij elke dag graag nieuwe activiteiten wil doen.** Dat je het leuk vindt om elke dag nieuwe ervaringen op te doen. Dat je het een uitdaging vindt om een nieuwe partner te mogen gaan coachen. Dat je graag met nieuwe, verrassende mensen wil samenwerken omdat je van hen weer nieuwe dingen kunt leren. Dat je graag nadenkt over nieuwe innovatieve producten diensten en die wil realiseren.

Jezelf vernieuwen ziet visueel er als volgt uit:

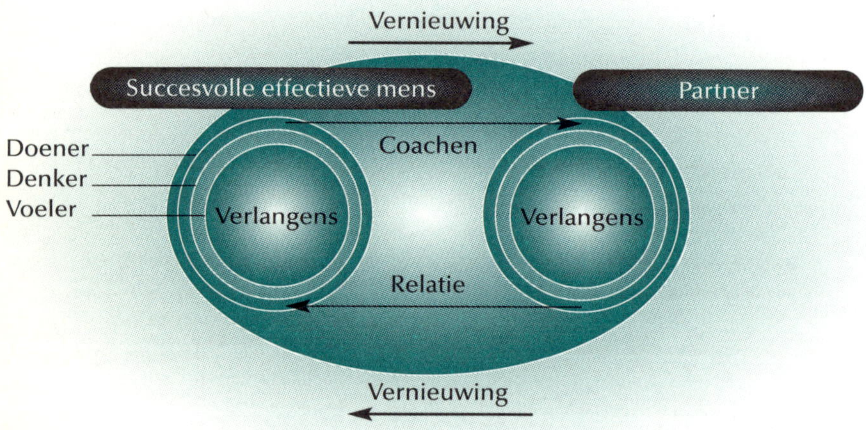

KRACHTBRON 1

Je verlangens realiseren

*"Een wijs man zoekt het in zichzelf,
de dwaas zoekt het in anderen"*
Confucius

Verlangens: de reden van ons bestaan

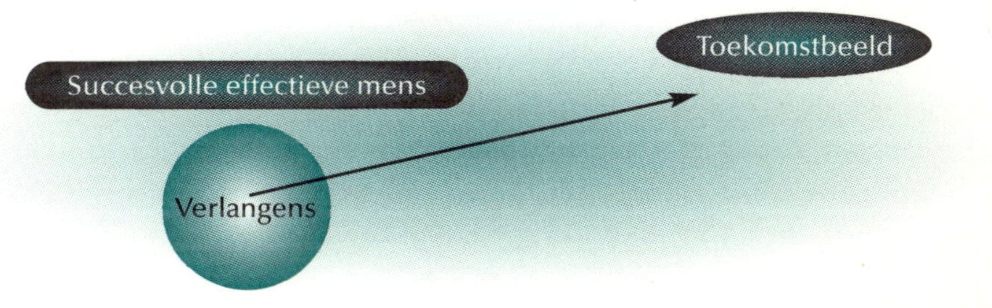

We hebben allemaal verlangens. Verlangens waar we niet omheen kunnen en die we bijna 'moeten' realiseren om gelukkig te zijn in ons leven. Het verlangen bijvoorbeeld om onszelf te kunnen zijn. Het verlangen om het beste uit onszelf te halen. Het verlangen om ons dienstbaar te maken voor anderen. Het verlangen naar vrijheid, zingeving en betekenis. Het verlangen om te groeien, om te leren, om jezelf te ontwikkelen. Het verlangen om anderen gelukkig te maken. Het verlangen om verliefd te zijn op je partner. Het verlangen om die ene mooie auto te hebben. Het verlangen naar meer vrije tijd. Het verlangen naar een betekenisvol leven. Het verlangen om veel geld te hebben en financieel onafhankelijk te zijn. Het verlangen naar liefde en aandacht. Het verlangen om de mooiste en beste onderneming te bouwen, een onderneming waarbij de klanten altijd de juiste producten en de juiste diensten op de juiste tijd krijgen. Waar de werknemers elke dag met plezier naar het bedrijf komen om samen met elkaar het werk te doen. Het verlangen om waardevol voor een ander mens te kunnen zijn en anderen te begeleiden in hun ontwikkeling. Het verlangen naar een mooi huis of het verlangen naar de warme zon die op ons gezicht schijnt na een donkere, koude winter. Het verlangen naar zekerheid. Het verlangen om gezien te worden. Het verlangen naar welzijn. Het verlangen naar vernieuwing en respect. Het verlangen naar waardering en succes.

Ieder mens heeft verlangens, voor zichzelf en voor anderen. Onze verlangens geven richting en betekenis aan ons leven. Onze verlangens stimuleren ons elke dag om onze verlangens te gaan realiseren omdat dit ons zo gelukkig maakt. **Onze verlangens geven ons tijdens en na het realiseren ervan een ontzettend groot geluksgevoel en veel zelfvertrouwen.** Jij kunt je ook vast een ervaring herinneren waarbij je een persoonlijk verlangen succesvol realiseerde en jij je daardoor heel gelukkig voelde. Tijdens het uitvoeren van je hobby's of tijdens een vakantie heb jij vast wel eens de ervaring opgedaan dat je een verlangen realiseerde en dit je een heel prettig, tevreden gevoel gaf. Dit kan ook op je middelbare school zijn geweest waar je een goed cijfer voor een vak wilde halen of op je huidige werk waar je heel graag een bepaalde opdracht of project succesvol wilde uitvoeren. Tijdens mijn training vraag ik de deelnemers of zij ook ervaringen hebben waar ze een persoonlijk verlangen hebben gerealiseerd en die kunnen zij zich meestal gelijk herinneren. Ik nodig hen dan uit om elkaar deze succesvolle ervaringen te vertellen en dat willen zij altijd heel graag. Tijdens het vertellen gaan hun ogen glimmen van plezier en zij vinden het heerlijk om hun succeservaringen met anderen te delen. Door deze ervaring weer te beleven, voelen zij zich succesvol en gelukkig. En wie wil dit nu niet voelen? We voelen ons gelukkig en succesvol omdat we tijdens het realiseren van onze verlangens ervaren we dat we zelf invloed hebben op ons leven en op ons gevoel. Wij ervaren dat wij voor ons succes en geluk van niemand anders afhankelijk zijn. We kunnen ons eigen leven creëren en dat geeft ons veel zelfvertrouwen. We merken dat we zelf kunnen bepalen hoe we ons voelen, wat we doen en hoe we over onszelf denken. We hebben dan ook altijd genoeg energie en alles lijkt vanzelf te gaan. Niets lijkt echt een inspanning te zijn en vrij gemakkelijk realiseren wij onze verlangens.

Wij ervaren dat wij voor ons succes en geluk van niemand anders afhankelijk zijn.

De oefening die ik de deelnemers geef, wil ik jou nu ook vragen om te doen. Dan kun je zelf ervaren hoe leuk het is om je succesvolle ervaringen opnieuw te beleven. Je kunt deze oefening alleen doen of samen met een ander.
De oefening gaat als volgt:

1 Herinner je een ervaring waarmee jij een persoonlijk verlangen realiseerde; in je werk, hobby, familie of gemeenschap. Schrijf deze ervaring kort op.

2 Wanneer jij een goed beeld, gevoel en omschrijving hebt van deze ervaring, analyseer dan alleen of samen waardoor jouw leidende rol effectief en succesvol was.
3 Welke persoonlijke kwaliteiten heb jij daarbij gerealiseerd?

•

•

•

Het resultaat van deze oefening is dat je weet welk verlangen je hebt gerealiseerd en welke persoonlijke kwaliteiten je hiervoor gebruikt hebt. Het is handig om deze persoonlijke kwaliteiten vaker te gaan gebruiken omdat je hierdoor meer succesvol kunt zijn. Deze kwaliteiten ondersteunen je in het effectief realiseren van je verlangens en geven je de kracht om succesvol te zijn.

Je persoonlijke verlangens zijn heel belangrijk voor je succes. Je kunt je verlangens ook niet door een ander laten realiseren. Jij zult het zelf 'moeten' doen omdat een ander nooit zo gemotiveerd is als jij. De onderzoeker en schrijver Csikszentmihalyi heeft dit heel duidelijk uitgelegd in zijn boek *Flow*. Daarin zegt hij:

"Schilders moeten schilderen. Dat is hun levenstaak." Een schilder kan niet een ander vragen om zijn schilderijen voor hem te schilderen. Hij zal zelf zijn verlangen om te schilderen moeten verwezenlijken en moet daar de verantwoordelijkheid voor nemen. Het is zijn persoonlijk verlangen en hij kan dit niet afschuiven op een ander, want dat maakt hem alleen maar ongelukkig. De schilder Herman Brood moest ook zijn eigen schilderijen schilderen. Hij kon dit niet overlaten aan een leerling of een andere schilder, want die zouden nooit het schilderij kunnen maken dat hij wilde maken. Een ander mooi voorbeeld van een schilder die altijd vanuit zijn verlangen is blijven schilderen is Rembrandt. Deze schilder is pas na zijn dood heel erg beroemd geworden. Tijdens zijn leven was hij een relatief onbekende schilder en verdiende hij heel weinig geld met zijn schilderijen. Toch bleef hij in armoede doorschilderen omdat schilderen zijn grootste verlangen was. Hij wilde en kon gewoon niet anders.

Onze verlangens hebben deze zeer grote aantrekkingskracht op ons en wij willen dan ook heel graag van onze verlangens ons werk maken. Dit zie je bijvoorbeeld bij een piloot die een groot verlangen heeft om met zijn vliegtuig te gaan vliegen en niets anders wil doen dan vliegen. Onlangs zijn een aantal piloten van de vliegtuigmaatschappij Martinair naar de rechter gestapt omdat zij met 55 jaar nog niet met pensioen willen. Financieel gezien kunnen ze rustig thuis op de bank gaan zitten maar daar voelen zij zich niet gelukkig. Zij willen vliegen omdat zij zich dan gelukkig en waardevol voelen. Zij werken ook niet alleen voor het geld dat ze verdienen maar ze werken ook omdat zij zo hun vliegverlangen kunnen bevredigen. Zij zijn eigenlijk vrijwilligers die liever komen werken dan thuis op de bank te gaan zitten. Mensen die vanuit hun verlangens leven, werken ook niet alleen voor het salaris dat zij ermee verdienen. **Zij werken omdat ze tijdens hun werk hun verlangens succesvol kunnen realiseren.** Hun werk geeft betekenis aan hun leven. Zo zal een violist die verlangt naar het geluid van zijn viool, elke dag minimaal een uur op zijn viool willen spelen. Anders voelt hij zich ongelukkig, want dan is hij afgesneden van zijn geliefde verlangen.

De belangrijkste reden om zelf je verlangens te gaan realiseren is dat jij de enige persoon op deze aarde bent die al zijn kracht, tijd en liefde in het realiseren van deze verlangens wil stoppen, en deze verlangens daarom ook succesvol kunt realiseren. Een ander zal bij eventuele tegenslagen veel eerder stoppen omdat hij niet meer gemotiveerd is. Terwijl jij tegenslagen als een extra uitdaging ziet en rustig een uurtje extra doorgaat met het realiseren van je verlangens. Je kúnt ook niet anders omdat jouw verlangens je duwen en trekken naar het verlangde resultaat. Je verlangens geven je de wilskracht om elke tegenslag aan te kunnen en er effectief mee om te gaan.

Je verlangens geven je de wilskracht om elke tegenslag aan te kunnen en er effectief mee om te gaan.

Om een nog beter beeld te krijgen van je verlangens wil ik je vragen om de volgende korte oefening te doen. Met behulp van deze makkelijke oefening kun je gelijk ontdekken wat je verlangens zijn.

Ik wil je uitnodigen om jezelf de volgende vraag vijf keer te stellen: Wat wil ik heel graag bereiken? Door deze vraag vijf keer te beantwoorden weet je heel snel en duidelijk wat je verlangens zijn!

1 ....

2 ....

3 ....

4 ....

5 ....

Je antwoorden op deze vraag geven je een goed beeld van je verlangens en wat je heel graag wil bereiken. Je antwoorden geven je persoonlijke verlangens aan die jij nu heel graag wil realiseren. Zij geven de richting aan waarin jij je wil ontwikkelen.

Je hebt nu een lijstje van verlangens waarvan je waarschijnlijk nu al merkt dat je die graag wil gaan realiseren. Je hebt nu de eerste stap gezet en je merkt nu ook al gelijk hoe leuk het is om met je eigen verlangens bezig te zijn. Zeker als je bedenkt dat al je verlangens in je leven kunnen uitkomen. Al je dromen, wensen en verlangens zijn te realiseren in je leven. Niets is onmogelijk; alles is mogelijk. **Je hoeft alleen maar naar succesvolle en effectieve mensen zoals Nelson Mandela te kijken om te weten dat niets onmogelijk is.** Met je verlangens bezig zijn kun je vergelijken met het eten van een heel lekker ijsje. Een ijsje waar je al de hele dag naar verlangd hebt en dat je nu in je rechterhand vasthoudt. En heerlijk langzaam opeet. Waarbij je van elk likje heel erg geniet. Het is een cadeautje voor jezelf en het geeft je een heerlijke tevreden gevoel. Ditzelfde gevoel krijg je als jij je verlangens realiseert. En hoe groter het verlangen is dat je realiseert, hoe groter het gelukkige gevoel is dat je ervaart. Het is bijna te vergelijken met een steeds groter ijsje dat je mag opeten. Alleen bij een ijsje heb je op een gegeven moment genoeg ijs gegeten zodat je er geen zin meer in hebt. Terwijl je nooit genoeg krijgt van het realiseren van verlangens. Je verlangens zijn een onuitputtelijke bron die jou gedurende je hele leven zullen voorzien van nieuwe, uitdagende verlangens. Net zoals bij ijs, waarvan ook tientallen verschillende smaken zijn, die je allemaal wil proeven en waar je van wil genieten. Je verlangens realiseren geeft je heel veel plezier en voldoening. Als je aan jouw verlangens werkt, is elke dag ook bijzonder en vliegt de tijd voorbij. Je komt in een positieve 'flow'-staat waardoor je heel effectief wordt en alles vanzelf lijkt te gaan. Je voelt je optimaal en zo sterk als een beer. En wanneer je eenmaal gewend bent aan dit heerlijke, krachtige gevoel, dan wil je niets anders meer. Dan kun je ook bijna niet meer begrijpen dat er mensen zijn die niet vanuit hun verlangens leven.

Al je dromen, wensen en verlangens zijn te realiseren in je leven. Niets is onmogelijk; alles is mogelijk.

Je verlangens creëren je toekomst

Op basis van je verlangens creëer je ook je toekomst. Jij bepaalt hoe je volgende zomervakantie eruit zal zien; naar wat voor soort plaats of land je wil. Als je bijvoorbeeld verlangt naar een rustige zomervakantie aan een zonnig strand, dan kun je naar verschillende stranden in en buiten Nederland gaan. Jij kunt naar een heel mooi rustig strand in Noord-Holland gaan of naar een strand in Zuid-Frankrijk of Spanje. Al die stranden staan tot je beschikking en jij creëert je eigen toekomst door naar het strand te gaan dat het beste voldoet aan je verlangens.

De manier waarop jij, op basis van je verlangens, je strandvakantie creëert, kan als volgt gaan: Je stelt je voor hoe het op de verschillende stranden zal zijn, je kijkt naar foto's uit de reisbladen, je leest in de reisgids de informatie over de verschillende stranden en je praat met mensen die daar al geweest zijn. Met behulp van al deze informatie vorm je een beeld van elk strand en kies je het strand uit dat aan al je verlangens voldoet. Wanneer je op het strand aankomt, voel jij je gelukkig als het strand aan je verlangens voldoet en ongelukkig als het niet aan al je verlangens voldoet. Deze werkwijze, een toekomstbeeld van je verlangens maken, gebruik jij ook wanneer je jouw huis wil schilderen of verbouwen. Stel dat jij je keuken wil gaan verbouwen. Dan ga je waarschijnlijk eerst naar een keukenspecialist en vertel je hem je verlangens over hoe je keuken eruit moet komen te zien. Hij maakt daar een schets van en dan kun je kijken of die overeenkomt met het beeld dat je zelf hebt van je verlangens. Met behulp van die schets kun je dan de juiste keuken uitkiezen en laten inbouwen. Bij het woonbedrijf IKEA kun je nu ook met behulp van een computer een driedimensionale tekening laten maken van je nieuwe keuken. Je ziet op het scherm direct hoe je toekomstige keuken eruitziet en je kunt zien of die overeenkomt met je verlangens. Als dat zo is, kun je het ontwerp laten printen en dan heb je een tekening van je nieuwe keuken. Hoe duidelijker die tekening is, hoe beter je weet hoe je toekomstige keuken eruit zal komen te zien. Terwijl als je geen tekening laat maken en zomaar een keuken bestelt, dan moet je nog maar afwachten of je nieuwe keuken er zo uitziet als je verlangt. En als je een architect vraagt om een nieuwe keuken te maken, dan is de kans nog veel groter dat je een keuken krijgt die niet aan jouw verlangens voldoet. De architect heeft namelijk zijn eigen verlangens en zal proberen om die gerealiseerd te krijgen. De kans is dan vrij groot dat je een keuken krijgt die de architect mooi vindt en die meer overeenkomt met zijn verlangens dan die van jou. Het is voor jezelf belangrijk om een goede tekening te hebben van je nieuwe keuken of je persoonlijke toekomst. De tekening van een nieuwe keuken, die bij IKEA door de computer of door de architect wordt gemaakt, wordt een **visie** genoemd. **Een visie is een persoonlijk toekomstbeeld, gebaseerd op je verlangens.** En dit toekomstbeeld (of visie) kan van jezelf, van je nieuwe keuken of van je volgende vakantie zijn.

Wanneer jij je persoonlijke verlangens wil realiseren, dan heb je een persoonlijk beeld van je toekomst nodig. Anders weet je niet waar je naartoe wil gaan en heb je geen bestemming. En als je geen bestemming hebt, dan kun je ook geen richting geven aan jouw ontwikkeling. Dan weet je niet wat je wil gaan doen en weet je ook niet wanneer je welke beslissing moet nemen. Je hebt dan geen eigen persoonlijke visie en je kunt afhankelijk worden van de toekomstbeelden die anderen over je hebben. Dan gaan anderen bepalen hoe jij je gaat ontwikkelen en dat kan een stuk minder bevredigend zijn dan wanneer jij je eigen toekomst realiseert. Leven en werken zonder een persoonlijk toekomstbeeld is te vergelijken met in een trein stappen waar je de bestemming niet van weet. Dan kun je overal terechtkomen en bepaalt de machinist waar je naartoe gaat. En dat is waarschijnlijk een plaats waar híj wil zijn en waar hij het waarschijnlijk ook leuk vindt. Terwijl het voor jou nog maar de vraag is of jij daar wil zijn en of jij het daar leuk vindt.

Als je geen bestemming hebt, dan kun je ook geen richting geven aan jouw ontwikkeling.

Iedere succesvolle effectieve ondernemer is ook begonnen met alleen zijn verlangens en ontwikkelt op basis daarvan zijn visie. Zeer succesvolle ondernemers zoals Gerard en Anton Philips van Philips en Richard Branson van Virgin zijn allemaal begonnen met behulp van hun verlangens. Het verlangen dat zij een betere en goedkopere lamp aan hun klanten wilden aanbieden, zoals de gebroeders Philips. Of het verlangen van Richard Branson om hoogwaardige producten en diensten voor een scherpe marktprijs aan te bieden. Of het persoonlijke verlangen om de beste organisatie van de wereld op te bouwen. Of het verlangen om het beste bedrijf in hun markt te willen zijn. Of het verlangen om een revolutionair product te introduceren dat nog niet bestaat. Deze en andere ondernemers hadden niet veel meer dan hun eigen persoonlijke verlangens en visie. En dankzij hun persoonlijke verlangens, visie en kracht hebben zij gigantische bedrijven opgericht waar heel veel mensen werken en hun salaris verdienen, en kunnen wij nu hun producten gebruiken. In het boek *De aartsvaders* van Wim Wennekes wordt de ontwikkeling van verschillende Nederlandse ondernemers van bekende bedrijven zeer uitvoerig en mooi beschreven. Over deze ondernemende mensen zegt hij:

> "Deze ondernemers waren stuk voor stuk gezegend met het vermogen om anderen te enthousiasmeren en aan de gang te houden. Op basis van hun gevoelens (intuïtie) ontwikkelden zij een visie, maakten zij ondernemingsplannen en gaven zij daar onvermoeibaar uitvoering aan".

Meer specifiek zegt hij over Anton Philips, één van de oprichters van Philips, dat deze een typische ondernemer was die een krachtig ontwikkelde intuïtie, gezond verstand, een duidelijke visie en humor had. Over één van de oprichters van Shell, Henri Deterding, vertelt hij dat Henri veel van zijn investeringsbeslissingen nam op zijn gevoel, door hemzelf 'olie-instinct' genoemd. Over de oprichter van de KLM, Albert Plesman, vertelt hij dat Albert een sterke intuïtie had samen met een gezond verstand. Uit cijfers, grafieken en statistieken kon Albert een visie ontwikkelen en de toekomst voorspellen. Over Ko Vis, de oprichter van de Nederlandse Zout Industrie, schrijft hij dat zout voor hem veel meer was dan een handelsobject alleen. Het leek wel of hij aan deze zilverige, onmisbare stof zijn hart had verpand. Zijn grootste drijfveer die hem bij alle teleurstellingen tot volhouden aanzette was zijn wilskracht, en niet een verlangen naar financieel gewin.

Al deze ondernemers hadden dus een zeer sterk verlangen om een nieuw of beter product of dienst te maken en aan de klanten te leveren, zodat de klanten nog meer tevreden zouden zijn en nog meer producten en diensten zouden kopen. Zij gebruikten continu hun verlangens en die van de klanten om de juiste producten en diensten te ontwikkelen, zodat zij die met veel succes konden verkopen aan hun klanten. En met de behaalde winst bouwden zij gigantische ondernemingen. Al deze succesvolle effectieve mensen begonnen met hun verlangens en de visies die zij daarmee ontwikkelden.

Een voorbeeld van een opvallende visie is die van Zaal van Zwanenberg, de oprichter van de Organon medicijnfabrieken. Zijn visie is: *"Het varken is een wonder van onbegrensde mogelijkheden."* Deze visie geeft voor mij duidelijk aan dat hij op een heel andere manier keek naar varkens dan de gemiddelde mens. Hij zag varkens veel meer als een mogelijkheid om goede medicijnen voor mensen van te maken. Terwijl ik een beeld heb van een varken als een dier dat graag in de modder speelt. Hij had een heel andere visie over dit dier en daarom was hij in staat om van een varken medicijnen te maken.

Een andere opvallende visie is die van de heer Henri Deterding. Zijn visie was: *"Ik beschouw olie veeleer als een vrijtijdsbesteding dan als een business."* Deze visie geeft duidelijk aan hoe emotioneel verbonden hij was met olie. Hij werkte vanuit zijn verlangen met olie en had van zijn hobby zijn werk gemaakt. En mede daardoor was hij in staat om een gigantisch bedrijf op te bouwen.

Een andere bijzondere visie is die van de heer Charles Stork, die de Stork Machinefabrieken N.V. heeft opgericht. Zijn visie was: *"Ik had veel idealen en ze zijn alle werkelijkheid geworden! Ik ben een gelukkig mens."* Hij leefde vanuit zijn idealen van zijn onderneming en geeft aan dat hij daardoor heel gelukkig is geworden.
Deze visies kunnen wij ook goed gebruiken om gelukkig te worden door vanuit onze idealen en verlangens te leven. Bovenstaande visies geven duidelijk aan hoe deze succesvolle effectieve mensen vanuit hun persoonlijke verlangens leefden en werkten. Zij hebben hun hele leven leidinggegeven aan het realiseren van hun verlangens en zijn daardoor zeer succesvol geworden.

Succesvolle effectieve mensen begonnen met hun verlangens en de visies die zij daarmee ontwikkelden.

Het is voor jou dus zeer verstandig om je verlangens te gebruiken en daar een visie uit te ontwikkelen. Want dan is de kans zeer groot dat je net zo succesvol en gelukkig wordt als de hiervoor genoemde mensen. En omdat wanneer jij je verlangens niet gebruikt, het veel moeilijker voor je wordt om je persoonlijke succes en geluk te realiseren. Je bent dan overgeleverd aan het moment van de dag en je kunt geen lange-termijnplanning maken van je persoonlijke succes. Je kunt je nergens op richten en je bent overgeleverd aan wat andere mensen belangrijk vinden. Je kunt dan bijvoorbeeld heel veel geld gaan verdienen omdat andere mensen je dan succesvol vinden maar als je zelf liever gaat schilderen, kun je doodongelukkig zijn. Je bent dan misschien wel heel erg rijk maar ook heel erg ongelukkig. Vandaar dat het belangrijk is dat je op basis van je verlangens een persoonlijke visie ontwikkelt, zodat je weet waar jij je op wil richten en welk werk jij leuk vindt om te doen. Daarbij is het zeer belangrijk dat jij je visie (toekomstbeeld) zó inspirerend, uitdagend en leuk maakt, dat je elke dag met vreugde uit je bed springt om aan de slag te gaan. Om dit te bereiken moet jij al je verlangens een plek in je toekomstbeeld geven. Dan ontwikkel jij *al* je gigantische persoonlijke kracht en kun je succesvol al je verlangens gaan realiseren. Je weet direct dat je op het goede pad bent als jij al enthousiast begint te worden wanneer jij aan je toekomstbeeld begint te denken. Je merkt dan ook dat je eigenlijk maar over één onderwerp wil praten en dat zijn je verlangens. Je bent 'verliefd' op je eigen toekomstbeeld en dat is het enige wat je wil bereiken. Alle zaken die buiten je toekomstbeeld en verlangens liggen, zijn minder interessant geworden. Dit vind je misschien vreemd, maar ga maar eens met een succesvolle en gepassioneerde ondernemer praten. Dan voel je, zie je en hoor je direct wat ik bedoel. Zij zijn helemaal gefocust op het realiseren van hun verlangens en visie en praten over niets anders. Zij zijn zó enthousiast en gedreven, dat de energie er vanaf springt. Ze vinden hun leven ook erg uitdagend en spannend. Ze hebben het gevoel dat zij het leven zelf in de hand hebben en zelf bepalen hoe succesvol en gelukkig zij zijn. Zij geven zelf vorm aan hun leven en zijn daardoor de meesters van hun leven. En ze maken van hun leven een meesterwerk.

Een mooi voorbeeld van een inspirerend en uitdagend toekomstbeeld is dat van Bill Gates. Toen hij in 1980 met zijn bedrijf, Microsoft, begon was zijn visie: *Op elke tafel een computer.* En dit was op het moment dat op iedere kantoortafel nog een typemachine stond. Dit was een gigantische uitdagende visie waar een groot persoonlijk verlangen van hem achter zat. Hij was ervan overtuigd dat de computer de mens zou ondersteunen in zijn ontwikkeling en in het realiseren van zijn verlangens. Vanaf 1980 heeft hij vrijwillig samen met anderen keihard gewerkt en nu is zijn visie in Nederland bijna gerealiseerd. Kijk maar om je heen; in Nederland staat op bijna iedere kantoortafel wel een computer. Hij heeft zijn visie zeer succesvol gerealiseerd en is onderweg ook nog eens heel rijk geworden. En hij niet alleen, want veel van zijn medewerkers zijn ook heel rijk geworden door de aandelen die ze van hem hebben gekregen. Ik heb gelezen dat 1.500 medewerkers van Microsoft miljonair zijn geworden door de aandelenopties die zij van hem hebben gekregen. En niet alleen zijn medewerkers zijn heel rijk geworden maar ook zijn toeleveranciers, zoals computer- (IBM) en chipfabrikanten (INTEL). Zijn visie ondersteunde ook de leveranciers van Microsoft omdat zij natuurlijk ook graag zoveel mogelijk computers en chips willen verkopen. En zij zien natuurlijk ook heel graag op ieders tafel een computer staan. Het persoonlijke verlangen van Bill Gates kreeg hierdoor nog meer kracht en daardoor werd het voor hem nog makkelijker om dit te realiseren.

De klanten wilden ook graag een computer op hun tafel hebben staan omdat zij daardoor nog efficiënter en effectiever konden werken. **De visie van Bill Gates was (en is) een win-win visie die iedereen blij maakte.**

Maak van je leven een meesterwerk.

De uitdaging voor jou is om een toekomstbeeld te ontwikkelen dat zó uitdagend en spannend is, dat jij (en je partners) er niet omheen kunnen. Dat je niet langer wil of kunt wachten maar **nu direct** wil beginnen aan het realiseren van je visie. Dat je **nu direct** in actie wil komen omdat je weet dat je heel succesvol en gelukkig zult worden door het realiseren van je visie. Je toekomstbeeld hoeft ook niet aan bepaalde eisen te voldoen. Het kan een toekomstbeeld zijn waar jij heel succesvol een nieuw product op de markt brengt en verkoopt. Of een toekomstvisie dat jij het beste bedrijf van je industrie bent. Of een toekomstvisie dat je een rustige baan wil waar je leuk werk doet en 's avonds op tijd thuis bent om te kunnen genieten van je gezin. Of een toekomstvisie waar jij jezelf ziet op een heerlijk strand met helderblauw water als beloning voor je harde werken. Of een toekomstbeeld waar jij een hoge positie in een succesvol bedrijf hebt waardoor jij al je ideeën kunt realiseren. Het maakt op zich niet uit wat je toekomstbeeld is, **als jij er maar enthousiast van wordt. Wat anderen ervan denken is ook helemaal niet belangrijk en is hun zaak. Het belangrijkst is dat jij van je toekomstbeeld gelukkig wordt en er zin in hebt om het te realiseren.** Je weet ook dat je een inspirerend toekomstbeeld hebt ontwikkeld als je het beeld niet meer kunt loslaten. Als het continu bij je blijft en voor je ogen blijft hangen. En als jij erover nadenkt, je al een enthousiast spannend gevoel in je maag krijgt omdat je hartstochtelijk naar die toekomst verlangt.

De uitdaging voor jou is om een toekomstbeeld te ontwikkelen dat zó uitdagend en spannend is, dat jij (en je partners) er niet omheen kunnen.

De kans is groot dat je toekomstbeeld ook een beetje over je huidige grenzen of realiteit heen gaat. Als je bijvoorbeeld altijd in Nederland op vakantie bent geweest en je verlangen is om naar Indonesië op vakantie te gaan, dan kan dat buiten je normale grenzen liggen. Daar hoef jij je echter niets van aan te trekken want de enige grenzen die we hebben zijn die van onze eigen visie, zoals James Broughton eens heeft gezegd. Wij bepalen zelf hoever we komen in ons leven en waar we onze grenzen leggen. Onze grenzen hebben ook met onze leeftijd te maken. Als we jong zijn, willen we graag een fiets hebben, dan een auto en daarna een huis. Zo werkt het ook bij ons toekomstbeeld dat we maken vanuit onze huidige situatie. Als die over vijf jaar weer anders is, dan maak je op basis daarvan ook weer een ander toekomstbeeld. Dan schuif je ook weer je grenzen op omdat je gewend raakt aan de grenzen die je dan hebt. Hoe meer jij je grenzen verruimt, hoe spannender en uitdagender jouw toekomstbeeld wordt. Hoe verder jij je grenzen verlegt, hoe langer het duurt voordat jij je toekomstbeeld hebt gerealiseerd. Dan zal je toekomstbeeld ook niet van vandaag op morgen gerealiseerd zijn, maar dan kan dat van één maand tot tien of twintig jaar duren. Bill Gates is nu zo'n twintig jaar bezig om zijn visie te realiseren en er zijn nog heel veel kantoortafels zonder computer in deze wereld, zoals in China of landen in Afrika. Zijn visie is voor hem dus nog steeds een uitdaging om te realiseren en daar kan hij zich de komende tien jaar nog heel actief mee bezighouden.

Je verlangens en je toekomstbeeld realiseren kun je vergelijken met het bouwen van een droomhuis. Dat huis is ook niet in één dag klaar. Net zoals in de natuur, waar een appelboom ook niet in één dag volgroeid is. Een uitdagend toekomstbeeld zorgt ervoor dat jij een langere periode gelukkig bezig bent met het realiseren ervan. Het grote voordeel van een visie is dat je je ook niet elke dag hoeft af te vragen wat je met je leven wil gaan doen. Je hebt een duidelijk toekomstbeeld waar je naartoe wil en elke dag heeft nieuwe uitdagingen voor je. De weg naar je toekomstbeeld is ook minstens zo belangrijk als het bereiken van de top. Want als je het onderweg leuk hebt, is het bereiken van de top een onderdeel van een continu feest.

Wij bepalen zelf hoever we komen in ons leven en waar we onze grenzen leggen.

Op het moment dat jij een uitdagend toekomstbeeld hebt opgeschreven voel je in je lichaam een positieve spanning en enthousiasme ontstaan. Je voelt je enthousiasme, dat aangeeft dat je het leuk vindt om aan dit toekomstbeeld te gaan werken. Je staat nu in de kracht van je leven en je voelt de kracht die je nodig hebt voor het leveren van een grote prestatie. Dit is hetzelfde gevoel dat sporters hebben voor een belangrijke wedstrijd. Zij hebben ook het gigantische verlangen om een goede prestatie te leveren en willen laten zien dat zij de beste zijn. Voordat de wedstrijd begint voelen zij de persoonlijke kracht die zij in zich hebben en heel graag willen inzetten. Deze kracht heb jij ook en kun je nu focussen door het maken van een inspirerend toekomstbeeld.

De weg naar je toekomstbeeld is minstens zo belangrijk als het bereiken van de top. Want als je het onderweg leuk hebt, is het bereiken van de top een onderdeel van een continu feest.

Jij ontwikkelt jouw persoonlijke toekomst

Ik wil je nu in de gelegenheid brengen om op basis van je verlangens je eigen persoonlijke toekomstbeeld(visie) te ontwikkelen. Dit doe je met behulp van een leuke en makkelijke oefening. Met deze oefening kun jij een persoonlijk toekomstbeeld ontwikkelen zoals jij dit de komende tijd wil gaan realiseren. Het eindresultaat van deze oefening is dat je één korte zin hebt die aangeeft wat jij in je leven wil realiseren. Voor deze oefening maak ik gebruik van een visie-oefening die ontwikkeld is door Posner en Kouzes. Om je te ondersteunen heb ik de antwoorden ingevuld die een cliënt mij gegeven heeft. Hij heeft mij goedkeuring gegeven om ze hier te gebruiken.

A Je begint met het maken van een levenslijn. Analyseer je verleden voor het ontwikkelen van je toekomst. Uit onderzoek is gebleken dat als je eerst naar het verleden gaat kijken, je verder in de toekomst kunt kijken.

1 Teken hieronder je leven als een grafiek. De toppen geven de hoogtepunten uit je leven weer en de dalen de dieptepunten. Begin zo ver terug als je geheugen reikt en stop bij het heden.
2 Schrijf naast iedere top één of twee woorden die de piekervaring aangeven. Doe hetzelfde met de dalen.
3 Ga nu terug en denk na over iedere piek. Schrijf in korte bewoordingen waarom elk daarvan een hoogtepunt voor je was.
4 Analyseer je aantekeningen. Welke thema's en patronen treden door de pieken in je leven aan het licht? Welke belangrijke sterke punten worden erdoor onthuld? Wat vertellen al deze thema's en patronen je over wat je waarschijnlijk persoonlijk boeiend zult vinden in de toekomst?

Mijn cliënt vulde deze oefening als volgt in:

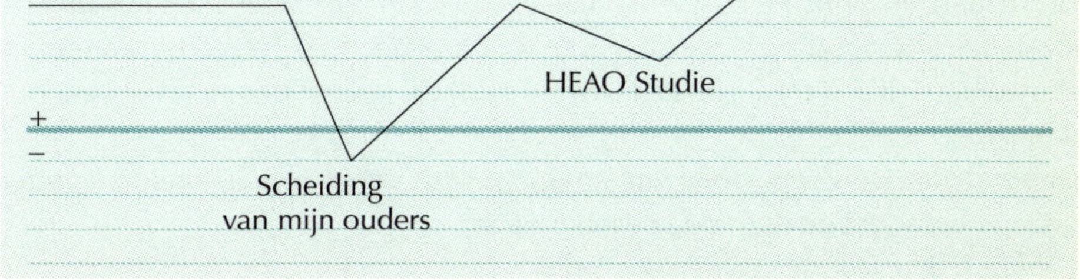

Eén van mijn eerste herinneringen is dat ik naar de kermis mocht en dat ik het daar heel leuk had. De mensen op de kermis waren blij, ik vond de draaimolen heel erg leuk en ik voelde mij erg gelukkig.
Een volgende ervaring was voetbal op de voetbalclub. Ik vond het leuk om te sporten, actief te zijn en had daar een leuke vriend, Robby.
Een volgende minder leuke ervaring was de scheiding van mijn ouders. Ik wist niet goed wat ik daarvan moest vinden en ik vond het niet leuk dat zij uit elkaar gingen. En ik vroeg mij af of het door mij kwam.
Een volgende heel leuke ervaring was om te gaan skiën, wat ik heel erg leuk vond. Met een grote snelheid van de berg afgaan vond ik heel spannend en leuk. De fysieke inspanning en de snelheid vond ik heel leuk.
Na de middelbare school ben ik een HEAO-studie gaan doen en dat vond ik geen leuke ervaring want het was zeer schools, met saaie leraren en saaie vakken. De hele sfeer op school was heel rationeel en afstandelijk.
Daarna ging ik in Amsterdam economie studeren en dat vond ik heel erg leuk. De stad, de mensen en alle activiteiten die daar plaatsvonden gaven mij veel energie. Bij de vrijheid en de creativiteit van de mensen voelde ik mij erg goed.
Daarna ging ik samen met mijn vriendin reizen door Amerika en dat vond ik geweldig. Ik vond het geweldig om de persoonlijke vrijheid te hebben om al mijn beslissingen zelf te kunnen nemen en daar ook zelf de verantwoordelijkheid voor te kunnen dragen. Ik genoot er vooral van dat elke dag weer anders was en er nieuwe dingen gebeurden.

Doe nu de oefening voor jezelf en schrijf op welke leuke en minder leuke ervaringen jij allemaal in je leven hebt gehad.

+

–

B Stel nu vast wat je heel graag wil doen en wat je diepste verlangens zijn.
Heb je een baan om iets te doen of heb je een baan om iets te doen te hebben? Maak een lijst van alles wat je in je baan wil bereiken. Vraag jezelf bij ieder punt af: Waarom wil ik dit? Blijf je dat afvragen totdat je geen redenen meer kunt bedenken.
Hieronder volgen een aantal vragen die je kunt gebruiken als ondersteuning om nog beter te bepalen wat je wil bereiken:
– Wat wil ik bereiken? Waarom wil ik dit?

- Wat wil ik veranderen aan mijn leven?
- Waar word ik heel gelukkig van? Ik word heel gelukkig wanneer ik ...
- Waar krijg ik energie van en wat vind ik leuk om te doen?
- Wat is mijn droom over mijn werk? Wat is mijn ideale situatie op mijn werk?
- Wat is mijn allerbelangrijkste verlangen?
- In welk werk ga ik helemaal op?
- Hoe kunnen mijn leven en mijn werk er over drie jaar uitzien?
- Hoe ziet mijn ideale organisatie eruit?
- Hoe ziet mijn persoonlijke prioriteitenlijstje eruit? Wat zijn mijn belangrijkste activiteiten?

Mijn cliënt schreef:

Ik heb leuk werk, in een groot bedrijf, waar ik samenwerk met leuke andere mensen. Ik doe dit werk omdat ik mij hier gelukkig voel en gelukkig wil zijn in mijn werk en in mijn privé-leven. Ik geef leiding aan zeven mensen en ik wil graag financieel onafhankelijk worden. Ik vind het heel prettig dat ik mijn eigen tijd, energie en beslissingen kan indelen en maken. Ik krijg energie door met mijn mensen samen te werken aan de doelen die wij samen hebben afgesproken. Ik krijg ook energie om mijn persoonlijke doelen te realiseren. Ik vind het belangrijk dat ik mij persoonlijk blijf ontwikkelen en dat ik andere mensen mag begeleiden in hun ontwikkeling. Ik vind het belangrijk en prettig om te zien dat het goed gaat met de mensen uit mijn team en dat zij goed met elkaar kunnen samenwerken. Mijn belangrijkste verlangen is dat ik en mijn familie gezond zijn, en dat zijn we. Mijn vrouw werkt ook en we hebben samen twee kinderen. Mijn vrouw en ik werken vier dagen en de andere drie dagen letten we op de kinderen. De kinderen zitten ook drie dagen op de crèche en dit systeem werkt erg goed voor ons. Ik vind mijn werk belangrijk en ik vind het leuk om me bezig te houden met de marketing van onze producten. Ik lees daar veel over en we zijn redelijk succesvol. We kunnen goed samenwerken met de andere afdelingen en verdienen genoeg geld. Mijn ideale team heb ik bijna bereikt en dat is een zelfsturend team. Op dit moment zijn mijn belangrijkste activiteiten: mijn gezin, mijn werk, het voetballen, samenwerken in mijn team en de verkoop van onze producten laten groeien.

Doe deze oefening nu voor jezelf. Schrijf op wat jij volgend jaar rond deze tijd aan het doen bent en wat je allemaal bereikt wil hebben. Ontdek wat je belangrijk vindt en welk toekomstbeeld je wil realiseren.
Schrijf hier onderaan:

Ik wil heel graag bereiken: ....

....

....

....

C Schrijf een kort verhaal over jezelf over vijf jaar. Waar ben je het meest trots op?

We leven nu vijf jaar later en je wordt gevraagd om een kort artikel te schrijven over je eigen prestaties. Je mag alles opschrijven. Bij voorkeur over al je verlangens die je dan hebt gerealiseerd. Daarbij is het belangrijk om jezelf geen beperking op te leggen en te genieten van je fantasie. Ga ook niet zitten vechten met de woorden op het papier en ga zoveel mogelijk op je gevoel af. Je zult ook merken dat hoe vaker jij je diepste verlangens en fantasie op papier zet, hoe makkelijker je dit zal afgaan.

De volgende vragen kunnen je tijdens het schrijven helpen:

1 Waar ben je het meest trots op?
2 Wat is je belangrijkste bijdrage aan de groei die je hebt gerealiseerd?
3 Hoe ziet je wereld eruit?
4 Welk verlangen heb je gerealiseerd?

Mijn cliënt schreef:

De afgelopen vijf jaar zijn stormachtig en succesvol verlopen. Ik ben erg gegroeid in mijn baan als teamleider en heb nu de verantwoordelijkheid over verschillende teams in de organisatie. Ik vind dit erg leuk en spannend om te doen. Ik merk dat ik mijn persoonlijke kracht, talenten en vaardigheden sterk ontwikkeld heb. Waar ik het meest trots op ben, is dat onze producten goed verkopen en onze marketingcampagnes verschillende prijzen hebben gewonnen. Andere bedrijven beginnen onze marketingstrategieën ook toe te passen en ik heb ook op congressen verschillende presentaties mogen houden over onze marketingaanpak. Mijn belangrijkste bijdrage aan mijn groei is dat ik elke dag actief bezig ben met mijn groei en me voor de volle 100% inzet om mijn toekomstbeeld te realiseren. Ik ben er trots op dat ik vader ben van mijn gezin en een zeer goede relatie heb met mijn vrouw en kinderen. Het belangrijkste verlangen dat ik heb gerealiseerd is dat ik een rustige en gelukkige teamleider en vader ben geworden. Ik ben in staat om andere mensen goed in hun werk te coachen en voel mij een bevoorrecht mens. De wereld om mij heen is weer een stuk technischer geworden en we zijn in Nederland nog rijker met elkaar geworden. Europa heeft zich verder uitgebreid naar de landen in Oost-Europa en Nederland neemt in dit aansluitingsproces een leidende rol.

Schrijf nu voor jezelf op wat jij over vijf jaar aan het doen bent en allemaal hebt bereikt. Schrijf je successen op die jij de afgelopen vijf jaar allemaal bereikt hebt. En schrijf op hoe gelukkig en trots je bent. Leg jezelf geen beperking op maar schrijf voluit en vrijuit!

D Verzamel alle informatie en zet je visie kort op papier.
Neem alle informatie die je zojuist op papier hebt geschreven in je op en creëer met behulp van al die informatie het mooiste toekomstbeeld dat je kunt maken. Stop er zoveel mogelijk verlangens, ideeën, gevoelens en idealen in. Mensen kunnen gemiddeld vijf tot zeven minuten geconcentreerd luisteren naar een ander; vandaar dat het verstandig is om je toekomstbeeld in die tijd aan een ander te kunnen vertellen. Het beste is als jij je toekomstbeeld in tien woorden kunt vertellen. Hoe minder woorden je gebruikt, hoe duidelijker het wordt.

Mijn cliënt schreef het volgende op:

> Mijn visie is dat ik op een effectieve en succesvolle manier met andere mensen wil samenwerken aan de marketing en toekomst van onze producten.

Schrijf nu voor jezelf, liefst in tien woorden, je toekomstbeeld op:

Gefeliciteerd met het ontwikkelen van je toekomstbeeld! Je hebt hierdoor een belangrijke eerste stap gezet naar het realiseren van je persoonlijke verlangens. Je hebt een bewuste keuze gemaakt voor je verlangens en je persoonlijke toekomst. Je hebt besloten op weg te gaan naar een toekomst waarin jij effectief, gelukkig en succesvol wil zijn. En je hebt besloten om geen ervaringen meer te willen hebben die je verdrietig maken en je veel pijn bezorgen. Je levenslijn van onderdeel A kan nu nog verder omhoog gaan, met veel nieuwe hoogtepunten, waardoor jij veel leuke en succesvolle ervaringen kunt hebben.

Voor het realiseren van je verlangens en je toekomstbeeld is het erg belangrijk dat jij leiding aan jezelf kunt geven. In het begin is dat misschien wat onwennig maar na verloop van tijd wil je niet anders. Je kunt dan namelijk precies doen wat jij wil doen en je bent alleen verantwoording aan jezelf schuldig. Je hoeft niemand iets uit te leggen over wat je doet en wanneer je het doet. Je kunt in het tempo werken dat je zelf prettig vindt en op de tijdstippen die jij het prettigst vindt. Jij neemt zelf alle beslissingen en je hebt overal zelf invloed op. Door dagelijks leiding te geven aan het realiseren van je eigen verlangens ben je ook een persoonlijk leider. Een persoonlijk leider die zijn eigen verlangens succesvol realiseert en daardoor zijn eigen geluk bepaalt. Een persoonlijk leider lijkt misschien een zware titel, maar als jij zelf een vakantie boekt op basis van je verlangens en je toekomstbeeld, dan ben je al een persoonlijk leider. Je creëert dan bewust je eigen leven en je realiseert je eigen verlangens. Je hebt dan zelf de verantwoordelijk genomen voor je eigen geluk en succes.
Want voor het realiseren van je toekomstbeeld (visie) heb je de beschikking over een gigantisch mooi instrument en dat ben jijzelf. Jij met al je kwaliteiten en krachten bent de regisseur van je toekomst en daarom is het belangrijk dat jij weet wat je allemaal kunt. Zodat jij jezelf succesvol kunt inzetten voor het realiseren van je verlangens en toekomstbeeld. Want hoe bewuster jij jezelf kunt inzetten, hoe sneller, makkelijker en effectiever jij je verlangens en toekomstbeeld kunt bereiken. En over jouw unieke instrument gaat het volgende hoofdstuk.

Jij met al je kwaliteiten en krachten bent de regisseur van je toekomst

Jezelf motiveren voor het realiseren van je verlangens

De belangrijkste motivatie die jij jezelf kunt geven is je verlangens serieus te nemen en ze vandaag te gaan gebruiken. Dan word je effectief, succesvol en gelukkig, en ben je extra gemotiveerd om weer nieuwe verlangens te gaan realiseren. **De grootste motivator is het realiseren van je verlangens.** Ook al vind jij het misschien een beetje raar dat je nu in het midden van de week op de bank gaat liggen om een boek te lezen, of dat je lekker gaat vissen, of dat je lekker met een vriend-in koffie gaat drinken. Als dit je verlangens zijn, dan is dit nu het beste voor je om te gaan doen. En dan merk meteen je hoeveel vrijheid jij hebt en hoe heerlijk het is om nu je verlangens te realiseren. Laat je ook niet door anderen van je verlangens afbrengen, want andere mensen zijn uiterst creatief in het geven van argumenten waarom jij nu niet je verlangens kunt gaan realiseren. Stel je verlangens ook niet uit tot morgen, want dat werkt erg demotiverend voor je verlangens. Die verheugen zich er net op dat zij vandaag gerealiseerd gaan worden en dan moeten ze weer een dag wachten. Jouw verlangens zijn je beste vrienden en hoe meer aandacht jij ze geeft, hoe meer jij van jezelf houdt en hoe gelukkiger jij wordt. Motiveer jezelf door je verlangens de aandacht te geven die ze verdienen. Dan merk je ook dat er geen grenzen zijn aan je verlangens en dat je elke dag weer gemotiveerd bent om te leven en werken.

10 tips voor het realiseren van je verlangens

1 Neem je verlangens serieus.

2 Neem de verantwoordelijkheid voor je verlangens.

3 Realiseer elke dag één verlangen en je bent gigantisch succesvol.

4 Ga op een rustige plek zitten en stel jezelf de vraag: Wat wil ik nu heel graag doen?

5 Analyseer succesvolle en leuke ervaringen en kijk welke verlangens je allemaal al gerealiseerd hebt.

6 Vraag drie goede vrienden om advies voor het realiseren van je verlangens.

7 Ga met succesvolle effectieve mensen praten en vraag hen hoe zij hun verlangens realiseren.

8 Wees geduldig, want Rome is ook niet in één dag gebouwd.

9 Vertel aan goede vrienden je visie, let op hun reactie en vraag om advies.

10 Geniet van het ontdekken, gebruiken en realiseren van je verlangens.

Bron: Inspirerend Leidinggeven, ing. Rogier Offerhaus, MBA

KRACHTBRON 2

Jezelf leren kennen

Ontwikkel jezelf door je bewust te worden van:
- *wat je wil realiseren*
- *wie je bent*
- *wat je wil zijn.*

Stephen R. Covey

Jouw instrument: je Doener, Denker en Voeler gebruiken

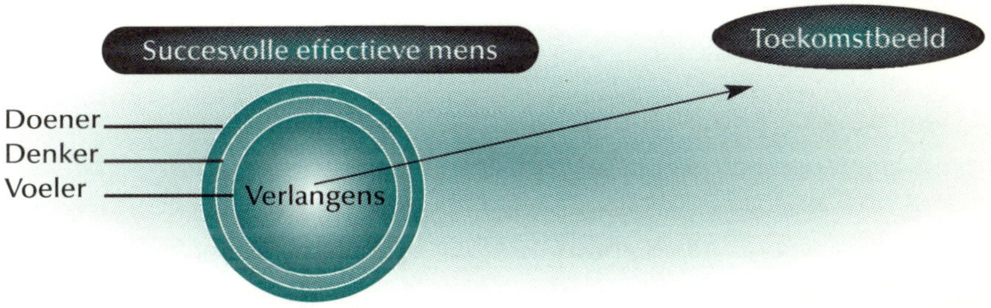

Het realiseren van je verlangens en je toekomstbeeld (visie) kun je, zoals gezegd, niet uitbesteden aan iemand anders. Een kunstenaar kan niet een ander vragen of hij zijn kunstwerk wil maken, want hij is de enige die weet wat hij wil maken. De kunstenaar moet dus zelf zijn eigen kunst maken en wij 'moeten' ook onze eigen verlangens realiseren. Daardoor creëren wij ons leven en onze toekomst. Andere mensen kunnen ons wel ondersteunen in het realiseren van onze verlangens, maar wíj moeten het doen. Om onze verlangens te kunnen realiseren, hebben wij de beschikking over een schitterend uniek instrument: ons lichaam. Het is een geweldig instrument en wij hebben continu beschikking over ons lichaam met alle unieke talenten die erin zitten. Jouw instrument is sinds je geboorte jouw persoonlijke eigendom en daar kun je al je verlangens mee realiseren. Al je toekomstbeelden kun je hiermee realiseren en het mooiste is dat jij je lichaam 24 uur per dag geheel gratis tot je beschikking hebt. Je hoeft er niks voor te betalen en je kunt er alles mee doen wat jij wil. Het enige wat je hoeft te doen is er goed voor zorgen en het geven wat het nodig heeft. Want alles wat jij erin stopt, komt er ook weer uit. Als jij je lichaam goed behandelt, dan blijft het gezond en geeft het je veel kracht en geluk. Als jij lichaam als een afvalbak beschouwt, dan zal het veel sneller ziek worden en je veel minder plezier geven. Je lichaam is een uniek instrument waar er maar één van op deze hele aarde bestaat. Neem nu dan ook even de tijd om naar je mooie instrument te kijken en het te voelen. Wanneer je daar behoefte aan hebt, bedank het dan voor alles wat het tot nu toe voor je heeft gedaan. Dan heb je gelijk een verbinding gelegd met je unieke instrument.

Om onze verlangens te kunnen realiseren, hebben wij de beschikking over een schitterend uniek instrument: ons lichaam.

Voor het succesvol realiseren van onze verlangens is het zeer belangrijk om te begrijpen hoe ons instrument werkt. Want hoe beter wij ons instrument begrijpen, hoe beter wij het kunnen gebruiken en hoe effectiever wij in staat zijn om ons lichaam in te zetten bij het realiseren van onze verlangens.
Om een goed inzicht te krijgen in de manier waarop jouw instrument werkt, wil ik je vragen de volgende oefening te doen. Lees de volgende twee verhaaltjes en geef je eerste, tweede en derde reactie hierop.

Eerste verhaaltje:
Op dinsdagochtend heb je een belangrijke vergadering om 9 uur 's ochtends met de directeur en één van jullie grootste klanten. Jij hebt beloofd dat je een presentatie zult houden over jullie nieuwste product en zoals altijd heb jij je daar goed op voorbereid. Om 8:55 uur, dinsdagochtend, ben je op kantoor en open jij je koffer om de drie rapporten te pakken. De drie rapporten liggen er echter niet in.

Wat is je eerste reactie? ....

Je eerste reactie kan zijn: Schrik.

Wat is je tweede reactie? ....

Je tweede reactie kan zijn: Bedenken van een oplossingen; vertellen dat er geen rapporten zijn of niets over de rapporten vertellen.

Wat is je derde reactie? ....
Je derde reactie kan zijn: Ik vertel dat er geen rapporten zijn en ik presenteer de presentatie uit mijn hoofd.

Tweede verhaaltje:
Aan het einde van je werkdag stap je in de auto om naar huis te rijden. Het is een speciale dag voor je omdat je jarig bent en je rijdt dus zo snel mogelijk naar huis om dit te gaan vieren met je familie. Op het moment dat je de zitkamer binnen loopt, zie je daar al je vrienden en familie staan die een verjaardagslied voor je beginnen te zingen.

Wat is je eerste reactie? ....

Je eerste reactie kan zijn: Verrassing.

Wat is je tweede reactie? ....

Je tweede reactie kan zijn: Ik ga iedereen begroeten en bedanken.

Wat is je derde reactie? ....

Je derde reactie kan zijn: Ik geniet van hun aanwezigheid en ik neem een drankje.

De meeste deelnemers van mijn trainingen geven de reacties die ik hierboven heb beschreven. Vaak geven zij als eerste reactie: een emotionele reactie. Als tweede reactie denken ze meestal na over wat ze gaan doen. En als derde reactie gaan ze iets doen. Per persoon kunnen de reacties natuurlijk verschillen, maar wat altijd overeenkomt is dat de deelnemers iets ***voelen***, iets ***(be)denken*** en iets gaan ***doen***.
Als je nu naar je eigen antwoorden kijkt, dan zie je waarschijnlijk ook dat je een emotionele (voel)reactie, een mentale (denk)reactie en een lichamelijke (doen)reactie hebt gegeven. Ons instrument heeft dus drie krachtbronnen waaruit wij kunnen reageren: onze lichamelijke 'doen'kracht, onze mentale 'denk'kracht en onze emotionele 'voel'kracht. Onze lichamelijke kracht noem ik onze ***Doener***, onze mentale kracht noem ik de ***Denker*** en onze emotionele kracht noem ik de ***Voeler***. Met behulp van deze drie krachtbronnen: Doener, Denker en Voeler, kunnen wij al onze verlangens en toekomstbeelden realiseren.

Met behulp van deze drie krachtbronnen: Doener, Denker en Voeler, kunnen wij al onze verlangens en toekomstbeelden realiseren.

In een tekening kun je ons lichaamsinstrument op de volgende manier weergeven:

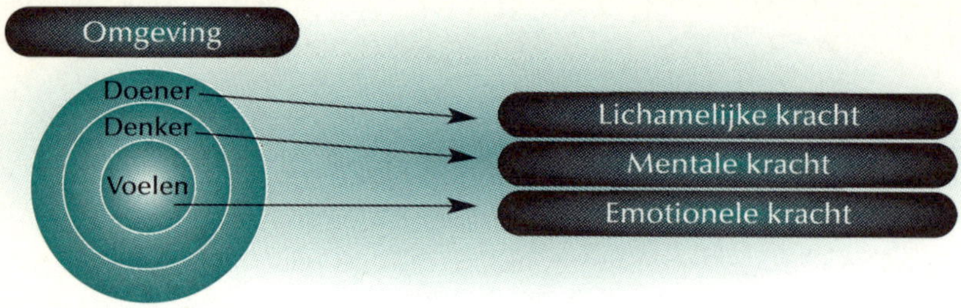

Jezelf succesvol gebruiken

Nu je weet dat je drie krachten tot je beschikking hebt, wil je natuurlijk graag weten hoe je die maximaal kunt inzetten om je verlangens te bereiken. Om je drie persoonlijke krachten van jouw instrument goed te leren gebruiken wil ik je uitnodigen om een leuke en simpele oefening te doen.

Herinner je een gesprek dat leuk voor je was. Dit kan een gesprek met je vriend, vriendin, familielid, buren of een klant zijn geweest. Vul nu het hierna volgende schema in terwijl je het gesprek weer beleeft. De opzet is als volgt: Onder het kopje 'Omgeving' schrijf je op wat de ander vertelde en deed. Onder het kopje 'Doener' schrijf je op wat jij vertelde. Onder het kopje 'Denker' schrijf je op wat jij allemaal gedacht hebt tijdens het gesprek; al je overtuigingen, normen, regels en andere positieve gedachtes die je dacht en wel of niet hebt uitgesproken. Onder het kopje 'Voeler' schrijf jij al je gevoelens, waarden en emoties die je gevoeld hebt. Of je bijvoorbeeld prettig, rustig of onrustig en gelukkig of blij voelde tijdens het gesprekje en of je dat wel of niet hebt uitgesproken.

OMGEVING	DOENER	DENKER	VOELER

Om een voorbeeld te geven heb ik deze oefening zelf ook ingevuld. Ik kies ervoor om een gesprek te analyseren dat ik met een goede klant heb gehad. Dit gesprek ging over het mogen uitvoeren van een trainingsopdracht.

Omgeving	**Doener**	**Denker**	**Voeler**
Klant: Rogier, ik heb goed nieuws. De opdracht gaat door!	Rogier: Dank je, daar ben ik blij mee.	Mijn offerte is goed geweest.	Blijheid
Klant: Maar ik wil 10%korting.	Rogier: Ik heb al 10% korting gegeven. Kijk maar.	Nee, ik ga niet lager.	Spanning/onrust
Klant: Oké, daar kan ik akkoord mee gaan	Rogier: Fijn, we gaan er een succes van maken.	Ik heb goed onderhandeld.	Gelukkig

Ik heb het gesprek zo kort mogelijk opgeschreven. Je ziet wat er in mijn omgeving gebeurt en wat er bij mij gebeurt. Wat er intern bij mij gebeurt, zie je aan de rechterkant van de dikke streep staan. Links van de dikke streep zie je wat er in mijn omgeving bij de klant gebeurt. De klant wil tijdens dit gesprek met mij gaan onderhandelen over een nieuwe trainingsopdracht. Door dit analysemodel te gebruiken kan ik precies ontdekken wat ik doe, denk en voel. Ik zie nu precies wat ik heb gedaan, gedacht en gevoeld. Door dit te weten kan ik kijken wat ik goed heb gedaan en wat ik de volgende keer beter wil doen. Ik kan ontdekken wat mijn gedrag, vaardigheden, mentale overtuigingen en emotionele waarden zijn die ik tijdens dit en andere gesprekken gebruik.

Met behulp van dit analysemodel krijg je een goed beeld hoe jij je Doener, je Denker en je Voeler gebruikt. En je kunt precies zien wat je Doener heeft gedaan, je Denker heeft gedacht en je Voeler heeft gevoeld; wat voor gedrag, kennis en emotie er allemaal in jou opgeslagen is. Met deze oefening kun je ook op een heel eenvoudige manier al je (mentale) normen en (emotionele) waarden ontdekken. Daardoor krijg je nog meer zelfkennis, word je zelfbewuster en kun jij je drie persoonlijke krachten nog bewuster gebruiken. Je kunt dan het beste uit jezelf halen, waardoor jij jezelf nog effectiever kunt inzetten om je toekomstbeeld zo snel en succesvol mogelijk te realiseren. **Door je belangrijke gesprekken op deze manier te analyseren kun je heel makkelijk ontdekken hoe jij nu je instrument gebruikt en hoe je dit kunt verbeteren.** Je kunt ook analyseren welke gedachten en gevoelens jij voor bepaalde personen hebt en daardoor heb je meer invloed op jezelf. Deze analysemethode geeft je de sleutel tot een schatkamer met persoonlijke gegevens die je kunt gebruiken wanneer jij maar wil. En daar gaan we nu naar kijken.

Wat zit er in je Doener, Denker en Voeler?

Vanaf onze geboorte hebben wij onze Doener, Denker en Voeler gevuld met informatie. Hieronder wil ik je uitleggen hoe wij die informatie hebben verzameld en hoe wij het beste uit onze Doener, Denker en Voeler kunnen halen.

Sigmund Freud

De eerste die de mens in drie delen indeelde, was de bekende psychiater Sigmund Freud. Hij verklaarde dat de mens bestond uit het Superego, het Ego en het Id. Volgens hem zaten in het Id alle natuurlijke en biologische driften die we vanuit de natuur hadden meegekregen. In ons Superego zaten al onze meningen en opvattingen over onszelf. In het Superego was volgens hem onze eigen egokracht het grootst. Het Ego zat hier tussenin. Het maakte gebruik van het Id en het Superego om de mens zichzelf te laten verwezenlijken.

In een tekening ziet zijn model er als volgt uit:

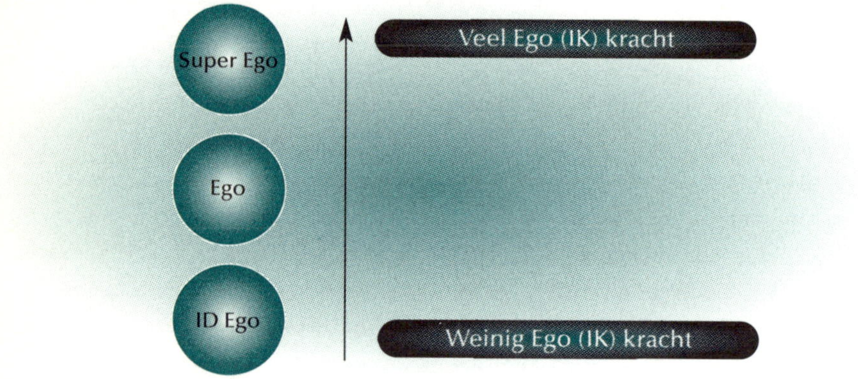

Amy en Thomas Harris

Deze driedeling van de mens hebben Amy en Thomas Harris uit de Verenigde Staten overgenomen en verder ontwikkeld. Zij hebben hun bevindingen opgeschreven in twee boeken: *I'm OK – You're OK* en *Staying OK*. Van deze boeken zijn meer dan vijftien miljoen exemplaren verkocht. Zij noemden het Superego ***de Ouder***, het Ego ***de Volwassene*** en het Id ***het Kind***. Volgens Amy en Thomas Harris zitten in het Kind onze persoonlijke gevoelens/emoties; vandaar dat ik die de Voeler heb genoemd. In de Ouder zitten volgens hen onze overtuigingen, meningen en gedachten; vandaar dat ik de Ouder de Denker heb genoemd. In de

Volwassene zit volgens hen ons gedrag en onze vaardigheden, en die heb ik de *Doener* genoemd. Hierna geef ik de uitleg van Amy en Thomas Harris over onze ontwikkeling.

Zij ontdekten dat een mens vanaf zijn geboorte zijn Volwassene veel gebruikt. Hij begint de wereld te ontdekken door zoveel mogelijk voorwerpen vast te pakken en ermee te spelen. Het kind krijgt ook veel informatie van zijn omgeving (meestal de ouders) over wat hij wel en niet mag doen. Deze grenzen en regels onthoudt het kind in zijn Ouder. De emotionele informatie, zoals wat plezier geeft, wat lekker is, wat pijn geeft, onthoudt het kind, volgens hen, in zijn Kind. De eerste paar jaar van zijn leven kan het kind nog niet spreken en toont het zijn gevoelens vooral in zijn gedrag. Bijvoorbeeld als hij een goed gevoel in zijn lichaam heeft, gaat hij lachen en als hij honger heeft, gaat hij huilen. Als het kind veel positieve aandacht krijgt van anderen lacht hij blij terug en kijkt hij met vrolijke pretoogjes de wereld in. Als hij geen liefdevolle aandacht krijgt, is hij minder vrolijk en hij laat dit in zijn gedrag zien door zich meer af te sluiten. Zijn Volwassene, Ouder en Kind groeien elke dag door nieuwe ervaringen en informatie die hij opdoet. Deze informatie bewaart hij de rest van zijn leven en hij kan het Kind op latere leeftijd ook weer oproepen.
Je kunt nu bijvoorbeeld bij jezelf terugdenken aan je kindertijd en je eerste emotionele herinneringen weer oproepen, zoals een leuk verjaardagsfeestje of het krijgen van een mooi cadeau.

Het kind blijft zijn wereld verkennen en blijft groeien. Daardoor krijgt hij steeds meer informatie en die slaat hij allemaal op. Zijn Volwassene, Ouder en Kind groeien met hem mee en worden steeds groter. Dit is bij zijn Volwassene het makkelijkst te zien omdat zijn lichaam en zijn lichamelijke kracht steeds groter worden. Zijn hoofd en hersenen worden ook steeds groter en hij kan daar steeds meer informatie bewaren. In zijn Ouder kan hij steeds meer informatie opslaan en langzaam leert hij woorden zeggen en uitspreken. In zijn Kind slaat het kind al zijn emotionele ervaringen op; welk eten en snoepgoed hij bijvoorbeeld lekker vindt.

De kleuterschool- en de lagere-schoolfase

Het kind blijft zich ontwikkelen en op een gegeven moment gaat hij naar de kleuterschool. Daar ontmoet hij allemaal nieuwe mensen die zich op een andere manier gedragen, andere regels hebben en andere emotionele waarden hebben. Van zijn lerares leert hij er om te praten en te schrijven. Zijn lerares heeft ook weer haar eigen gedrag, regels en waarden die in de klas bepalend zijn. Zij bepaalt hoe de leerlingen met elkaar omgaan, hoe zij leren rekenen en hoe zij leren

schrijven. Al deze nieuwe informatie, die belangrijk voor het kind zijn om succesvol te zijn in de klas, slaat hij op in zijn Volwassene, Ouder en Kind. Zijn Volwassene, Ouder en Kind worden steeds groter en zijn schatkamer wordt steeds meer gevuld met nieuwe vaardigheden, kennis en emotionele ervaringen.
De lichamelijke kracht van zijn Volwassene wordt steeds groter en hij kan steeds beter voor zichzelf zorgen. Hij wordt steeds vaardiger en kan nu goed lopen en misschien ook al fietsen en voetballen. Praten gaat hem ook steeds beter af en hij krijgt steeds meer controle over zijn lichaam. In zijn Ouder slaat hij alle kennis, regels, overtuigingen, grenzen en normen van zijn ouders, familieleden, vrienden, leraren op. Deze regels zijn voor hem van levensbelang omdat hij nog afhankelijk is van zijn omgeving. Hij kan bijvoorbeeld voor zichzelf nog geen warme maaltijd maken en hij weet ook nog niet precies wat wel en niet gevaarlijk is; zoals zijn vingers in een stopcontact stoppen. Hij neemt de overtuigingen en regels van anderen makkelijk over omdat hij nog niet met hen hierover in discussie kan gaan en dus niet de mogelijkheid heeft om zijn eigen mening te formuleren.
In zijn Kind slaat hij al zijn gevoelens en emotionele waarden op. Zoals het gevoel om voor de eerste keer verliefd te zijn of voor de eerste keer verdriet te hebben van een verlies. Zijn Kind wordt gevoed met al zijn persoonlijke emoties en de emoties die hij van andere mensen ontvangt. De liefde die hij van zijn ouders ontvangt, is bijvoorbeeld van levensbelang voor hem, want één van de belangrijke levensbehoeftes is het krijgen van aandacht en liefde. Zonder die dingen zou hij het erg zwaar krijgen. Van andere mensen ontvangt hij ook veel liefde maar ook de minder leuke emoties zoals boosheid en verdriet. Behalve de emoties van zijn ouders ontvangt hij de emotionele waarden van zijn ouders, zoals respect tonen, netjes zijn, niet stelen van anderen en je best doen. Hij volgt de emotionele waarden van zijn ouders en deze waarden zijn voor zijn Kind de emotionele spelregels om met andere mensen om te gaan. Wanneer zijn ouders de waarde 'gelijke behandeling voor iedereen' belangrijk vinden, dan neemt hij die waarde ook over en behandelt hij andere mensen op basis van die waarde allemaal gelijkwaardig. Als de waarde 'invloed en status' heel belangrijk is voor zijn ouders, dan past hij die waarde op andere mensen toe en maakt hij een verdeling van kinderen die veel status en weinig status hebben. Ik denk dat je van deze fase ook wel een aantal herinneringen hebt.

Puberteitsfase

Op een gegeven moment merkt het kind dat hij zijn eigen gedrag, zijn eigen regels, zijn eigen grenzen en zijn eigen waarden wil bepalen. Hij wil volgens zijn eigen regels, normen en waarden gaan leven en begint zich dus ook af te zetten tegen zijn directe omgeving. Deze directe omgeving zijn meestal zijn ouders en van hen gaat hij afstand nemen. Daardoor kan hij bij zichzelf gaan onderzoeken wat

zijn eigen persoonlijke gedrag, mentale overtuigingen, normen en emotionele waarden zijn. Deze ontwikkelingsfase vindt meestal plaats tussen de 12 en 18 jaar. Tijdens zijn puberteitsfase onderzoekt hij de informatie die hij in zijn instrument heeft verzameld en tot zijn beschikking heeft, en gaat hij ook met zijn instrument experimenteren. Dit doet hij door veel te gaan feesten, lange discussies te houden met andere mensen, andere kleren aan te doen, zichzelf op te maken, vriendschappelijke en seksuele relaties aan te gaan, enzovoort. Door deze acties onderzoekt hij zichzelf en ervaart hij wat hij wel en niet leuk vindt. Hij merkt bijvoorbeeld welke kleren het beste bij hem passen en wat hij de leukste sport vindt om te doen. Hij ontdekt welke beslissingen hij wel durft te nemen en welke nog niet. Welke overtuigingen hij over zichzelf heeft, zijn leven en zijn toekomst. En welke overtuigingen hij heeft overgenomen van anderen, zoals zijn ouders, leraren of vrienden. Volgens welke waarden hij wel wil gaan leven en welke waarden hij emotioneel verkeerd vindt. Hij bepaalt welke kennis hij wil blijven ontwikkelen en welke kennis hij wil vergeten, zoals Frans kunnen spreken. Zijn Volwassene gaat zijn eigen gedrag ontwikkelen, zijn Ouder gaat zijn eigen meningen, overtuigingen en normen ontwikkelen en zijn Kind gaat zijn eigen emotionele waarden ontwikkelen. Met wie hij bijvoorbeeld wel een vriendschap wil hebben en met wie niet.
Ik denk dat jij deze periode zelf ook bewust hebt ervaren en dat je zo een aantal ervaringen of veranderingen weet die je tijdens deze fase in je leven hebt meegemaakt.

Werkfase

Na zijn puberteitsfase blijft hij zich verder ontwikkelen en gaat hij gelijk of na een studie werken. Daar komt hij in een nieuwe omgeving, meestal een bedrijf, waar hij weer nieuwe vaardigheden, regels en waarden leert kennen en gebruiken. Hij draagt nu bijvoorbeeld een pak, hij leert goed te onderhandelen met klanten, hij leert een plan te schrijven, hij leert leiding te geven aan andere mensen of hij leert mensen te coachen naar de afgesproken resultaten. Door te gaan werken ontwikkelt hij zijn Volwassene, Ouder en Kind tot de persoon die hij en het bedrijf willen dat hij wordt. De rest van zijn leven blijft hij werken en ontwikkelt hij zijn Volwassene, Ouder en Kind om zijn verlangens te kunnen realiseren. Daarbij wil hij graag het beste uit zichzelf en zijn instrument halen zodat hij succesvol in zijn werk kan zijn.

Het beste uit je instrument halen

Jij gebruikt nu al een aantal jaren je instrument en je hebt waarschijnlijk wel gemerkt dat niet al je gedrag altijd effectief en actief is maar ook wel eens negatief en passief. En dat je niet alleen positieve overtuigingen en gedachten over jezelf en anderen hebt maar dat je ook wel eens negatieve kritische gedachten over jezelf en anderen hebt. En dat je gevoelens niet altijd gelukkig en blij zijn maar dat jij je ook wel eens ongelukkig en vervelend kunt voelen. Je hebt waarschijnlijk gemerkt dat je instrument heel veel positieve opbouwende kracht heeft maar ook negatieve destructieve krachten heeft. De vraag is: welke wil jij gaan gebruiken? Daar moet jij een beslissing in nemen. Mijn uitnodiging aan jou is: maak maximaal gebruik van je positieve ondersteunende krachten en laat je negatieve destructieve krachten los. **Als jij nu de beslissing neemt om je positieve ondersteunende krachten te gaan gebruiken zul je merken dat je negatieve destructieve krachten al veel minder invloed op je hebben.** Door deze beslissing te nemen kun jij je instrument optimaal inzetten bij het realiseren van je verlangens.

Een andere belangrijke stap is dat jij heel bewust en consequent gaat analyseren wat er in je Doener, Denker en Voeler zit. Door jezelf te analyseren kun je namelijk heel gemakkelijk ontdekken welk gedrag, welke vaardigheden, mentale overtuigingen en emotionele waarden je succesvol en gelukkig maken. En welk gedrag, welke overtuigingen en waarden je niet succesvol en effectief maken. Wil je het beste uit jezelf halen, dan is het belangrijk om te ontdekken en te beslissen welk gedrag, welke overtuigingen en waarden jij je Doener, Denker en Voeler wil laten blijven gebruiken. En welk negatief gedrag, welke negatieve overtuigingen en waarden je niet meer wil gebruiken. Je negatieve beperkende gedragingen, overtuigingen en waarden kun je in de loop van je leven zijn gaan gebruiken. Op dat moment waren ze misschien effectief en positief voor je. Nu je merkt dat deze gedragingen, mentale overtuigingen en emotionele waarden niet meer effectief zijn, kun je ze loslaten door nu te beslissen ze niet meer te gebruiken. Nadat je dit hebt gedaan spreek met jezelf af welk gedrag, welke mentale overtuigingen en welke emotionele waarden je wél wil blijven gebruiken. Want voor het realiseren van je verlangens en je toekomstbeeld heb jij al je positieve ondersteunende krachten nodig.

Maak maximaal gebruik van je positieve ondersteunende krachten en laat je negatieve destructieve krachten los.

Jij bent niet de enige persoon bij wie die omslag van positief naar negatief kan gebeuren. In mijn trainingen en coachingstrajecten zie ik ook vaak deelnemers die heel snel kunnen veranderen van positief ondersteunend gedrag naar negatief vervelend gedrag. Zij kunnen van een heel vriendelijke persoon ineens omslaan naar een heel boze persoon. De Doener van deze persoon kan het ene moment heel positief sociaal gedrag laten zien en het volgende moment heel negatief asociaal gedrag laten zien. Zijn Denker kan heel positieve mentale overtuigingen over hemzelf hebben en dan ineens omslaan naar heel negatieve overtuigingen. Bijvoorbeeld van de positieve ondersteunende overtuiging 'ik weet dat ik alles kan wat ik wil kunnen' naar de negatieve beperkende overtuiging 'ik kan niks'. Op emotioneel niveau kan hij van de positieve emotionele waarde 'respect voor elkaar hebben' naar de negatieve beperkende emotionele waarde gaan: 'macht over anderen willen hebben'. Waardoor deze persoon het ene moment zich heel vrij en vrolijk kan opstellen en zich het volgende moment behoorlijk gefrustreerd en agressief kan opstellen. Wanneer ik dit meemaak, ben ik elke keer weer verbaasd dat mensen zo snel kunnen veranderen van positief naar negatief gedrag. En natuurlijk kan de andere kant ook gebeuren, dat de persoon heel snel verandert van negatief gedrag naar positief gedrag. Zoals ik hiervoor al vertelde, is het belangrijk dat de persoon zelf beslist welk gedrag, welke overtuigingen en welke waarden hij in zijn leven en werk wil gebruiken. Daarbij is zijn kans om effectief en succesvol te zijn veel groter als hij zijn positieve ondersteunende krachten gebruikt.

Een makkelijk hulpmiddel voor het maken van een duidelijk onderscheid tussen onze positieve en negatieve krachten, is om onze Doener, Denker en Voeler onder te verdelen in een positieve kant en een negatieve kant. We kunnen onze Doener dan onderverdelen in een ***pro-actieve Doener*** en een ***re-actieve Doener***. De Denker verdelen wij in een ***positieve Denker*** (optimist) en een ***negatieve Denker*** (pessimist). Onze Voeler verdelen wij in een ***gelukkige Voeler*** en een ***ongelukkige Voeler***.

In je ***pro-actieve Doener*** sla je al je effectieve en succesvolle gedrag en vaardigheden op die je gedurende je leven hebt geleerd. Dit zijn je gedrag en vaardigheden die je positief ondersteunen bij het succesvol realiseren van je verlangens. Zoals je vaardigheid om goed met de computer overweg te kunnen, auto te kunnen rijden en effectief met mensen één op één te communiceren. Jij laat je pro-actieve Doener maximaal gebruikmaken van je lichamelijke kracht en je ondersteunt hem met je overtuigingen van je positieve Denker, en je gevoelens en waarden van je gelukkige Voeler. Je pro-actieve Doener maakt gebruik van je drie positieve krachten om je verlangens succesvol te realiseren. Als je weet waar je goed in bent, weet je ook gelijk welke vaardigheden je nog wil ontwikkelen voor het realiseren van je verlangens. Daar gebruik jij je pro-actieve Doener ook voor. Als je bijvoorbeeld veel presentaties wil gaan houden om je nieuwe droomproduct te verkopen, dan is het verstandig om de presentatievaardigheden van je pro-actieve Doener te gaan ontwikkelen. Je kunt bijvoorbeeld een training in presenteren gaan volgen. En dan kan je pro-actieve Doener een dusdanig goede presentatie houden dat je publiek gelijk je nieuwe product wil kopen. Door je Doener pro-actief te gebruiken kun je optimaal gebruikmaken van je lichaamsinstrument en elke dag nieuw gedrag en nieuwe vaardigheden aanleren om zo snel mogelijk je huidige verlangens succesvol te realiseren.

In je ***re-actieve Doener*** sla je al je gedrag en vaardigheden op die je niet meer wil gebruiken. Daardoor ontneem je ze hun bestaansrecht en verliezen zij hun kracht. Je negatieve gedrag en vaardigheden zullen zich echter niet zomaar laten opgeven. Je zult de eerste weken heel bewust je oude gedrag moeten afleren en niet moeten gebruiken. Net zoals het leren van nieuwe vaardigheden tijd kost, kost het ook tijd om ineffectief gedrag af te leren. In het begin zul je misschien ook wat irritatie en frustratie hebben om je oude gedrag en vaardigheden af te leren. Maar als je nieuwe pro-actieve gedrag ervoor zorgt dat jij je verlangens snel en succesvol kunt realiseren ben je optimaal gemotiveerd. Het belangrijkste is dat jij je negatieve beperkende gedrag niet meer gebruikt. En op elk moment dat je merkt dat jij je oude gedrag weer gebruikt, vertel jij jezelf dat je dit niet meer wil doen.

In je ***positieve Denker*** sla jij al je positieve en ondersteunende overtuigingen, regels, grenzen en normen op, die je sinds je geboorte hebt verzameld. Je positieve Denker ondersteunt je dan met al zijn positieve mentale kracht in het succesvol bereiken van je verlangens. Je positieve Denker geeft je positieve overtuiging, zoals: 'jij kunt alles wat je wil en jij kunt overal een oplossing voor bedenken'. Je positieve Denker is je optimist en heeft de kracht om van elke situatie de positieve kant te zien. Het taalgebruik van je positieve Denker is ook positief, ondersteunend en hij geeft veel aanmoedigingen. Zoals: 'Gefeliciteerd', 'Goed gedaan', 'Mijn complimenten', 'Ik ben trots op je'. Je kunt je positieve Denker snel ontwikkelen door met andere optimisten om te gaan. Die herken je doordat ze altijd het positieve uit iets willen en kunnen halen. Ze lachen ook vaak en veel.

In je ***negatieve Denker*** sla je al je beperkende en negatieve overtuigingen, regels en normen op. Bijvoorbeeld de negatieve overtuiging: 'ik kan niks, want ik heb geen diploma'. Deze overtuiging stop je direct in je negatieve Denker. Door deze overtuiging voor jezelf negatief te maken weet je in het vervolg dat de overtuiging negatief is en weet je ook dat je hem niet meer wil gebruiken. Daardoor verliest deze negatieve overtuiging veel van zijn overtuigingskracht en heb je er veel minder last van.
Een negatieve overtuiging helemaal vergeten neemt enige tijd in beslag. Als jij twee tot zes maanden een overtuiging bewust negatief hebt gemaakt, zal hij geen invloed meer op je hebben en heeft je Negatieve Denker geen invloed meer op je.

In je ***gelukkige Voeler*** sla je alle gevoelens, emoties en waarden op die je blij en gelukkig maken. Zoals lekker ijs eten, liefdevolle mensen ontmoeten, met eerlijke mensen samenwerken, spannende ervaringen hebben en met mensen samenwerken die je ondersteunen in het realiseren van je verlangens. Je gelukkige Voeler wil zich ook niet echt bezighouden met volwassen zaken, zoals geld verdienen en verantwoordelijk gedrag. Hij gedraagt zich een beetje als een kind: vrij, natuurlijk, spontaan, plezierig, nieuwsgierig. Hij vertrouwt anderen makkelijk, is open en maakt een gelukkige indruk. De vrije voeler zegt dingen als 'Ik wil ...' of 'Ik heb zin in ...' Ook spontaan emotioneel uitbarsten in lachen of huilen hoort bij je gelukkige Voeler.

In je ***ongelukkige Voeler*** stop je alle beperkende negatieve gevoelens. Zoals jaloezie, boosheid, verdriet, angst, teleurstelling, schaamte. Door deze bewust in je ongelukkige Voeler te stoppen, verliezen deze negatieve gevoelens en waarden hun emotionele kracht en hebben zij veel minder invloed op je. Wanneer jij je bijvoorbeeld jaloers voelt, kun jij dit gevoel gelijk loslaten door het in je ongelukkige Voeler te stoppen. Dan stopt dit zinloze frustrerende negatieve gevoel en kun jij jezelf een gevoel geven waar jij je wél gelukkig bij voelt. Zoals te ervaren dat het mooi weer is. Of dat je een heel aardige, lieve partner hebt. Of dat je leuke vrienden hebt. Of dat je heel lekker gegeten hebt. Voor negatieve waarden, zoals macht, geldt hetzelfde. Door die in je ongelukkige Voeler te stoppen kun je ze loslaten. Om je dan weer gelukkig te voelen kun je leven vanuit de waarde: tolerant zijn.
Je ongelukkige Voeler wil ook heel graag aandacht en vooral goedkeuring verkrijgen van, in jouw ogen, autoriteitsfiguren. Die goedkeuring kun je krijgen door in je gedrag overdreven aardig te zijn of juist heel ondeugend te zijn. Je ongelukkige Voeler zal heel vaak 'ja' zal zeggen om de ander te plezieren, of juist ontzettend gaan zitten klagen om daarmee negatieve aandacht op zichzelf te richten.

Door deze onderverdeling te gebruiken, kunnen we bewust onderscheid maken tussen onze positieve krachten en negatieve krachten, en maximaal gebruikmaken van onze positieve krachten. Onze negatieve krachten hebben dan veel minder invloed op ons. En door ze negatief te labellen, kunnen we ze verwerken en loslaten. Door je pro-actieve Doener, je positieve Denker en je gelukkige Voeler bij jezelf te herkennen en ze alledrie bewust te gebruiken heb jij maximale invloed op je lichaamsinstrument. Je kunt dan bewust gebruikmaken van al je lichamelijke, mentale en emotionele krachten voor het succesvol realiseren van je verlangens. Hoe beter jij je lichaamsinstrument kent en kunt besturen, hoe makkelijker alles zal gaan. **Een goed instrument is het halve werk.**

Door je pro-actieve Doener, je positieve Denker en je gelukkige Voeler bij jezelf te herkennen en ze alledrie bewust te gebruiken heb jij maximale invloed op je lichaams-instrument. Je kunt dan bewust gebruik maken van al je lichamelijke, mentale en emotionele krachten voor het succesvol realiseren van je verlangens.

Om je een nog duidelijker beeld te geven van je instrument heb ik een tekening gemaakt van de hiervoor genoemde indeling. Daarbij heb ik de indeling gebruikt die Sigmund Freud heeft ontwikkeld.

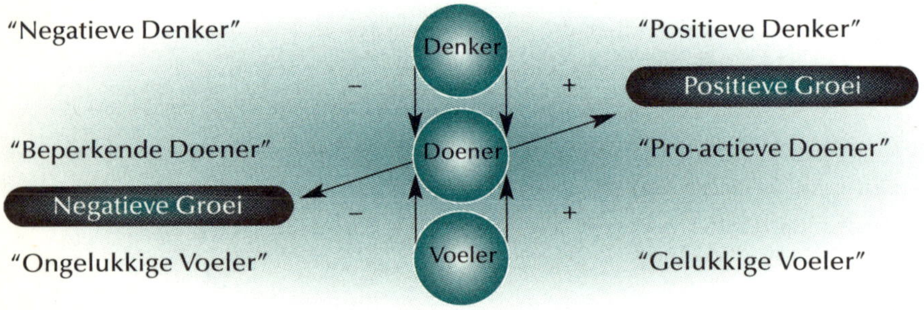

Voor je positieve groei maakt je pro-actieve Doener nu gebruik van de lichamelijke kracht van je pro-actieve Doener, van de positieve mentale kracht van je positieve Denker en van de emotionele kracht van je gelukkige Voeler. Met behulp van deze drie positieve krachtbronnen kun je nu elk moment een verlangen gaan realiseren. Je kunt nu iets gaan doen en je pro-actieve Doener gebruiken om bijvoorbeeld te gaan wandelen. Je kunt ook verder doorlezen en je Positieve Denker gebruiken om na te denken over wat hier staat. En je kunt nu je gelukkige Voeler gebruiken om te voelen hoe jij je nu voelt terwijl je heerlijk ontspannen op je favoriete stoel, bank of bed ligt.
In het volgende hoofdstuk gaan we specifiek kijken naar je pro-actieve Doener om te ontdekken hoe jij die maximaal kunt inzetten voor het realiseren van je verlangens.

Je verlangens realiseren
Jezelf leren kennen
Je pro-actieve Doener gebruiken
Je positieve Denker gebruiken
Je gelukkige Voeler gebruiken

Motiveren van je instrument: pro-actieve Doener, positieve Denker en gelukkige Voeler

Je kunt het beste je pro-actieve Doener motiveren door een leuke, uitdagende activiteit te gaan doen. Een activiteit waarbij jij je lichaamskracht kunt gebruiken en die je leuk vindt om te doen. Zoals sporten, dansen, skiën, het schilderen van een huis, het uitvoeren van een project, samenwerken met andere mensen of naar een klant gaan. Je positieve Denker kun je het beste motiveren door hem een uitdagende denkopdracht te geven waar hij niet gelijk het antwoord op heeft. Dit kan een moeilijke puzzel zijn of een moeilijk organisatorisch probleem. Dan kan je positieve Denker daar lekker over nadenken en heeft hij een leuke denkactiviteit te doen. Je kunt hem ook een notitie of een rapport laten schrijven over een belangrijk onderwerp, zodat hij hierover kan nadenken en zijn mening kan bedenken. Je motiveert hem ook door hem beslissingen te laten nemen en aan anderen zelf uit te laten leggen waarom hij die beslissing heeft genomen. Je positieve Denker vindt het heel erg leuk om in het middelpunt van de aandacht te staan en positieve aandacht te krijgen voor zijn denkvermogen. Dus als jij aan een puzzel- of kaartwedstrijd meedoet en je wint, dan is je positieve Denker helemaal gelukkig. Je positieve Denker wil namelijk heel graag nummer 1 zijn en boven aan een ranglijst staan. Je gelukkige Voeler kun je het beste motiveren door hem liefdevolle aandacht te geven. Dit kun je zelf doen of je kunt een emotionele relatie beginnen met een ander op wie je verliefd bent. Als die ander ook verliefd op jou is, dan is je gelukkige Voeler helemaal gelukkig. Samen kunnen jullie dan activiteiten ondernemen die jullie beiden gelukkig maken. Je gelukkige Voeler motiveer je ook krachtig door naar je verlangens te luisteren en die te realiseren. Dan is je gelukkige Voeler heel erg blij en gelukkig. Verder motiveer je hem door leuke activiteiten te doen met leuke mensen en geen activiteiten te doen die je pijn geven, zoals te lang en te hard werken.

10 tips om jezelf te leren kennen

1 Schrijf aan het einde van elke dag, op één pagina, je ervaringen op en analyseer ze.

2 Doe verschillende tests om te ontdekken waar je goed in bent en wat je leuk vindt.

3 Vraag drie vrienden hoe zij jou ervaren.

4 Analyseer je succesvolle ervaringen.

5 Onderzoek je hobby's en kijk hoe jij je Doener, Denker of Voeler gebruikt.

6 Analyseer of je liever met mensen of met machines werkt.

7 Besef dat jezelf bewust worden twee tot zes jaar kan duren. Wees geduldig.

8 Gebruik het analysemodel om de inhoud van je Doener, Denker en Voeler te ontdekken.

9 Leef bewust en gezond.

10 Geniet van je persoonlijke ontdekkingsproces en ga niet geforceerd antwoorden zoeken.

Bron: Inspirerend Leidinggeven, ing. Rogier Offerhaus, MBA

KRACHTBRON 3

Je pro-actieve Doener gebruiken

"We zijn wat we vaak doen"
Aristoteles

De lichamelijke kracht van je pro-actieve Doener gebruiken

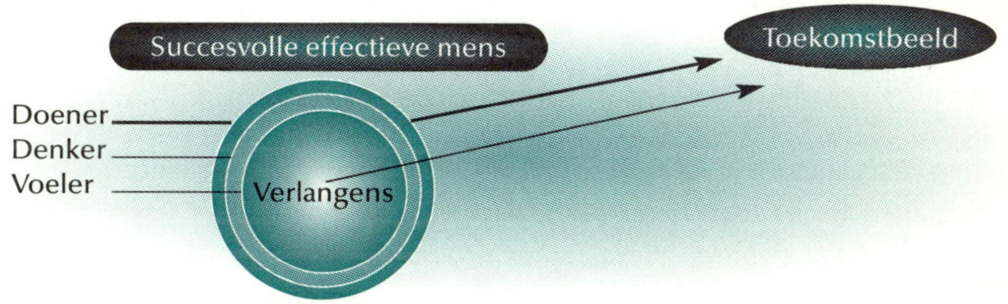

Je pro-actieve Doener is je ondernemer en realiseert met jouw lichamelijke kracht je verlangens. Je pro-actieve Doener gebruikt je fysieke lichaam tijdens het realiseren van je verlangens en wil ook graag veel lichamelijke activiteiten doen. Lichamelijke activiteiten geven hem een prettig gevoel, omdat je pro-actieve Doener zich na het sporten extra gezond, krachtig en ontspannen voelt. Als je begint te sporten, bijvoorbeeld rennen, kost het je pro-actieve Doener meestal wat extra moeite om op gang te komen maar als hij eenmaal bezig is, dan wil hij niet meer stoppen. Dan komt je pro-actieve Doener in zijn ritme en wil hij lekker door blijven gaan. Nadat jij je pro-actieve Doener intensief gebruikt hebt, kan hij zich ook heerlijk ontspannen. Om deze ontspanning te versterken kun je naar een sauna of een Turks bad gaan. Als je daar bent, kun jij je Doener nog beter leren kennen door na de hete sauna in het koude bad te gaan. Door de grote temperatuurwisselingen van warm naar koud kun jij heel bewust je Doener ervaren. Als je van het koude bad dan weer onder een warme douche gaat staan, ontspant je Doener zich weer en kun je heerlijk op een ligbed gaan uitrusten. Je pro-actieve Doener is dan volkomen ontspannen en je lichaam voelt heel soepel aan. Je pro-actieve Doener wil ook graag met anderen fysiek contact hebben en vindt het prettig om aangeraakt te worden. Hij vindt het prettig om bijvoorbeeld gemasseerd te worden of op een andere manier lichamelijk contact te hebben met een andere persoon, zoals het hebben van seksueel contact. Dan worden al zijn lichamelijke prikkels gestimuleerd en ervaar jij je lichaam heel bewust.

Je pro-actieve Doener wil ook graag complimenten krijgen over je lichaam en vindt het een uitdaging om met spanning om te gaan. Een presentatie geven aan een grote groep mensen vindt hij erg spannend en leuk. Want dan moet je pro-actieve Doener zich voor de volle 100% inzetten en dat vindt hij een echte uitdaging. Je pro-actieve Doener is dan ook graag gezond en sterk zodat hij alle activiteiten kan doen die hij wil doen. Een belangrijk doel voor je pro-actieve Doener is om lichamelijk bekwaam en effectief te zijn. Als hij iets goed kan, vindt hij dat erg prettig. Zoals goed koken, goed kunnen presenteren, effectief leiding kunnen geven of goed auto kunnen rijden.

Het gedrag en de vaardigheden van je pro-actieve Doener

In je pro-actieve Doener zitten je gedrag en je vaardigheden. Je gedrag zijn je vaste gewoonten en patronen die je pro-actieve Doener gebruikt om iets te doen. Je gedrag is duidelijk zichtbaar aan de buitenkant van je lichaam. Als je bijvoorbeeld een brief gaat schrijven, dan kun je duidelijk aan je gedrag zien dat je een brief schrijft. Je gaat achter een tafel zitten, je hebt een pen in je hand en je schrijft op een stuk papier. Dat is je gedrag. Je vaardigheid ligt dieper in je pro-actieve Doener en kun je niet direct zien. Je vaardigheid is het specifieke gedrag dat jij geleerd hebt om te kunnen schrijven. Zoals de vaardigheid om te kunnen schrijven en te lezen. Deze vaardigheid heb je op school geleerd en gebruik je om je brief te schrijven.

Om je goed uit te leggen hoe je gedrag en vaardigheden zich ontwikkelen maak ik gebruik van de *gedragscriptcirkel*, die ik voor het eerst uitgelegd heb gekregen door Piet Weisfelt en Wibe Veenstra. De gedragscriptcirkel ziet er als volgt uit:

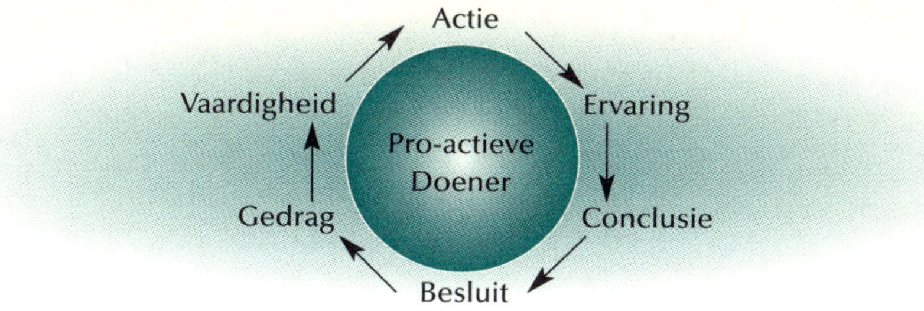

De gedragscirkel werkt als volgt: Wanneer jij een actie doet, krijg jij daardoor een ervaring. Bijvoorbeeld de actie dat je een bal op een doel schiet. Wanneer je de bal voor de eerste keer op een doel schiet, krijgt je pro-actieve Doener daar een eerste ervaring in. Nadat je de bal hebt geschoten zie je ook of hij in het doel terecht is gekomen. Wanneer dit niet het geval is, trek je de conclusie dat de bal naast het doel is geschoten. Dan moet je een besluit nemen of je de bal wel of niet in het doel wil schieten. Als je besluit dat je de bal in het doel wil kunnen schieten heeft je pro-actieve Doener de vaardigheid nodig dat je de bal in het doel kunt schieten. En die vaardigheid ontwikkel je door je schietgedrag aan te passen, nog een keer tegen de bal aan te schoppen en te kijken of de bal nu wel in het doel terechtkomt. Wanneer dat nu wél gebeurt, is het gedrag van je pro-actieve Doener effectief en concludeer je dat je vaardig bent om de bal in het doel te schieten. Nu kun je besluiten om te stoppen of besluiten om nog vaardiger te leren schieten. Je kunt bijvoorbeeld besluiten dat je de bal rechtsboven in het doel wil schieten. Dit besluit betekent dat jij jouw schietvaardigheid verder wil gaan ontwikkelen. Dit doe je door je gedrag aan te passen en weer op het doel te gaan schieten. Daardoor krijgt jouw pro-actieve Doener weer meer ervaring in het schieten van de bal en wordt je vaardigheid om de bal in de rechterbovenhoek te kunnen schieten steeds beter. Omdat jij dus besloten hebt om je vaardigheid van schieten te verhogen wordt het gedrag van je pro-actieve Doener steeds effectiever en ontwikkel jij je volgens de gedragscriptcirkel. En dat komt overeen met het spreekwoord: ‘Oefening baart kunst’. Nadat jij je pro-actieve Doener tientallen ballen op het doel hebt laten schieten begint je pro-actieve Doener de vaardigheid te ontwikkelen om de bal in de rechterbovenhoek te kunnen schieten. Dan neem je bijvoorbeeld het besluit om de bal in de linkerbovenhoek te willen schieten. Dit besluit betekent dat jij je pro-actieve Doener weer tientallen ballen laat schieten om deze vaardigheid onder de knie te krijgen. Door je pro-actieve Doener op deze manier te ontwikkelen zorg je ervoor dat je in een wedstrijd vanuit elke stand kunt scoren. Vanuit het verlangen dat je heel graag wil scoren ontwikkel jij het gedrag en de vaardigheid van je pro-actieve Doener om vanuit allerlei posities de bal in het doel te kunnen schieten. Marco van Basten had als voetballer dit verlangen en heeft met zijn schietvaardigheid veel mooie doelpunten kunnen maken. Dat maakte hem erg gelukkig. Als jij je Doener heel veel ballen op het doel hebt laten schieten en daardoor je gedrag en vaardigheden naar een hoog niveau heb gebracht en jij in de wedstrijd het winnende doelpunt maakt, is je pro-actieve Doener heel erg blij. En hoe meer doelpunten je maakt, hoe gelukkiger jij jezelf maakt.

Door je pro-actieve Doener te ontwikkelen kun je in een wedstrijd vanuit elke stand scoren.

Als je pro-actieve Doener voetballen leuk vindt, zijn deze schietoefeningen geen enkel probleem. Je verlangt de hele dag naar het moment dat je weer met de bal bezig mag zijn en op het doel mag gaan schieten. Maar als je pro-actieve Doener voetballen niet leuk vindt, dan ben je helemaal niet gemotiveerd om deze schietoefeningen te doen. Je pro-actieve Doener heeft geen enkel verlangen naar het schieten van de bal en je schietvaardigheid zal dan ook helemaal niet beter worden. Dan kun je beter een andere sport gaan doen en ander gedrag en andere vaardigheden gaan ontwikkelen die je wél leuk vindt om te doen. Wanneer je grootste verlangen echter wél is om de hele dag te voetballen, dan zal je vaardigheid vanzelf heel snel beter worden omdat je elke dag met de bal bezig wil zijn. Je leert jezelf om de voetbal vanuit verschillende hoeken in het doel te kunnen schieten en het lijkt je weinig moeite te kosten om de bal in het doel te schieten. Het lijkt alsof het helemaal vanzelf gaat. Je pro-actieve Doener kan, net zoals Ronald Koeman, met bijna 100% zekerheid de bal in elke hoek van het doel schieten. Dit komt omdat jij je pro-actieve Doener zo vaak hebt laten oefenen met schieten dat je pro-actieve Doener een automatisme heeft ontwikkeld. En dit automatisme is nu je vaardigheid. Je schietoefeningen hebben ervoor gezorgd dat je schietgedrag steeds dieper in je pro-actieve Doener is komen te liggen. Net zoals bij de groeven van een elpee. Wanneer de groeven diep in de plaat liggen, ligt de naald er ook stabieler en vaster in en kan hij er niet uit springen. Hoe dieper jij je vaardigheid in je pro-actieve Doener vastlegt, hoe makkelijker jij die vaardigheid met 100% zekerheid kunt gebruiken. Tijdens het gebruiken van deze vaardigheid hoef je die dan ook bijna geen aandacht meer te geven. Je voelt je competent, zelfverzekerd en je weet dat je op elk gewenst moment de prestatie kunt leveren die je van jezelf verlangt. Dat voelt erg prettig voor je aan en als je de vaardigheid weer optimaal uitvoert, voelt je pro-actieve Doener zich weer erg gelukkig. Als jij door veel te oefenen bijvoorbeeld weer een perfecte presentatie hebt gegeven bij je klant en de klant ondertekent de order, dan geeft dit jouw pro-actieve Doener een zeer gelukkig gevoel. Of als je een motivatiegesprek hebt gehouden met je medewerkers en ze gaan allemaal weer geïnspireerd aan het werk, dan voelt je pro-actieve Doener zich gelukkig.

Hoe dieper jij je vaardigheid in je pro-actieve Doener vastlegt, hoe makkelijker jij die vaardigheid met 100% zekerheid kunt gebruiken.

Je pro-actieve Doener kun je erg gelukkig maken door je vaardigheden en je gedrag succesvol te ontwikkelen. Dan heb je de vaardigheid om te doen wat je wil doen. Zoals de vaardigheden motiveren, leidinggeven, communiceren en presenteren die in je werk ervoor zorgen dat jij succesvol kunt functioneren. Als je weet en ervaart dat je goed bent in deze vaardigheden, dan geeft dit je een waardevol en rustig gevoel.
Een voorbeeld dat dit denk ik heel duidelijk maakt is het besturen van een auto. Veel mensen zijn in staat om goed auto te rijden. Ze vinden autorijden dan ook leuk om te doen. De belangrijkste reden hiervoor is dat zij vertrouwen hebben in hun rijvaardigheid om met de auto van a naar b te rijden. Heel veel mensen willen daarom ook graag een auto hebben en in een auto rijden. Veel mensen zijn zó vaardig in het rijden van een auto, dat zij in staat zijn om tijdens het autorijden andere activiteiten te doen die hun leven nog plezieriger maken. Zoals telefoneren, praten met andere mensen, naar de radio luisteren of iets eten. Zij kunnen dit omdat zij hun rijvaardigheid zo vaak en veel hebben geoefend dat die zo diep in het gedrag van hun pro-actieve Doener ligt, dat ze tijdens het rijden erop kunnen vertrouwen dat het goed gaat. Zij hebben vertrouwen in hun rijvaardigheid en het autorijden kost hun ook bijna geen energie. Alleen als zij in nieuwe of gevaarlijke situaties terechtkomen, moeten zij heel bewust en met volle aandacht hun rijvaardigheid gebruiken.
Het oefenen van een bepaald gedrag is dus voor je pro-actieve Doener heel belangrijk om goed te worden in een activiteit en daar een vaardigheid in te ontwikkelen. Hoe vaker jij je pro-actieve Doener het gewenste gedrag laat doen, hoe beter jouw vaardigheid wordt. En hoe sneller jij je verlangens en toekomstbeeld kunt realiseren. Bedrijven maken ook bewust of onbewust gebruik van de gedragscriptcirkel door hun managers en werknemers te vragen voor langere tijd hetzelfde werk te doen. Gemiddeld zitten mensen zo'n drie jaar in dezelfde functie. Daardoor leren ze het gedrag en de vaardigheden die ze nodig hebben om goed te zijn in hun functie. Bij succesvolle mensen zie je dat zij vaak veel langer met een bepaalde vaardigheid bezig zijn om ervoor te zorgen dat zij daar ook heel goed in worden. Een succesvolle profvoetballer of pianist is zo'n tien tot twintig jaar bezig met het oefenen van zijn vaardigheden om heel goed te worden. De les die wij hieruit kunnen leren is dat als wij succesvol willen zijn, we een langere tijd onze belangrijkste vaardigheden en gedrag moeten ontwikkelen.

Bewust aansturen van je pro-actieve Doener

Om je pro-actieve Doener bewust aan te kunnen sturen is het noodzakelijk om je eigen lichaam, gedrag en vaardigheden te observeren en te analyseren, zodat jij

kunt ontdekken wat je pro-actieve Doener nu allemaal doet en kan. Iemand die van het analyseren van gedrag zijn beroep maakte was Frederick W. Taylor. Hij is daar heel beroemd mee geworden en is één van de grondleggers van het 'wetenschappelijk management'. Wij kunnen veel van zijn gedegen aanpak en inzichten leren. Taylor analyseerde en mat met een stopwatch het gedrag van werknemers in verschillende fabrieken in Engeland. Op basis van zijn tijdmetingen kon hij aangeven welke werknemer het snelste gedrag en de vaardigheid had ontwikkeld om een bepaalde handeling te verrichten, bijvoorbeeld de vier bouten van een wiel vastdraaien. De manier waarop die werknemer deze handeling verrichtte werd de standaard en alle andere werknemers werden getraind om deze handeling op dezelfde manier uit te voeren. Hun pro-actieve Doeners draaiden dan op de snelste manier de vier bouten aan. Autofabrikant Henry Ford maakte gebruik van deze aanpak. Daardoor was Ford in staat om het bouwen van een auto van 728 uur terug te brengen naar 93 minuten. Door dit ongekende succes raakten de werknemers extra gemotiveerd om Taylors ideeën te gaan gebruiken. Veel meer fabrikanten volgden deze aanpak, en nog steeds maken wij veel gebruik van Taylors ideeën. Als wij bijvoorbeeld nieuwe gedragshandelingen moeten leren om met een computer of televisie te kunnen omgaan, krijgen wij daar een hulpboekje voor. Daarin staan alle gedragshandelingen die wij moeten verrichten om de computer of televisie op de makkelijkste en snelste manier te kunnen gebruiken.
Het analyseren en meten van je gedrag helpt je heel erg in het succesvol aansturen van je pro-actieve Doener. En hoe bewuster jij je gedrag en vaardigheden kunt aansturen, hoe sneller jij je verlangens en visie kunt realiseren, en hoe gemotiveerder je pro-actieve Doener is. Mijn advies is: maak vandaag nog gebruik van Taylors ideeën. Neem vandaag een stopwatch mee om te meten hoe lang jij over je verschillende activiteiten doet. Als je dit drie dagen doet, beschik je over genoeg informatie om te weten hoe jij je pro-actieve Doener gebruikt. Vraag daarna aan mensen in je omgeving hoe lang zij over een bepaalde taak doen en dan weet je hoe effectief jij je pro-actieve Doener gebruikt, of jij je activiteiten sneller of langzamer dan de ander uitvoert. Met deze kennis kun jij je pro-actieve Doener gaan trainen om je activiteiten steeds sneller te doen, zodat je met de overgebleven extra tijd andere leuke activiteiten kunt gaan doen.

Hoe bewuster jij je gedrag en vaardigheden kunt aansturen, hoe sneller jij je verlangens en visie kunt realiseren, en hoe gemotiveerder je pro-actieve Doener is.

Een andere manier om je gedrag en vaardigheden te ontdekken is door een gedragstest te doen. Je kunt bijvoorbeeld een communicatie-, gedrags- en vaardigheidstest doen waardoor je ontdekt hoe vaardig je pro-actieve Doener communiceert.

Geef jezelf een cijfer tussen de 1 en 10 voor de volgende acht communicatievaardigheden:

	ZELF	PERSOON 1	PERSOON 2	PERSOON 3	GEMIDDELD
Communicatievaardigheden					
1 Assertiviteit					
2 Anderen beïnvloeden					
3 Non-verbaal communiceren					
4 Vragen stellen					
5 Actief luisteren					
6 Slecht nieuws geven					
7 Presenteren					
8 Omgaan met conflicten					

Vraag drie collega's op je werk of vrienden dit ook te doen. Tel deze drie meningen bij elkaar op en deel ze door drie. Dan heb je een cijfer van jezelf en een gemiddeld cijfer van de andere drie. Die kun je dan met elkaar vergelijken en dan heb je een realistisch beeld van de communicatievaardigheden van je pro-actieve Doener. Je kunt ook voor jezelf bepalen welk cijfer je over drie maanden wil hebben voor elke communicatievaardigheid. Dan kun jij jouw ontwikkeling van je pro-actieve Doener daarop gaan richten.

Als jij naar je communicatiegedrag gaat kijken, dan is het belangrijk om te weten dat uit onderzoek is gebleken dat wanneer jij met een ander communiceert, je voor 7% gebruikmaakt van woorden, voor 38% van je stem en de intonatie van je stem en voor 55% van je lichaam. Wanneer je aan het praten bent, gebruik je dus voor meer dan 50% je pro-actieve Doener om je boodschap over te brengen. **Je gedrag tijdens gesprekken kan je heel veel vertellen over hoe jij je pro-actieve Doener gebruikt.** Wil jij je pro-actieve Doener bewust en succesvol gebruiken, dan is het verstandig om tijdens je volgende gesprek op je eigen gedrag te letten en te observeren wat je allemaal doet. Als je dit te lastig vindt, dan kun je een ander vragen of hij je wil helpen en het jou wil vertellen als hem iets opvalt aan je gedrag; dat je bijvoorbeeld bepaalde handelingen of bepaald gedrag vaker laat zien dan anderen. Zo had ik een cliënt die veel aan zijn neus zat en een cliënt die op zijn nagels beet. Beiden hadden niet in de gaten dat zij dit gedrag vertoonden. Toen ik hen bewust maakte van dit gedrag en de indruk die het mij gaf, namelijk dat zij nogal zenuwachtig waren, waren zij daar behoorlijk verbaasd over omdat zij daar een heel andere interpretatie aan gaven. Voor hen was het een gewoonte waardoor zij zich prettig voelden. Door deze feedback hadden zij nu de keuze om hun gedrag te veranderen of zo te laten.

Vooral als je onder druk komt te staan merk je dat je pro-actieve Doener een eigen specifiek gedrag heeft. Het kan zijn dat jij juist heel rustig wordt en steeds geconcentreerder gaat werken. Het kan ook zijn dat je steeds onrustiger wordt en dat er steeds meer fout gaat. Onder druk komt ons natuurlijke gedrag vooral naar de oppervlakte. Dan kun jij goed analyseren wat je doet, en hoe je het anders en beter kunt doen. Als je bijvoorbeeld bij een drukke vergadering rustig al je standpunten aan de anderen kunt vertellen hoef je niets te veranderen. Maar als je begint te schreeuwen en met iedereen ruzie krijgt, dan is het verstandig om naar je gedrag te kijken en jezelf effectiever gedrag aan te leren.
Je eigen gedrag analyseren kun je doen als je alleen bent of als je samen met een ander bent. Met een ander erbij is het makkelijker om je gedrag te analyseren omdat je dan veel meer aanleiding hebt om iets te zeggen of te doen. Als je samen met een ander iets doet of als je met die ander in gesprek bent, is het gemakkelijker om naar je eigen gedrag te kijken dan als je ergens op een stoel in het park of aan het strand zit. Als je dit samen met een ander doet, is het wel belangrijk dat je dit doet met iemand die je vertrouwt en die jou op een prettige manier feedback geeft. Jij kunt dan vanuit rust en vertrouwen naar jezelf kijken.

Een andere manier om je gedrag te analyseren is dat je jezelf opneemt op een video. Dit kan tijdens de vakantie zijn, thuis of op je werk. Je kunt dan op de televisie naar jezelf kijken en zien wat je allemaal doet. In mijn trainingen, vooral de presentatietrainingen, maak ik veel gebruik van video-opnamen om de deelnemers bewust te laten worden van hun gedrag. Wat de meeste deelnemers opvalt als zij naar hun eigen video-opname kijken is dat hun gedrag zo rustig overkomt terwijl zij in hun herinnering tijdens de presentatie heel zenuwachtig waren. Dit verschil komt vooral omdat mensen van binnen heel onrustig kunnen zijn maar dit van buiten helemaal niet hoeven te tonen. Voor deze mensen helpt de video-opname te beseffen dat hun pro-actieve Doener al het gedrag gebruikt dat zij willen hebben. Bij sommige mensen is het wél heel duidelijk zichtbaar dat zij zenuwachtig zijn. Dan helpt de video-opname erg goed omdat zij hun pro-actieve Doener dan positief kunnen ontwikkelen.

Je pro-actieve Doener resultaatgericht gebruiken

Je pro-actieve Doener kun je resultaatgericht aan je verlangens en je toekomstbeeld laten werken door uitdagende activiteiten te formuleren. Je activiteiten zijn dan als lichtbakens in de zee die je op koers houden en je richting geven. Je pro-actieve Doener vindt het ook geweldig om met activiteiten te werken en kan er volledig in opgaan. Je vergeet dan helemaal de tijd en je bent volkomen geconcentreerd bezig met het realiseren van je activiteiten. Je komt dan in een 'flow'-staat terecht waarbij alles je makkelijk lukt. Stap voor stap realiseert je pro-actieve Doener dan je activiteiten en brengt je naar je toekomstbeeld. Daarbij is het belangrijk dat je haalbare positieve activiteiten formuleert omdat je jezelf anders veel stress en frustratie geeft. Positieve activiteiten zijn activiteiten die realiseerbaar zijn en je pro-actieve Doener stimuleren om geconcentreerd bezig te zijn. Voor een schrijver is het bijvoorbeeld een realistische activiteit om tien goede bladzijden per dag te schrijven. Voor een manager kan het zijn om in één week een goed marketingplan te schrijven voor een nieuw product. Of om in één dag een nieuwe naam te bedenken voor het nieuwste product. Of om vandaag een heel goede presentatie te maken over de komende veranderingen in het bedrijf. Of om deze week een nieuwe strategie te bedenken voor de business unit. **Door uitdagende realiseerbare activiteiten te gebruiken is je pro-actieve Doener extra gemotiveerd om zich maximaal in te spannen voor het realiseren van je verlangens en je visie.** Je pro-actieve Doener heeft daarom ook graag activiteiten die meetbaar zijn zodat hij precies weet wat hij gedaan heeft en nog moet doen. Bijvoorbeeld de activiteit om in één week naar tien verschillende klanten gaan, of in één week tweeduizend nieuwe producten te produceren.

> *Je activiteiten zijn als lichtbakens in de zee die je op koers houden en je richting geven.*

Analyseer nu de activiteiten die je doet voor het realiseren van je verlangens. Heb je ze opgeschreven? Werk je elke dag met activiteiten? Heb je je resultaten voor dit jaar gehaald? Heb je veel meer kunnen doen dan je dacht of heb je veel minder kunnen doen dan je dacht? Voor het snel en succesvol realiseren van je activiteiten is het belangrijk hoe jij je activiteiten opschrijft. Hoe duidelijker je ze opschrijft, hoe makkelijker je ze zult kunnen realiseren.

Een uitstekende manier om je positieve activiteiten te formuleren is de SMART-methode. SMART is een afkorting van *S*pecifiek, *M*eetbaar, *A*ttractief, *R*ealistisch en *T*ijdgebonden. Wanneer jij jezelf een activiteit geeft, bijvoorbeeld om de krant te gaan lezen, kun jij dit als een activiteit of als een SMART-activiteit formuleren. Als je het als een activiteit formuleert, schrijf je op dat je als je tijd en zin hebt de krant gaat lezen. Dit kan betekenen dat je de krant vandaag of morgen gaat lezen. Wanneer je het als een SMART-activiteit opschrijft, dan maak je een heel duidelijke afspraak met jezelf. Je maakt een contract met jezelf dat je het vandaag doet. Je schrijft dan op: 'tussen 7 uur en 8 uur vanavond, 12 maart 2001, wil ik de hele krant hebben gelezen'. Het is nu een SMART-activiteit omdat de activiteit ***Specifiek*** is: de krant lezen. De activiteit is ***Meetbaar*** want je hebt om 8 uur de hele krant gelezen (en dat kun je meten). De activiteit is ***Attractief*** omdat jij ernaar verlangt om deze krant te gaan lezen. De activiteit is ***Realistisch*** omdat jij de krant kunt lezen (omdat jij de vaardigheid 'lezen' hebt ontwikkeld). En de activiteit is ***Tijdgebonden*** omdat je een duidelijke tijd met jezelf hebt afgesproken wanneer je de krant wil gaan lezen en uitgelezen wil hebben (na 7 uur en vóór 8 uur).

Je ziet dat er een duidelijk verschil is als je een activiteit als een activiteit of als een SMART-activiteit formuleert. Een activiteit geeft je veel meer ruimte om de activiteit wel of niet te realiseren. Een SMART-activiteit verplicht je om die activiteit ook echt te gaan *doen*. **Een SMART-activiteit geeft je pro-actieve Doener extra focus om zich te richten op het realiseren van je activiteiten**, zodat jij je verlangens nog effectiever en succesvoller kunt realiseren. SMART-activiteiten zorgen voor focus, concentratie, motivatie en discipline in je leven, waardoor jouw pro-actieve Doener veel sneller, goede resultaten kan behalen. Door met SMART-activiteiten te werken kun jij je pro-actieve Doener heel simpel en krachtig focussen op de resultaten die je vandaag wil gaan realiseren. Zelf schrijf ik ook elke ochtend op wat ik die dag wil bereiken en alles wat daartussen probeert te komen kan ik dan negeren. Ik weet precies wat mijn activiteiten voor die dag zijn en daar kan ik mij helemaal op focussen. Dit geeft mij veel innerlijke rust en een stuk regelmaat. Terwijl als ik allemaal verschillende activiteiten tegelijk ga doen ik erg snel word afgeleid. Dan merk ik aan het einde van de dag dat ik geen enkele persoonlijke activiteit of verlangen heb gerealiseerd. Ik heb dan wel mijn pro-actieve Doener heel hard laten werken maar meer voor de verlangens en activiteiten van anderen dan die voor mijzelf.

Misschien herken jij dit ook bij jezelf. Van de mensen die ik mag coachen en trainen hoor ik ook vaak dat dit één van hun grootste problemen is bij het realiseren van hun verlangens. Zij worden de hele dag afgeleid door andere mensen die willen dat zij een activiteit voor hen gaan doen. Zij worden dan re-actief en houden steeds minder tijd en kracht voor zichzelf over om hun activiteiten en verlangens te realiseren. Dit kun jij voorkomen door duidelijke SMART-activiteiten met jezelf af te spreken en daar niets tussen laten komen. Dan ben jij pro-actief en geef je effectief leiding aan je leven.

Een belangrijke ondersteuning hiervoor is dat je activiteiten attractief (leuk) zijn. Je moet het leuk vinden om aan je SMART-activiteiten te werken en ze moeten een uitdaging zijn. Anders wordt je hobby je werk en heb je geen lol meer in het realiseren van je verlangens. Je pro-actieve Doener ervaart dan steeds meer stress en je voelt dan steeds meer pijn in je lichaam. En dat is natuurlijk niet de bedoeling.

Een klant van mij merkte dit toen hij de teksten voor zijn nieuwe boek aan het schrijven was. Hij kan soms uren achter zijn computer zitten. Dat vindt hij erg leuk, alleen als hij te lang doorgaat dan voelt hij steeds meer zijn schouders en weet hij dat hij moet stoppen; ook al zou hij wel door willen gaan omdat zijn schrijfverlangen zo groot is en hij het zo leuk vindt. Zijn pro-actieve Doener kan nu eenmaal niet de hele dag geconcentreerd bezig zijn met schrijven. Vandaar dat hij zijn SMART-activiteitenlijst heeft aangepast door met zichzelf af te spreken dat hij alleen 's ochtends gaat schrijven en dat hij daarna een uur gaat rennen. Dan kan zijn pro-actieve Doener zich weer lekker ontspannen en gebruikt zijn lichaam ook andere spieren. Na het douchen is hij dan lekker uitgerust en voelt hij zich weer gezond. Zo gebruikt hij zijn pro-actieve Doener op een prettige manier en blijft hij het leuk vinden om aan zijn verlangens en SMART-activiteiten te werken. Voor veel mensen die RSI-problemen hebben zou deze aanpak denk ik, ook een goede oplossing kunnen zijn. Onze pro-actieve Doener is nu eenmaal niet gebouwd om de hele dag achter een computer te zitten, en op deze manier maak je optimaal gebruik van jezelf.

Spreek duidelijke SMART-activiteiten met jezelf af en laat daar niets tussen komen. Dan ben jij pro-actief en geef je effectief leiding aan je leven.

Mijn uitnodiging is om nu je SMART-activiteiten voor vandaag op te schrijven, zodat je vandaag weer alle lichamelijke leuke activiteiten kunt doen die je wil doen en je weer een stap dichter bij je toekomstbeeld komt. Door een uitdagende, positieve SMART-activiteit op te schrijven ontdekt je pro-actieve Doener direct de kracht van deze aanpak. Daar kun je deze structuur voor gebruiken:

Mijn uitdagende activiteit voor vandaag is:

....

Schrijf nu deze uitdagende activiteit op als een SMART-activiteit:

Specifiek: ....

Meetbaar: ....

Attractief: ....

Realistisch: ....

Tijdgebonden: ....

Schrijf nu je uitdagende activiteit op als een uitdagende SMART-activiteit:

....

Door je uitdagende SMART-activiteit als focus voor vandaag te gebruiken heb je weer een stap gezet in het realiseren van je verlangens en je toekomstbeeld. Laat nu direct je pro-actieve Doener deze SMART-activiteit realiseren en ontdek hoe leuk het is om actief te werken aan je persoonlijke toekomst.

Door je uitdagende SMART-activiteit als focus voor vandaag te gebruiken heb je weer een stap gezet in het realiseren van je verlangens en je toekomstbeeld.

Resultaten bereiken door een SMART-contract van een jaar

Nu je een SMART-activiteit voor vandaag met jezelf hebt afgesproken wil ik je een nog grotere uitdaging aanbieden: een SMART-contract maken voor dit jaar. Dit lijkt misschien een heel lange tijd, maar voor je het weet is er weer een jaar van je leven voorbij en heb je de kans laten lopen om je verlangens te realiseren. Denk maar even terug aan vorig jaar. Hoe snel is dat niet voorbijgegaan? Door een contract van een jaar met jezelf af te sluiten motiveer jij je pro-actieve Doener maximaal omdat hij alle activiteiten mag gaan doen die jij graag wil doen. Hij mag een jaar lang elke dag jouw verlangens gaan realiseren. Is dat niet de ideale situatie? Dat is toch de hemel op aarde? Door dit contract met jezelf af te sluiten kun jij pro-actief werken aan je persoonlijke en professionele resultaten. **Jij kunt nu zelf richting geven aan je leven en je kunt zelf je levensdoelen bepalen.** Je gebruikt je SMART-contract om nog duidelijker en helderder te krijgen welke verlangens en resultaten jij in je persoonlijke en professionele leven wil realiseren. Het is een planning voor je persoonlijke toekomst waarmee je precies kunt zien wat je graag wil gaan doen. Je SMART-contract ziet er als volgt uit:

1 Persoonlijke resultaten voor dit jaar:
Welke persoonlijke SMART-activiteiten en resultaten wil ik dit jaar bereiken? (verlangens, gedrag, vaardigheden, kennis)

- ....
- ....
- ....

2 Professionele resultaten voor dit jaar:
Welke professionele SMART-activiteiten en resultaten wil ik dit jaar gerealiseerd hebben? (verlangens, gedrag, vaardigheden, kennis)

• ....

• ....

• ....

Hoeveel uren verwacht ik per week nodig te hebben voor het succesvol uitvoeren van dit SMART-contract?

.... uren per week.

Welke beloning geef ik mijzelf wanneer ik dit SMART-contract succesvol heb uitgevoerd?

....

Welke straf geef ik mijzelf wanneer ik dit SMART-contract niet succesvol heb uitgevoerd?

....

Naam: ....

Plaats: ....

Datum: ....

Ondertekening: ....

Vul nu je SMART-contract in en onderteken je persoonlijke SMART-activiteitencontract. Gefeliciteerd! Je hebt nu de belangrijkste planning van je leven gemaakt. Je hebt effectief leiding genomen over je leven en je stelt je pro-actief op. Je wacht niet tot een ander nog iets leuks voor je te doen heeft maar je geeft zelf sturing aan je toekomst. Een belangrijke volgende stap is dat je bewust leiding gaat geven aan je tijd.

Je tijd succesvol gebruiken

Een succesvolle schrijver zal, om een goed boek te schrijven, minstens vier uur per dag bezig moeten zijn met schrijven en achter zijn computer moeten zitten. Net zoals een succesvolle bakker elke dag naar zijn ovens moet om brood te gaan bakken. Wanneer jij je verlangens wil realiseren moet jij daar elke dag je tijd aan besteden omdat, zoals gezegd, niemand anders het voor je zal doen. Niemand anders zal voor de schrijver zijn boek schrijven of voor de bakker zijn brood bakken. Dat zullen zij zelf moeten doen. Jij zult dus per dag je pro-actieve Doener een aantal uren, minimaal vier tot acht uur, moeten laten besteden aan het realiseren van je verlangens. **Eén van de belangrijkste uitdagingen in je leven is om de tijd van je pro-actieve**

Doener effectief te organiseren. Je hebt tenslotte maar zeventig tot honderd jaar op deze aarde. Meer krijg je niet en in die tijd moet je al je verlangens hebben gerealiseerd. En soms heb je nog minder tijd dan die zeventig jaar. Hoe jij je tijd besteedt, heeft dan ook veel invloed op je leven. Je tijd en je energie zijn je kostbaarste middelen want ze zijn beperkt en je kunt ze ook niet kopen. Aan het einde van de dag moeten we ook allemaal gaan slapen en kun je geen nieuwe activiteiten meer ondernemen, ook al zou je dat nog zo graag willen doen. Aan het einde van je leven is je tijd op en moet je afscheid nemen van dit leven, of je wil of niet. Je kunt dan geen verlangens en toekomstbeelden meer realiseren. Vandaar dat het zo belangrijk is om nu al je tijd en aandacht te stoppen in het realiseren van je verlangens. Je 'moet' je tijd maximaal gebruiken en er voor de volle 100% voor gaan. Anders is de kans groot dat je te veel wordt afgeleid door onbelangrijke activiteiten of activiteiten die anderen belangrijk vinden, en dat je daar je tijd en energie in stopt; waardoor jij te weinig tijd hebt voor het succesvol realiseren van je persoonlijke verlangens.

Waarvoor jij je tijd gebruikt, is bepalend voor het succes in je leven.
Eén van de belangrijkste eigenschappen van succesvolle leiders en mensen is dat zij hun tijd heel goed kunnen inrichten. Zij delen hun tijd per dag heel goed in en halen daardoor het maximale uit de dag. Elke dag weten zij dat ze twaalf tot zestien uur tijd en energie hebben om hun verlangens te kunnen realiseren. En elke dag richten zij zich volkomen op het realiseren van de verlangens en toekomstbeelden die zij zich gesteld hebben. Zij weten welke activiteiten zij het beste 's ochtends of 's middags kunnen doen en stemmen daar hun afspraken op af. Zij gaan ook heel bewust met hun eetgewoonten om zodat zij gedurende de hele dag een hoog energieniveau hebben. Op deze manier richten zij hun tijd helemaal zelf in zodat zij hun pro-actieve Doener optimaal kunnen gebruiken. Zij gebruiken de tijd en laten zich niet door de tijd gebruiken. Daarmee bedoel ik, dat effectieve succesvolle mensen alle activiteiten uit hun agenda en leven schrappen die geen toegevoegde waarde voor hen hebben. Zij focussen hun tijd heel gedisciplineerd op hun verlangens en visie omdat zij weten dat zij anders nooit succesvol kunnen worden.

Je tijd en je energie zijn je kostbaarste middelen want ze zijn beperkt en je kunt ze ook niet kopen.

Het realiseren van je verlangens kun je ook niet na werktijd doen of als een leuke hobby zien. Het is een volledige dagtaak en het heeft al je aandacht en tijd nodig. En dat is geweldig nieuws want het is heerlijk om de hele dag met je verlangens bezig te zijn. Je herinnert je ook zeker de leuke tijd die je hebt gehad toen jij je verlangens realiseerde. Zoals de vakanties die je hebt meegemaakt, de hobby's die je deed, de leuke activiteiten die je deed en alle andere ervaringen waarin jij je verlangens hebt gerealiseerd. Het leukste van je verlangens realiseren is ook dat je aan het begin van de dag nooit weet wat je pro-actieve Doener nu weer gaat leren en ontwikkelen en wat voor ontdekkingen je nu weer zult hebben; net zoals een schatgraver die een goudader heeft gevonden en elke dag goud naar boven haalt. Die schatgraver ben jij als jij je richt op het realiseren van je verlangens. Elke dag vind je weer meer goud en ontdek je dat je toch in staat bent om succesvol te zijn. Dat je toch in staat bent om gelukkig te zijn. Dat je toch in staat bent om leuke vrienden te hebben. Dat je toch in staat bent om die uitdagende baan te doen. Dat je toch in staat bent om die IKEA-kast in elkaar te zetten. Dat je toch in staat bent om je tuin opnieuw in te richten. Dat je toch in staat bent om die auto te kopen. Het is een ontdekkingstocht waar nooit een einde aan komt; elke dag staat er weer een geweldige prijs op je te wachten. Je pro-actieve Doener heeft dan weer een verlangen gerealiseerd en dit geeft je een heerlijk gevoel van zelfvertrouwen, trots en het verlangen naar meer spannende activiteiten.

Het is een ontdekkingstocht waar nooit een einde aan komt; elke dag staat er weer een geweldige prijs op je te wachten.

Om je tijd succesvol te gebruiken moet je eerst weten welke activiteiten je nu, vandaag, aan het doen bent. Dit kun je vrij makkelijk ontdekken door te kijken naar alle activiteiten die je de afgelopen 24 uur gedaan hebt. Schrijf al je activiteiten onder elkaar op. De tweede belangrijke stap is dat jij je activiteiten punten gaat geven, van 0 tot 10. Wanneer je een activiteit heel leuk vindt, dan geef je die een 10 en als je hem helemaal niet leuk vindt, geef je hem een 0. Denk niet te veel na bij het punten geven maar schrijf het cijfer op dat het eerste in je opkomt. Nu je dit gedaan hebt, weet je welke activiteiten je leuk en uitdagend vindt, welke activiteiten je graag doet en welke activiteiten je niet graag doet. Als jij al je activiteiten een 10 hebt gegeven vind je ze leuk om te doen en realiseer jij daarmee je verlangens. En gebruik jij je tijd heel effectief! Wanneer dit niet het geval is en er activiteiten zijn die je niet leuk vind of voor een ander doet, dan is het belangrijk om te beslissen of je die activiteiten nog wil doen. Wanneer je bijvoorbeeld een hoge financiële vergoeding voor die activiteiten krijgt en je daarmee jezelf veel leuke dingen kunt geven kun je beslissen om met die activiteit door te gaan. Als die activiteit een belangrijke investering is in je persoonlijke toekomst kun je ook beslissen om ermee door te gaan. Voor alle andere activiteiten die je een 5 of lager hebt gegeven is het verstandig om die niet meer te doen. **Door deze activiteiten uit je agenda te halen krijg je heel veel extra tijd om die activiteiten te doen die je wil doen.** Doe dit nu! En ontdek hoeveel tijd je over hebt voor het realiseren van je persoonlijke verlangens.

Wanneer je dit gedaan hebt, hou je tijd over in je agenda. Al die niet ingevulde en vrije tijd zul je in eerste instantie misschien wat ongemakkelijk vinden omdat je dit niet gewend bent. Je agenda ziet er misschien wat leeg uit en je gaat je misschien al zorgen maken over wat je met al die vrije tijd gaat doen, maar negeer die gevoelens gewoon. Die vrije tijd is juist heel belangrijk want nu kan je pro-actieve Doener al die tijd gebruiken om je persoonlijke verlangens en je SMART-activiteiten te realiseren. Je kunt nu al die dingen doen die je altijd zo graag had willen doen. Net zoals bij een tuin moet je eerst de oude planten en het onkruid eruit halen voordat er nieuwe planten kunnen groeien en bloeien. Je kunt nu je pro-actieve Doener gebruiken om je leven zo succesvol en gelukkig te maken als jij wil. Dan gebruik jij de tijd en gebruikt de tijd jou niet. Je hebt nu ook genoeg tijd om leuke nieuwe activiteiten te doen. Om een goed begin te maken noteer je nu in je agenda een aantal leuke activiteiten die je al heel lang wilde doen: lekker naar de film gaan, een goed boek lezen of naar het strand gaan. Het maakt niet uit, als het je pro-actieve Doener maar gelukkig maakt.

Je kunt nu je pro-actieve Doener gebruiken om je leven zo succesvol en gelukkig te maken als jij wil. Dan gebruik jij de tijd en gebruikt de tijd jou niet.

Resultaten behalen door flexibel te blijven

Een belangrijk gedragskenmerk en vaardigheid voor je pro-actieve Doener is flexibel blijven. Door flexibel te blijven kun je op een prettige manier je activiteiten en resultaten behalen. Door je pro-actieve Doener niet te laten verkrampen of verslappen kun je op een prettig ritme je verlangens realiseren. Als je te hard gaat werken (verkrampen) of te weinig doet (verslappen), dan realiseer je met veel meer moeite, of niet, je activiteiten en resultaten. Door te verkrampen heb je een grote kans gefrustreerd en gestresst te raken en door te verslappen heb je de kans dat je nooit iets bereikt.
Van Simon Terpstra heb ik onderstaande uitleg gekregen over hoe je het beste flexibel kunt werken. In een tekening ziet dit er als volgt uit:

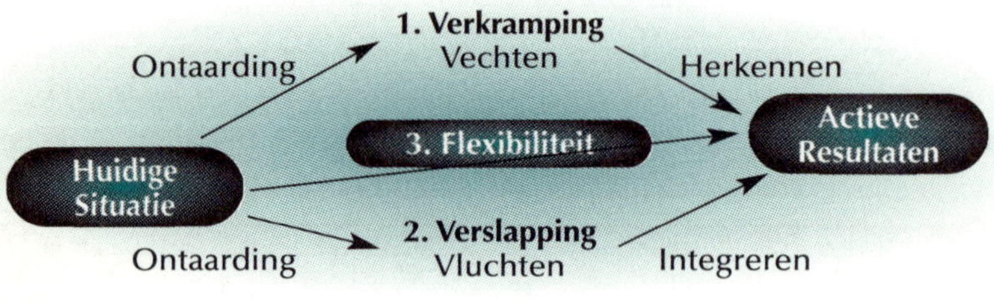

Je pro-actieve Doener kan zó gefixeerd gaan werken aan het realiseren van resultaten, dat je na verloop van tijd helemaal verkrampt (1) raakt. Net zoals bij een spier die je kramp geeft als je hem overbelast, doet je pro-actieve Doener dat ook. Dan krijg je bijvoorbeeld rugpijn, spierpijn, last van je nek, schouders of hoofdpijn, en kun jij je niet meer goed concentreren of focussen. Als je dan nog harder gaat werken krijg je alleen nog maar meer moeite om je activiteiten te doen en je resultaten te realiseren. Dan ga je steeds meer vechten tegen jezelf en word je steeds minder effectief. De oplossing is om te herkennen dat je te hard heb gewerkt en dat je een tijdje iets anders gaat doen en in de toekomst je tempo aanpast aan de hoeveelheid kracht die je pro-actieve Doener elke dag heeft. Dit kun je het beste doen door goed naar je lichaam te blijven luisteren en te ervaren welke signalen je pro-actieve Doener je geeft. Door genoeg rust te nemen en verschillende activiteiten te doen kun je veel verkramping tegen gaan.

Je kunt ook zo schrikken van de hoeveelheid activiteiten die je denkt te moeten verrichten om je resultaten te realiseren, dat je helemaal verslapt (2). Je geeft de moed al op voordat je eraan begint en je hoopt een beetje dat de resultaten vanzelf komen. Of je hoopt stiekem dat iemand anders je resultaten gaat realiseren. Je vlucht min of meer voor het werk dat je moet verrichten en je doet helemaal niets meer. Je wordt dan een re-actieve Doener. Wat je dan als oplossing kunt doen is je SMART-activiteiten kleiner en overzichtelijker maken, zodat je per dag precies de juiste hoeveelheid activiteiten doet die je pro-actieve Doener aankan. Bijvoorbeeld dat je aan één project gaat werken in plaats van aan vijf tegelijk. Je kunt ook een coach zoeken die je kan helpen bij het realiseren van je persoonlijke resultaten. Hij kan je advies geven over wat jij nu het beste kunt gaan doen en hoe jij je activiteiten het beste kunt gaan realiseren. Daardoor wordt de hoeveelheid werk overzichtelijker en word je niet overvallen door het gevoel dat het allemaal te veel is. Je durft en kunt je weer gaan inspannen om je resultaten in je eigen tempo te gaan realiseren en dit stimuleert je pro-actieve Doener om te beginnen en door te gaan.

Door flexibel (3) te werken ervaar je misschien nog wel de weerstand van al het werk dat gedaan moet worden maar je kunt aan het einde van de dag je werk ook weer makkelijk loslaten. Je gaat niet meer tot 2 uur 's nachts door om nog even iets af te maken en je blijft ook niet op de bank zitten omdat het je allemaal te veel lijkt. Je gaat flexibel met je pro-actieve Doener om en je zorgt ervoor dat je voldoende rust krijgt en verschillende activiteiten op een dag doet zodat je verschillende spieren gebruikt. Door flexibel te werken is je pro-actieve Doener elke dag gemotiveerd om effectief aan je verlangens, activiteiten en resultaten te blijven werken. En dan ben jij tevreden met de behaalde resultaten.

Door flexibel te werken is je pro-actieve Doener elke dag gemotiveerd om effectief aan je verlangens, activiteiten en resultaten te blijven werken.

Motiveren van je pro-actieve Doener

Je pro-actieve Doener motiveer je door nieuwe activiteiten te doen die het uiterste vragen van je gedrag en vaardigheden. Je pro-actieve Doener vindt het heel leuk om nieuwe activiteiten te ondernemen omdat hij dan weer iets nieuws en spannends mag gaan doen. Je herinnert je misschien wel de eerste keer dat je na je rijexamen alleen in de auto van je ouders mocht rijden en dat waanzinnig leuk vond. Je voelde de spannende verantwoordelijkheid voor de auto door je lichaam heen gaan en je rijvaardigheid werd tot het uiterste getest. Jij herinnert je vast nog wel meer ervaringen waar jij een activiteit deed die je vaardigheid tot het uiterste testte. Zoals dat je voor de eerste keer samen met vrienden naar het buitenland op vakantie ging. Of dat jij tijdens een belangrijke wedstrijd een mooi doelpunt scoorde. Of dat jij leiding ging geven aan een team en je eerste vergadering goed ging. Of dat jij je eerste klant overtuigde met je verkoopvaardigheden om de order te tekenen. Of dat je de eerste keer in een vliegtuig zat. Of dat je de eerste keer in een achtbaan zat. Voor al deze nieuwe ervaringen, die in het verlengde liggen van onze verlangens, moeten we nieuw gedrag en nieuwe vaardigheden ontwikkelen en dat motiveert onze pro-actieve Doener heel erg. Nieuwe activiteiten die we goed aankunnen geven onze pro-actieve Doener een geweldige kick en veel zelfvertrouwen. En hoe meer wij van zulke ervaringen hebben, hoe leuker ons leven ook wordt en hoe gelukkiger wij kunnen zijn.

Mihaly Csikszentmihalyi heeft in zijn boek *Flow* duidelijk beschreven hoe het komt dat wij elke keer nieuwe uitdagende ervaringen nodig hebben om gemotiveerd en gelukkig te blijven. Het model dat hij daarvoor gebruikt is:

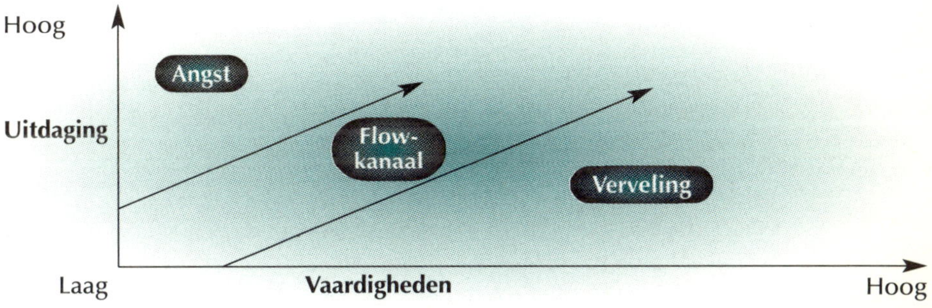

Volgens Csikszentmihalyi hebben wij ervaringen nodig die uitdagend zijn en die onze vaardigheden uitdagen. Dan komen we in een flow terecht en voelen we ons gemotiveerd. In een flow-ervaring maken we ons geen zorgen over wat we doen omdat we willen doen wat we doen. We genieten van waar we mee bezig zijn

en we zijn vaardig genoeg om de activiteiten uit te voeren. Onze pro-actieve Doener kan de uitdagingen aan en wij zijn niet te bang voor de uitdaging. Die is precies zo hoog dat we de uitdaging durven aan te nemen. Bijvoorbeeld bij de uitdaging om een parachutesprong te gaan maken. Dan kan het zijn dat je dit veel te eng vindt en de uitdaging te groot is. Of dat je al honderden parachutesprongen hebt gemaakt en het niet spannend vindt om er nog één te maken. Dan sta je links of rechts van het flow-kanaal in de tekening. Als jij nu aan het leren bent om parachute te springen, dan vind je dit aanbod waarschijnlijk heel leuk en wil je graag deze extra sprong maken. Dan ligt deze opdracht op het juiste niveau van je vaardigheden en zet jij je pro-actieve Doener graag in om uit het vliegtuig te springen. Jouw parachutespringvaardigheden worden dan nog beter en jij kunt je op dit gebied nog competenter voelen.
Voor de motivatie van je pro-actieve Doener is het heel belangrijk dat jij je vaardigheden blijft ontwikkelen, want anders ga je je vervelen en wordt je leven steeds minder leuk. Tegelijkertijd is het belangrijk dat je niet te grote stappen neemt omdat je anders te bang wordt en jij je niet meer gelukkig voelt. Wanneer jij je stap voor stap blijft ontwikkelen, voelt je pro-actieve Doener zich het prettigst en motiveer jij je pro-actieve Doener maximaal.

In een flow-ervaring maken we ons geen zorgen over wat we doen omdat we willen doen wat we doen. We genieten van waar we mee bezig zijn en we zijn vaardig genoeg om de activiteiten uit te voeren.

10 tips voor het motiveren van je pro-actieve Doener

1 Gebruik je pro-actieve Doener pro-actief.

2 Doe een test om je communicatiegedrag en -vaardigheden te weten te komen.

3 Ga drie tot vijf keer één uur per week sporten.

4 Test de lichamelijke kracht van je pro-actieve Doener in een sportschool.

5 Geef een presentatie of ga in de verkoop werken.

6 Verwen je pro-actieve Doener met een massage of door naar een sauna te gaan.

7 Geef jezelf mooie kleren zodat je pro-actieve Doener er mooi uitziet.

8 Eet gezond voedsel, fruit en groente, en drink minimaal één liter water per dag.

9 Maak tussen de middag op je werk een wandeling buiten.

10 Vraag drie vrienden wat ze positief en effectief vinden aan je gedrag en vaardigheden.

Bron: Inspirerend Leidinggeven, ing. Rogier Offerhaus, MBA

KRACHTBRON 4

Je positieve Denker gebruiken

"We zijn wat we denken. Met onze gedachten creëren wij onze wereld."
Boeddha

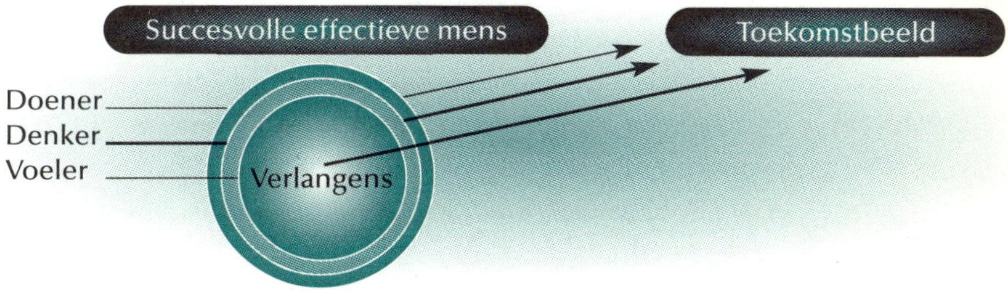

De mentale kracht van je positieve Denker gebruiken

De bekende creatieve denker Edward de Bono heeft gezegd dat de belangrijkste reden om te denken is dat je niet meer hoeft te denken. En daar zit volgens mij een grote waarheid in. Wanneer wij onze verlangens en visie willen realiseren, moeten we niet eerst urenlang gaan nadenken over wat we willen gaan doen. Het is veel belangrijker dat we gewoon veel gaan doen. En nog meer gaan doen. En nog meer gaan doen. En nog meer gaan doen. En dán misschien gaan nadenken over wat we doen. Als alles goed gaat hoeven we nog steeds niet na te gaan denken. Alleen als het wat minder goed gaat, is het verstandig om na te denken over hoe we het beter

kunnen doen. In eerste instantie is het dus helemaal niet zo belangrijk wat je positieve Denker allemaal denkt wanneer jij je verlangens gaat realiseren. Het is veel belangrijker dat je gaat *doen*. Dat jij je pro-actieve Doener gebruikt om te ondernemen. Het heeft niet zoveel zin om lang na te gaan denken over hoe jij je verlangens wil gaan realiseren, omdat er dan niks gebeurt. Je bent alleen maar aan het nadenken. En het enige resultaat dat je dan krijgt zijn allemaal mooie plannen, maar geen concrete resultaten en dat kan behoorlijk demotiverend werken. Terwijl resultaten je juist vertellen of je op de goede weg bent. Door eerst veel te gaan doen heb je ook een grote kans dat je pro-actieve Doener je verlangens gelijk realiseert. Dan doe je alles al goed en heb je geen enkele reden om na te gaan denken, want dan organiseert je positieve Denker alles al perfect. Dan is de samenwerking tussen jouw pro-actieve Doener en je positieve Denker al grenzeloos succesvol.
Mijn advies is: denk alleen na als daar een duidelijke reden voor is. Dat je bijvoorbeeld weet dat je door goed na te denken effectiever, sneller of slimmer kunt gaan werken. Want zonder echte reden maakt denken je alleen maar moe en onzeker. Te veel mensen denken helaas dat zij continu moeten nadenken over wat zij doen om te ontdekken wat zij allemaal beter hadden kunnen doen. Van dit kritische denken krijgt je positieve Denker alleen maar hoofdpijn en daar wordt hij erg vermoeid van. En als jij je positieve Denker dan echt nodig hebt omdat je in een moeilijke situatie zit, kan hij je door zijn vermoeidheid niet meer de goede antwoorden geven.
Bij succesvolle mensen en ondernemers zie je ook bijna altijd dat ze succesvol zijn geworden door gewoon veel te doen. Door hard te werken hebben zij hun verlangens gerealiseerd; niet door achter een bureau na te gaan zitten denken en plannen te maken. Gebruik je positieve Denker dan ook pas als je merkt dat het realiseren van je verlangens met je pro-actieve Doener niet vanzelf lukt. Dan heb je een duidelijke reden om je positieve Denker te gebruiken en dan kun jij jezelf leren om hem effectiever te gebruiken. En daar gaat dit hoofdstuk over: je positieve Denker effectiever en succesvoller inzetten voor het realiseren van al je verlangens.

Denk alleen na als daar een duidelijke reden voor is.

Wat denkt je positieve Denker?

Je positieve Denker ondersteunt je pro-actieve Doener door positieve doelen te formuleren, positieve vragen te stellen, door een positief zelfbeeld met positieve overtuigingen te hebben, door slimme beslissingen te nemen en door je te motiveren geld te verdienen. **Je positieve Denker kun je zien als je bestuurder die ervoor zorgt dat jij het maximale uit jezelf haalt.**

Daarbij is je positieve Denker natuurlijk een veel grotere ondersteuning dan je negatieve Denker. Je negatieve Denker, zoals besproken in het vorige hoofdstuk, zal met behulp van beperkende negatieve vragen, doelen en overtuigingen ervoor zorgen dat jij je verlangens niet haalt. Hij zal elke gelegenheid aangrijpen om jou met argumenten duidelijk te maken dat wat jij wil niet kan. Hij is je interne saboteur. Voor het realiseren van je verlangens is het dus erg belangrijk dat jij bewust gebruik gaat maken van je positieve Denker en zijn mentale kracht maximaal inzet voor het realiseren van je verlangens. Dan krijg je ook de resultaten die je wil hebben en blijf je gemotiveerd om door te gaan. Je positieve Denker zal je dan met zijn mentale kracht en oplossingen extra vleugels geven om je verlangens succesvol te realiseren.

Je positieve Denker zal je met zijn mentale kracht en oplossingen extra vleugels geven om je verlangens succesvol te realiseren.

Je positieve Denker kun je zien als je bestuurder of manager die het leuk vindt om plannen te maken en je activiteiten te organiseren. Erg creatief is je manager niet en je manager wil dan ook graag dat alles georganiseerd, gestructureerd en gecontroleerd verloopt. Regels en procedures zijn voor je positieve Denker heel belangrijk en daar houdt hij zich ook aan. Zonder regels zou, volgens je positieve Denker, het leven een chaos worden. En van chaos houdt je positieve Denker al helemaal niet, want chaos is volgens hem niet productief en zorgt voor onoverzichtelijkheid. En dan is je leven niet te managen en niet te besturen.
Besturen doet je positieve Denker ook graag. Mensen die een dominante positieve Denker hebben, zitten dan ook meestal in bestuurs- en managementfuncties. Hun behoefte om mensen en organisaties in structuren en systemen in te delen is zó groot, dat alles hier ondergeschikt aan is. De mens komt dan volledig onder controle te staan van de manager en spontaan gedrag is dan niet meer toegestaan. Jij kunt je dit misschien niet voorstellen maar als je in het bedrijfsleven gaat kijken, dan zie jij bij heel veel bedrijven managers rondlopen die alles willen controleren en beheersen. Deze rationele managers werken vanuit hun positieve Denker en reageren zelden op een emotionele manier. Hun bewegingen spelen zich voornamelijk rond het hoofd en bovenlichaam af. Daar zit ook hun dominante kracht. Na jaren vanuit hun positieve Denker gewerkt te hebben kun je ook aan hun gedrag zien dat zij controle belangrijk vinden. Hun gedrag is gecontroleerd, afstandelijk en gesloten. Bij Engelse managers kun je dit gecontroleerde gedrag nog duidelijker zien, want zij zijn er trots op dat zij nooit emotioneel of onzeker overkomen. En dit gedrag wordt ook door de financiële bedrijven in Londen gepromoot.

Op het moment dat jij met je pro-actieve Doener niet de resultaten bereikt die je wil bereiken is het verstandig om je positieve Denker te onderzoeken om te begrijpen hoe hij denkt. Door dit bewustwordingsproces ontdek jij hoe jouw positieve Denker denkt. Welke vragen jij stelt, welke overtuigingen jij hebt, welke doelen jij hebt en welke beslissingen jij neemt over je geld. Met deze informatie kun jij je positieve Denker optimaal inzetten om je pro-actieve Doener te ondersteunen in het realiseren van je verlangens en toekomstbeelden. En daar gaan we nu uitgebreid naar kijken.

Positieve doelen hebben voor je focus

Het eerste wat je kunt gaan analyseren zijn de doelen die je gebruikt. Doelen zijn voor je positieve Denker namelijk erg belangrijk omdat zij je focus en richting geven. Ze geven betekenis aan je leven en een uitdagend doel kan erg motiverend voor je werken. Succesvolle sporters werken ook allemaal met uitdagende doelen, zoals het halen van een gouden medaille op de Olympische Spelen. Dit doel geeft hun elke dag weer de kracht om de oefeningen te doen die ze moeten doen om de beste in hun sport te worden.

Dominee Schuller uit de Verenigde Staten heeft zelfs twintig voordelen van doelen bedacht. Deze zijn:

1 Jij neemt een beslissing en je bent niet meer besluiteloos.
2 Er komt enthousiasme en kracht bij je vrij.
3 Jij aanvaardt een uitdaging en je bent bevrijd van apathie.
4 Jij streeft naar uitmuntendheid en dit geeft je kracht.
5 Jij neemt de leiding, want jij bent de koning van je leven en je hebt de controle.
6 Jij hebt vertrouwen in je toekomst en je innerlijke geestelijke kracht komt vrij.
7 Jij bent vrij om jezelf te verbeteren en je geeft kracht aan je verlangens.
8 Jij geeft jezelf hoop.
9 Jij weet dat je kunt falen en je leert op jezelf en op een externe kracht, 'God', te vertrouwen.
10 Jij bent een levende mens. Jij bent niet meer een pop of een product.
11 Jij bent verzekerd van succes omdat jij je eigen toekomst in de hand hebt genomen.
12 Jij geeft richting aan je leven omdat jij weet waar je naartoe wil.
13 Jij overwint je angsten omdat jij je doel wil bereiken.
14 Jij hebt een richtpunt en je focus is gericht.
15 Jij hebt de mogelijkheden om van je verlangens successen te maken.
16 Jij wordt weer jeugdig, want je bent net zo oud als jij je voelt en denkt.
17 Jij krijgt meer zinvolle relaties en je invloedssfeer breidt zich uit.
18 Jij denkt positief, wat leidt tot positieve veranderingen.
19 Jouw prioriteiten liggen heel duidelijk vast.

20 Jouw verlangens gaan zich uitkristalliseren. Het is geen fantasie meer, het is de realiteit.

Vanwege al deze redenen is het belangrijk om positieve doelen te hebben. Onderzoek nu je doelen en vraag jezelf af of je ze positief hebt geformuleerd. Als dit niet zo is, schrijf ze nu dan zo positief en duidelijk mogelijk op. Een hulpmiddel om je doelen zo krachtig mogelijk te formuleren is de SMART-methode (Specifiek, Meetbaar, Attractief, Resultaatgericht en Tijdgebonden) te gebruiken. In het vorige hoofdstuk heb ik deze methode uitgelegd en voor je doelen kun je deze aanpak weer gebruiken. SMART-doelen geven je positieve Denker focus. Ik wil je nu uitnodigen om je drie belangrijkste doelen in SMART voor vandaag op te schrijven.

Mijn drie SMART-doelen voor vandaag zijn:

1 ....

2 ....

3 ....

Positieve vragen stellen om oplossingen te vinden

Je positieve Denker stelt heel veel vragen en wil graag alles weten. Je positieve Denker doet dit omdat hij graag je wereld wil begrijpen. En door het stellen van de juiste vragen kan dit ook. De juiste vraag op het juiste moment kan je precies het juiste antwoord geven dat je nodig hebt om weer verder te kunnen. De juiste vragen geven richting aan je leven en richten je aandacht op wat belangrijk is. Vragen stellen ondersteunt je bij het realiseren van je verlangens en het bereiken van je gewenste doelen. Daarbij kan een positieve vraag je naar een oplossing leiden en een negatieve vraag je verder in de problemen brengen. De vraag: 'Waar ben ik allemaal goed in?' geeft je veel leukere antwoorden over jezelf dan de vraag: 'Waar ben ik allemaal slecht in?' Jij kunt jezelf dus met vragen heel gelukkig maken en heel ongelukkig maken. Jij kunt er dus ook zelf voor zorgen dat jij de antwoorden vindt die je nodig hebt om je verlangens te realiseren. En je kunt er zelf voor zorgen dat je nooit de antwoorden vindt die je nodig hebt om je verlangens te realiseren. Positieve vragen brengen je verder; negatieve vragen stoppen je ontwikkeling. Hoe bewuster en positiever jij je vragen kiest, hoe succesvoller jij wordt.

Door de juiste vragen te stellen kun je van elk probleem een oplossing maken. Door positieve vragen te stellen kun je de positieve kant van een probleem zien en kan een probleem je helpen om verder te komen.

De juiste vragen geven richting aan je leven en richten je aandacht op wat belangrijk is.

De volgende vragen kunnen je helpen om de weg te vinden uit een probleem naar een oplossing:

1 Wat leer ik van dit probleem?
2 Wat is er nog niet optimaal?
3 Wat heb ik nodig om deze situatie verbeteren?
4 Wat doe ik de volgende keer anders?
5 Hoe kan ik de volgende effectieve stap zetten?
6 Hoe kan ik genieten van mijn ontwikkelingsproces?

Hoe bewuster en positiever jij je vragen kiest, hoe succesvoller jij wordt.

Door jezelf deze vragen te stellen kijk je heel anders naar een probleem en kun je er positief over nadenken. Terwijl bij negatieve vragen zoals: 'Wat heb ik fout gedaan?' 'Hoe komt het dat wat ik doe altijd mislukt?', de kans veel groter is dat jij negatief over jezelf gaat denken. Negatieve vragen brengen je zelfvertrouwen alleen maar omlaag en geven je geen mentale kracht. Terwijl je positieve Denker juist graag zijn positieve mentale denkkracht wil gebruiken om met de slimste en beste oplossing te komen. Hij wil het probleem als een uitdaging zien die híj alleen kan aankan. Dan motiveer je hem maximaal en maak je optimaal gebruik van je positieve Denker. Dan is hij je grootste vriend en kan hij op al je vragen een antwoord vinden.
Een aantal vragen die jij kunt gebruiken om jezelf elke dag van je leven meer resultaten, geluk, opwinding, trots, dankbaarheid, vreugde en liefde te geven, zijn:

1 Welke resultaten heb ik in mijn leven bereikt?
2 Waar ben ik op dit ogenblik blij mee in mijn leven?
3 Wat maakt mij gelukkig op dit moment in mijn leven?
4 Waar ben ik op dit moment opgewonden over in mijn leven?
5 Welke doelen kan ik vandaag zeker gaan realiseren?
6 Waar ben ik op dit moment trots op in mijn leven?
7 Waar ben ik op dit moment dankbaar voor in mijn leven?
8 Waar geniet ik op dit moment het meest van in mijn leven?
9 Welke plezierige ervaringen heb ik de afgelopen maand meegemaakt?
10 Van wie houd ik? Wie houdt van mij?

’s Avonds kun jij jezelf de vragen stellen:
1 Wat heb ik vandaag gegeven?
2 Wat was vandaag de mooiste ervaring?
3 Wat heb ik vandaag geleerd?
4 Hoe heeft deze dag bijgedragen aan de kwaliteit van mijn leven?
5 Hoe kan ik deze dag gebruiken als een investering in mijn leven?

Deze inspirerende vragen kun je gebruiken om je positieve Denker te richten op de positieve ontwikkelingen in je leven. Door deze vragen elke dag te gebruiken wordt het ook steeds makkelijker om voor jezelf positief te zijn en positieve oplossingen te vinden, in wat voor soort situatie jij je ook bevindt. **Je kunt jezelf mentale kracht geven door positieve vragen te stellen en daarbij te genieten van de antwoorden die je op dat moment nodig hebt.**

Schrijf nu tien positieve vragen voor jezelf op die je kunt gebruiken om elke dag succesvol en gelukkig te zijn en positief te denken over jezelf en anderen.

Mijn tien positieve vragen zijn:

1. ....
2. ....
3. ....
4. ....
5. ....
6. ....
7. ....
8. ....
9. ....
10. ....

Naast het stellen van positieve vragen is het ook belangrijk om positieve overtuigingen over jezelf te hebben. Want zoals positieve vragen je kunnen ondersteunen bij het vinden van stimulerende antwoorden, kunnen positieve overtuigingen je ondersteunen bij het realiseren van je gewenste verlangens. De overtuigingen van je positieve Denker zijn je grenzen en die beïnvloeden je hele leven. Als je bijvoorbeeld de positieve overtuiging hebt: ‘ik doe wat ik kan’, dan zul jij altijd gelukkig kunnen zijn met de resultaten die je bereikt. Als je echter de overtuiging hebt: 'alles moet perfect gaan', dan is het veel moeilijker om succesvol en gelukkig te zijn. Vandaar dat we nu gaan kijken naar de overtuigingen die we gebruiken.

Positief zelfbeeld door positieve overtuigingen

Als jij je verlangens aan het realiseren bent en je wil positieve resultaten bereiken, dan zijn positieve overtuigingen daar erg belangrijk voor. Zij geven je kracht en zelfvertrouwen. Je overtuigingen zijn de steunpilaren waar je zelfbeeld en je zelfvertrouwen op rusten. Je zelfbeeld is het beeld dat jij van jezelf hebt en hoe jij jezelf ziet. Jouw zelfbeeld vindt je of slim, of dom, of knap, of lelijk, of aantrekkelijk, of vriendelijk, of hard, of rijk, of arm, of gelukkig, of ongelukkig.

Je zelfbeeld is opgebouwd uit je persoonlijke overtuigingen. Als jij positieve overtuigingen hebt, heb je een positief zelfbeeld. En als je negatieve overtuigingen hebt, heb je een negatief zelfbeeld. Zo simpel is dat. Je overtuigingen geven je zelfbeeld een positieve of negatieve ondersteuning.

Als metafoor gebruik ik voor je zelfbeeld een tafel. Je zelfbeeld is het tafelblad en wordt ondersteund door je vier belangrijkste persoonlijke overtuigingen (de tafelpoten).

Op de tafel staat je zelfbeeld en daaronder staan de vier belangrijke poten. Het zelfbeeld van een mens kan bijvoorbeeld zijn: 'ik ben gelukkig'. Zijn vier persoonlijke overtuigingen, die zijn zelfbeeld ondersteunen, zijn:

1 'Ik woon in een mooi huis.'
2 'Ik vind mijn werk leuk.'
3 'Ik heb een heel mooie en liefdevolle vrouw.'
4 'Ik kan mijn eigen tijd indelen.'

Deze vier positieve overtuigingen geven hem het zelfbeeld en de overtuiging dat hij gelukkig is. Als hij naar zijn huis kijkt, is hij gelukkig en als hij naar zijn vrouw kijkt, vindt hij haar heel mooi en bijzonder. Als hij vanwege een minder leuke ervaring twijfelt aan zijn zelfbeeld, dan kan hij direct een bevestiging krijgen door naar zijn vrouw te kijken. Dan weet hij weer dat hij gelukkig is en heeft zijn twijfel geen kans om toe te slaan. Dit zelfbeeld geeft hem ook elke dag de mentale kracht om zijn verlangens te blijven realiseren. Door deze overtuigingen en zijn positieve zelfbeeld is hij effectief en succesvol. Als hij zijn auto zou kwijtraken, zijn vrouw hun relatie zou uitmaken en hij een minder leuke baan in loondienst zou moeten nemen, dan kan het heel goed dat hij zijn positieve zelfbeeld kwijtraakt. Door die vervelende veranderingen zal hij andere positieve overtuigingen moeten vinden om zijn zelfbeeld: 'ik ben gelukkig' te behouden. Als hij die overtuigingen niet kan vinden, dan kan zijn zelfbeeld bijvoorbeeld worden: 'ik ben voor mijn geluk afhankelijk van mijn omgeving'. En daar zal hij de overtuigingen bij gaan zoeken die hem daarin ondersteunen zodat hij weer kan vertrouwen op zijn zelfbeeld, ook al is dat negatief. Als hij daar overtuigende overtuigingen bij kan vinden, is zijn zelfbeeld op een drastische en helaas minder positieve manier veranderd. De overtuigingen die deze persoon dan zou kunnen krijgen, zijn:

1 'Ik moet perfect zijn.'
2 'Ik moet harder werken.'
3 'Ik ben niet belangrijk.'
4 'Mijn gedachten zijn vreemd.'

Door deze nieuwe overtuigingen kun je je voorstellen dat zijn zelfbeeld een stuk minder positief is geworden en hij niet meer gelukkig is. Als hij nu een nieuwe vriendin krijgt die van hem houdt en hij meer succesvol wordt in zijn werk, dan kan hij een nieuw positief zelfbeeld krijgen. Zijn persoonlijke overtuigingen veranderen dan meer en zijn zelfbeeld kan dan worden: 'ik ben een geweldige man'. Onze overtuigingen bepalen hoe wij onszelf zien en wat wij denken te kunnen bereiken. **Voor je zelfbeeld en je zelfvertrouwen is het belangrijk dat jij positieve overtuigingen hebt die je ondersteunen bij het realiseren van je verlangens en je toekomstbeelden.** Als je een positief zelfbeeld hebt, is het namelijk veel makkelijker om je verlangens te realiseren want dat ben je ervan overtuigd dat jij je verlangens kunt realiseren. Door je positieve overtuigingen kun je veel makkelijker je verlangens realiseren en heb je ondertussen een heel prettig en succesvol leven. Schrijf nu voor jezelf je vier belangrijkste persoonlijke overtuigingen en schrijf op basis daarvan je zelfbeeld op.

Onze overtuigingen bepalen hoe wij onszelf zien en wat wij denken te kunnen bereiken.

Mijn vier positieve persoonlijke overtuigingen zijn:

1. ....
2. ....
3. ....
4. ....

Op basis van deze positieve overtuigingen is mijn zelfbeeld:

Ik ben ....

Als je merkt dat één van je overtuigingen niet positief is, dan is het beter om een andere, wél positieve overtuiging te gebruiken. Want dan staat je zelfbeeld (positieve Denker) wat steviger.
Een voorbeeld maakt dit duidelijker. Aan de cliënt, van de visie-ontwikkelingsoefening in hoofdstuk 1, heb ik gevraagd welke overtuigingen hij op basis van zijn ontwikkelde visie heeft. Zijn visie is dat hij op een effectieve en succesvolle manier met andere mensen wil samenwerken aan de marketing en toekomst van zijn producten. Zijn overtuigingen zijn:

1 Ik ben een goede en deskundige marketeer.
2 Ik geloof in mijzelf en ik weet wat ik vertel.
3 Ik moet perfect werken om goede resultaten te bereiken.
4 Ik hou van mijn gezin.

Zijn zelfbeeld is: 'als ik perfect werk, ben ik een goede vader en marketeer'.

Van zijn vier overtuigingen zijn er drie positief en één is er beperkend. De drie positieve overtuigingen zijn nummer 1, 2 en 4. Zijn beperkende overtuiging is nummer 3: 'ik moet perfect werken om goede resultaten te bereiken'. Deze overtuiging is beperkend omdat niemand van ons perfect kan werken. Deze overtuiging zorgt ervoor dat hij nooit tevreden zal zijn over zijn prestaties en het demotiveert zijn teamleden omdat hij altijd perfecte resultaten wil zien. Om zijn verlangens op een leuke en succesvolle manier te realiseren heb ik hem geadviseerd deze overtuiging te veranderen in een positieve ondersteunende overtuiging. Hij was het daarmee eens en hij formuleerde de volgende positieve ondersteunende overtuiging: 'ik doe mijn best en ik vertrouw op het resultaat'. Om zijn beperkende overtuiging te vergeten nodigde ik hem uit om de overtuiging 'ik moet perfect werken om goede resultaten te bereiken' op papier op te schrijven en daarna helemaal weg te strepen. En daarvoor in de plaats zijn nieuwe overtuiging op te schrijven: 'ik doe mijn best en ik vertrouw op het resultaat'. Op deze manier nam hij heel bewust afscheid van zijn beperkende overtuiging en had hij de ruimte gecreëerd voor zijn nieuwe overtuiging. Zijn zelfbeeld werd nu: 'ik ben een goede vader en marketeer'.

Analyseer nu zelf je eigen overtuigingen en je zelfbeeld. Kijk of je overtuigingen positief zijn en je ondersteunen in het effectief realiseren van je verlangens. Als je denkt dat dit niet het geval is, streep de overtuiging dan door en formuleer een nieuwe positieve overtuiging. Vraag ook enkele goede vrienden om een reactie te geven op je overtuigingen. Let op hun opmerkingen en vraag wat ze van je overtuigingen vinden. Als zij een overtuiging negatief vinden, kijk er dan zelf nog een keer goed naar. Ben je het met hen eens, herschrijf je overtuigingen dan zodat ze wél positief ondersteunend voor je zijn. Kun jij ze niet positief herschrijven, neem dan afscheid van deze overtuiging en formuleer een geheel nieuwe positieve ondersteunende overtuiging. Als jij en je vrienden je overtuigingen nu allemaal positief vinden, dan heb jij je doel bereikt. Je hebt nu vier positieve overtuigingen die je de mentale kracht geven om al je verlangens succesvol te realiseren.

Het veranderen van je overtuiging lijkt misschien nieuw voor je, maar ik denk dat je dit in je leven al een paar keer hebt meegemaakt. Elke keer als je een nieuwe hobby of een nieuwe functie bent gaan doen, heb jij je zelfbeeld en je overtuigingen vernieuwd. Als jij bijvoorbeeld vroeger zei dat je heel graag een goede ondernemer wilde worden, zag jij jezelf in de toekomst al als een goede ondernemer. Voor je toekomstbeeld nam je waarschijnlijk een andere goede ondernemer als voorbeeld en bepaalde jij voor jezelf wat je goed aan hem vond. Als hij heel goed kon verkopen, dan werd het voor jou ook belangrijk dat jij goed kon verkopen. Dat werd dan je eerste overtuiging: 'ik ben een goed ondernemer als ik heel goed kan verkopen'. Een tweede overtuiging kon zijn: 'ik wil succesvolle presentaties aan klanten kunnen geven'. Een derde overtuiging kon zijn: 'ik wil een goede lichamelijke conditie hebben', en een vierde overtuiging: 'ik wil mooie producten verkopen'. Dit werden jouw vier overtuigingen, je tafelpoten, die je wilde realiseren om een goede ondernemer te worden. Omdat je tafelpoten nog niet zo stevig waren ging je veel werken en doen. Door veel ervaringen op te doen werden je overtuigingen steeds steviger en werd je verlangde zelfbeeld 'ik ben een goede ondernemer' steeds meer de realiteit.

Op deze manier werken wij ook aan onze overtuigingen als wij aan een nieuwe baan beginnen en daar goed in willen worden. Dan creëren we ook een uitdagend zelfbeeld waarbij we de overtuigingen ontwikkelen die ons verlangen en zelfbeeld positief ondersteunen. Als we een verkoopbaan gaan doen en een goede verkoper willen worden, dan kijken we in ons verleden en zoeken we naar positieve ervaringen die ons de overtuiging geven dat wij goed kunnen verkopen. In het begin zijn we misschien nog wat onzeker maar na verloop van tijd weten we precies wat we moeten doen. We hebben dan de overtuiging dat we goed kunnen verkopen en onze tafelpoten (overtuigingen) zijn dikke boomstammen geworden die ons stevig ondersteunen. Na een tijd verkoper te zijn geweest kunnen we dan een nieuwe stap nemen naar een volgende positie in de organisatie, zodat we weer uitgedaagd worden en wij ons verder kunnen ontwikkelen. Deze nieuwe baan is een uitdaging voor ons en onze positieve Denker omdat onze overtuigingen nog niet zo stevig zijn en we niet zeker weten of we deze baan aankunnen. Op het moment dat ons zelfbeeld op stevige positieve overtuigingen staat, wordt de uitdaging van deze nieuwe baan ook weer minder.

Wij kunnen onszelf op een positieve en negatieve manier veranderen maar anderen kunnen ons ook op een positieve en negatieve manier veranderen. **Drie eeuwen geleden schreef Pascal: *"Mensen zijn zo gemaakt, dat door hem continu te vertellen dat hij een gek is, hij dat gelooft en dat als hij dat continu aan hemzelf vertelt, hij dat ook wordt".***
Zelf heb ik een cliënt begeleid die dit meegemaakt had. Toen hij opgroeide was er een jongen in zijn buurt die nooit zijn naam gebruikte maar hem altijd 'Bolle' noemde. In het begin lachte hij er een beetje om maar na verloop van tijd ging hij zelf toch een beetje denken dat hij te dik was. Die negatieve overtuiging werd steeds sterker en hij ging steeds minder eten. Hij voelde zich steeds ongelukkiger in zijn lichaam. Door de overtuiging 'ik ben dik' werd hij onzeker en ongelukkig. Gelukkig heeft hij na enige begeleiding deze overtuiging los kunnen laten en gebruikt hij nu de nieuwe overtuiging 'ik heb een mooi en sterk lichaam'. Met deze nieuwe overtuiging voelt hij zich veel gelukkiger in zijn lichaam en hij is veel effectiever geworden. Zo groot is de kracht van overtuigingen. Als iemand in jouw omgeving een overtuiging continu blijft herhalen, dan is de kans groot dat je erdoor beïnvloed wordt. Het is dan ook zeer belangrijk om bij mensen weg te gaan die vervelende negatieve kritische overtuigingen over je hebben want zij kunnen je zelfbeeld behoorlijk naar beneden halen. En dan loop je de kans dat je gaat denken dat jij zo bent zoals zij zeggen dat jij bent. Voordat dit gebeurt, is het zeer belangrijk dat jij je niet negatief laat beïnvloeden door deze mensen. Het beste is om geen contact met ze te hebben. Hun overtuigingen over jou veranderen heeft weinig zin, want ze zullen liever jou willen veranderen dan zichzelf. De beste oplossing is dan om afstand te nemen van deze mensen en vriendschappen te maken met mensen die je positieve overtuigingen en zelfbeeld wél ondersteunen.

Maak vriendschappen met mensen die je positieve overtuigingen en zelfbeeld ondersteunen.

Een belangrijke manier om je positieve overtuigingen te versterken zijn activiteiten te doen die overeenkomen met je overtuigingen en daardoor je zelfbeeld versterken. Wanneer eerder genoemde cliënt een marketingopleiding doet en daar een goed cijfer voor haalt, dan verstevigt hij daarmee zijn overtuiging 'ik ben een goede marketeer', en zijn zelfbeeld. Daardoor krijgt hij nog meer mentale overtuigingskracht. Je kunt ook jouw overtuigingen minder sterk maken door negatieve activiteiten te doen die je tafelpoten dunner maken. Dan verzwak jij jezelf.
Mijn advies is: doe zoveel mogelijk positieve activiteiten en ervaring op die je overtuigingen versterken. Want dan worden je tafelpoten heel stevig en staat je zelfbeeld als een huis. Je kunt er dus zelf voor zorgen dat je zelfbeeld op dikke, stevige positieve overtuigingen staat waardoor je positieve Denker je optimaal kan ondersteunen in het realiseren van je verlangens. Het is een gigantisch hulpmiddel om te beseffen dat jij zelf je persoonlijk overtuigingen steviger kunt maken. Je po-

sitieve en eventuele negatieve overtuigingen, die je nu ondersteunen of tegenwerken tijdens het realiseren van je toekomstbeeld, zijn dus niet bepalend voor de rest van je leven. Je kunt ze elk moment veranderen. Jij hebt nu zelf de mogelijkheid in handen om die positieve overtuiging te gebruiken die je het krachtigst ondersteunt. Is dit niet geweldig? Jij hebt nu de controle over je eigen overtuigingen en zelfbeeld. Jij bepaalt wie je denkt te zijn.

Jij bepaalt wie je denkt te zijn.

Overtuigingen voor succes

Eén van de belangrijkste succesovertuigingen die je over jezelf kunt hebben is: 'ik ben oké'. Je hebt namelijk ook de overtuiging 'ik ben niet oké' en daar heb je werkelijk niks aan. Die breekt alles af en zorgt ervoor dat je niets meer durft te doen.
Amy en Thomas Harris hebben over deze twee overtuiging een boek geschreven: *Ik ben OK – Jij bent OK*. Zij geven een goede uitleg over welke overtuigingen positief ondersteunend zijn en succes opleveren, en welke overtuigingen negatief ondersteunend zijn. Nu jij weet hoe belangrijk en krachtig overtuigingen zijn voor het realiseren van je verlangens is het belangrijk dat jij hun positieve succesovertuigingen gaat gebruiken.
In hun boek vertellen Amy en Thomas Harris dat als wij geboren worden wij de overtuiging hebben dat alles oké is. Wij groeien op en wij merken dat wij veel kleiner en onhandiger zijn dan de grote mensen om ons heen. Wij gaan ons dan steeds minder oké voelen ten opzichte van de anderen. Zij kunnen dingen veel sneller en veel makkelijker dan wij en wij moeten ook vaak de ander om hulp vragen. Wij krijgen daardoor langzaam de overtuiging dat we niet oké zijn. Elke dag doen we nieuwe ervaringen op die deze beperkende overtuiging helaas bevestigen. Op school krijg we continu te horen wat we allemaal niet goed doen en dat helpt ook niet echt. Wanneer je alle keren gaan optellen dat je leraar verteld heeft dat je iets niet goed hebt gedaan, kom je op een gigantisch getal uit. Stel dat dit één keer per schooldag gebeurt, dan is dat al meer dan tweehonderd keer per jaar! Bij mij is dat zeker meer dan één keer per dag geweest omdat mijn leraren niet altijd even blij waren met mijn 'geestige' opmerkingen.
Volgens Amy en Thomas Harris zorgen deze honderden negatieve opmerkingen ervoor dat wij op een gegeven moment de overtuiging 'ik ben niet oké' accepteren. Hoe negatief en beperkend deze overtuiging ook voor ons is, volgens hen is er bijna niet aan te ontkomen dat wij deze overtuiging overnemen omdat iedereen het dagelijks tegen ons zegt. En na verloop van tijd is de kans aanwezig dat wij deze overtuiging ook als zelfbeeld gaan overnemen.

Het grote nadeel van de overtuiging 'ik ben niet oké' is dat wij ons afhankelijk naar anderen gaan opstellen en we ons steeds meer laten beïnvloeden door anderen. Het kan gebeuren dat we helemaal niet meer voor onszelf nadenken en alles aan de ander overlaten. Want wij zijn niet oké en wij vinden ons niet slim genoeg om zelf na te denken. De enige manier waarop we deze negatieve en beperkende overtuiging kunnen loslaten en kunnen omzetten in de positieve ondersteunende overtuiging 'ik ben oké', is als wij ontdekken dat wij wél iets kunnen. Door de ontdekking bijvoorbeeld dat je een goed zwemmer bent, kun je ervaringen opdoen die je weer zelfvertrouwen geven. Je zelfbeeld wordt dan veel positiever en je ontwikkelt positieve overtuigingen die aangeven dat jij oké bent. Zoals de positieve overtuiging dat jij alles kunt bereiken wat je wil bereiken. **Met de positieve overtuiging 'ik ben oké' durf je ook meer verantwoordelijkheid te nemen voor je persoonlijke ontwikkeling en leven.** Dan is je leven veel leuker en heb je een veel grotere kans om succesvol te zijn. Je durft dan ook weer zelf je eigen doelen te bepalen en zelf je beslissingen nemen.

Amy en Thomas Harris hebben een aantal overtuigingen ontdekt die ons negatief ondersteunen en een negatief zelfbeeld geven. Deze zijn:

- Doe niet
- Besta niet
- Houd afstand
- Val niet op
- Wees geen kind
- Groei niet op
- Wees niet succesvol
- Wees niet jezelf
- Wees niet normaal
- Begin geen relatie
- Vertrouw niet
- Denk niet
- Heb geen gevoelens
- Geniet niet van je gevoelens

Vooral de eerste negatieve overtuiging: 'Doe niet', wordt helaas door veel mensen bewust of onbewust gebruikt. Veel mensen laten zich, helaas, door deze beperkende overtuiging stoppen terwijl ze iets heel graag willen doen. Door deze negatieve overtuigingen bedenken zij allerlei redenen waarom ze iets niet kunnen doen. Ze zijn te oud, te jong, te zwak, hebben te weinig geld, enzovoort. Ze zetten anderen ook onder druk om ervoor te zorgen dat zij ook niets gaan doen. En dreigen, als zij het toch gaan doen, dat zij heel boos of juist heel verdrietig worden. Zij chanteren dan de ander met de pijn die zij gaan voelen als hij wel iets gaat doen. Maar als jij het niet doet, doe jij jezelf veel pijn. Mijn advies is: doe altijd de activiteit die je heel graag wil doen. Het geeft je namelijk een waanzinnige kick om te doen wat je wil doen. Zo wilde ik een zesduizend meter hoge berg gaan beklimmen in Peru en continu werd mij door andere mensen verteld dat ik het niet moest doen. Het zou te gevaarlijk zijn, ik zou niet sterk genoeg zijn, enzovoort. Ik negeerde hun argumenten en luisterde naar mijn verlangen. Na twee weken keihard gewerkt te hebben stond ik op de top van de berg en dat gaf mij een geweldige kick. Toen ik later in het dorp dezelfde mensen weer tegenkwam vertelden zij mij dat ik geluk had gehad en dit nooit had mogen doen. Toen wist ik heel zeker dat zij de overtuiging: 'DOE NIET' met hoofdletters op hun voorhoofd hadden geschreven. Helaas, want ik wenste dat zij volgens een positieve ondersteunende overtuiging leefden.

Doe altijd de activiteit die je heel graag wil doen.

Andere veeleisende en negatieve overtuigingen zijn:

- Wees perfect
- Werk harder
- Wees hard
- Wees de beste
- Opschieten
- Vermaak mij

Een overtuiging als 'Wees perfect' is net zo beperkend als 'Doe niet', omdat zij veel te veeleisend is. Met deze overtuiging zul je het nooit goed doen en moet het altijd beter. De overtuiging 'Wees perfect' is dus net zo negatief en beperkend als 'Doe niet', al klinkt hij misschien positiever. In Nederland, heb ik helaas gemerkt, zijn er zeer veel mensen die deze negatieve overtuiging gebruiken en daardoor nooit tevreden over zichzelf kunnen zijn. Deze overtuiging geeft, net zoals de 'doe niet'-overtuiging, veel frustraties en pijn. Alle voorafgaande negatieve en beperkende overtuigingen kunnen we vanaf onze geboorte, vaak onbewust, meekrijgen van onze ouders, familie, vrienden, leraren en andere bekenden. We ontvangen ze ook door programma's die we op de televisie zien en artikelen die we lezen in bladen of kranten. Deze informatie, met al die beperkende overtuigingen, kunnen we helaas niet stoppen. Wat we wel kunnen doen is bewust registreren welke overtuigingen negatief en beperkend zijn voor onze groei en bewust opletten dat we die niet gebruiken. De negatief beperkende overtuigingen die je niet of moeilijk kunt loslaten bewaar je bewust in je negatieve Denker. Dan weet jij dat ze negatief zijn en hebben ze hun grootste overtuigingskracht al verloren. Nog beter is om volledig afscheid te nemen van al je negatieve en beperkende overtuigingen. Dit kun je doen door de manier die ik hiervoor heb aangegeven, opschrijven en doorkrassen, of je kunt de negatieve beperkende overtuiging op een stuk papier schrijven en dit in brand steken. Dat is een nog sterkere manier, want dan verbrand je de overtuiging en blijft er niets van over. Tijdens het verbranden van de negatieve overtuiging beloof jezelf dat je deze overtuiging nooit meer zult gebruiken of ernaar zult luisteren. En schrijf dan een positieve en ondersteunende overtuiging op, zoals:

- Ik kan problemen oplossen
- Ik kan denken
- Ik kan dingen doen
- Ik doe wat ik kan
- Ik vertrouw mijzelf en mijn gevoelens
- Er bestaat geen mislukking, alleen feedback
- Ik heb alle noodzakelijke hulpbronnen in mij
- Ik ben oké en alle mensen zijn oké

– Mijn autonomie is een bijdrage voor anderen
– Ik heb de kracht om mijn eigen leven vorm te geven.

Dit veranderingsproces kun je gewoon zelf doen; daar heb je niemand voor nodig. **Als jij ervoor kiest om een positieve ondersteunende overtuiging te gebruiken, dan kun je alles bereiken wat je wil bereiken.** Niets is namelijk zo krachtig als een overtuiging waarin jij gelooft. Abraham Lincoln, oud-president van Amerika, had bijvoorbeeld de overtuiging dat: eigen vastberadenheid om succes te hebben, belangrijker is dan wat dan ook. En dankzij deze persoonlijke succesovertuiging is hij ondanks alle tegenslagen in zijn leven heel succesvol geworden.

Niets is zo krachtig als een overtuiging waarin jij gelooft.

Een leiderschapstrainer die heel beroemd is geworden met zijn positieve en effectieve overtuigingen is Stephen Covey. Hij heeft het boek *De zeven eigenschappen van zeer effectieve mensen* geschreven en van zijn positieve overtuigingen kunnen wij ook dankbaar gebruikmaken. Zijn zeven positieve overtuigingen zijn:
– Wees pro-actief
– Begin met het einde voor ogen
– Begin met de belangrijke zaken
– Begrijp eerst de ander en dan jezelf
– Ga voor synergie
– Houd je zaag scherp (blijf je ontwikkelen)

Wil je meer over deze effectieve en positieve overtuigingen te weten komen, dan raad ik je aan zijn boek te lezen.
Door zo bewust met je positieve en negatieve overtuigingen om te gaan wil je na verloop alleen nog maar positieve overtuigingen gebruiken. De tafelpoten van je positieve overtuigingen worden dan ook steeds dikker en de tafelpoten van je negatieve kritische overtuigingen worden steeds dunner. Totdat je ze niet meer ziet en je positieve Denker niet eens meer kan bedenken welke negatieve overtuigingen jij had. Je gebruikt alleen nog maar positieve succesovertuigingen om je verlangens te realiseren en je beslissingen te nemen.

Slimme beslissingen nemen

Je positieve Denker is je beslisser die ervoor zorgt dat jij al je verlangens en SMART-doelen kunt realiseren. Hij is je 'voorzitter' die onder andere beslist waar je over denkt en welke vragen je gaat beantwoorden. Je positieve Denker beslist welke SMART-doelen het belangrijkst zijn en welke activiteiten je pro-actieve Doener nu het beste kan gaan uitvoeren. Je positieve Denker beslist door 'ja' of

'nee' te zeggen en dat is heel belangrijk. Want als je geen 'ja' of 'nee' beslist, kom je in een niemandsland terecht waar alles stilstaat.
Je hebt nu ook al veel ervaringen met je beslissingen, want elke dag neem je, bewust of onbewust, tientallen beslissingen. Vanaf het moment dat we opstaan nemen we continu beslissingen of we wel of niet iets willen gaan doen. Of we wel of niet willen gaan douchen, welke kleren we aan gaan trekken, wat we willen gaan ontbijten en of we naar ons werk gaan.
Een beslissing nemen is heel belangrijk omdat je daarmee alle andere mogelijkheden afsnijdt. Je kiest voor een optie en daar ga je helemaal voor. Door je beslissing dwing jij jezelf om op pad te gaan en in beweging te komen. Door beslissingen te nemen krijg je een goed beeld van jezelf en wie je bent, waar je interesses liggen en wat je graag wil doen. Als je terugdenkt aan al je beslissingen, dan kun jij je ook zó herinneren welke beslissingen een succes waren en welke niet. Welke beslissingen je gelukkig hebben gemaakt en welke niet. Welke beslissingen je verder hebben gebracht en welke beslissingen je vooruitgang hebben geblokkeerd. Beslissingen zijn markante punten in je leven.

Beslissingen zijn markante punten in je leven.

Over de kracht van het nemen van beslissingen zijn veel inspirerende verhalen bekend. Zo was er een generaal die met zijn soldaten naar een land ging dat hij wilde veroveren. Zij kwamen met hun zeilschepen bij het te veroveren land en toen zij allemaal aan land waren gegaan gaf hij de opdracht om alle schepen in brand te steken. Zijn soldaten keken hem verbijsterd aan en vroegen zich af of hij gek was geworden. Hij beantwoordde hun vragende ogen met het antwoord dat zij nú een keus hadden: zij zouden winnen van de vijand of ten onder gaan. Vluchten kon niet meer. Zij moesten nú de beslissing nemen of zij wilden leven of sterven. Zij namen de beslissing om te leven en begonnen vol levenskracht aan de veldslag. De mannen waren nu zo gemotiveerd, omdat hun schepen waren verbrand, dat zij vochten voor hun leven. En ze wonnen.
Een ander mooi verhaal is dat van een man die een groot verlangen had om een buitengewone school te beginnen. Deze school zou het beste onderwijs gaan geven van het hele land, alleen had hij één miljoen dollar nodig om deze school te kunnen beginnen. En die had hij niet. Twee jaar dacht hij na over hoe hij het miljoen bij elkaar zou kunnen krijgen. Tijdens die twee jaar kwam er echter geen stuivertje geld binnen, totdat hij op een dag de beslissing nam om nu, binnen één week, het geld te krijgen. Hij vertelde dat er door deze beslissing een grote opluchting door zijn lichaam ging en hij ook heel rustig werd. Nu hij deze beslissing had genomen wist hij gewoon dat hij het miljoen deze week zou krijgen. Hij kreeg ook gelijk een idee. Hij belde de krant op om een advertentie te laten plaat-

sen voor een presentatie met de titel: Wat zou ik doen met een miljoen? De rest van de dag bereidde hij zich voor op de presentatie. De volgende dag liep hij naar de zaal waar hij zijn presentatie ging houden. Op het moment dat hij wilde beginnen merkte hij dat hij zijn aantekeningen was vergeten. Maar dat was niet erg, want hij had over dit onderwerp al twee jaar nagedacht. Vanuit zijn hart en met veel passie vertelde hij wat voor school hij wilde gaan beginnen: een school die het beste onderwijs aan kinderen zou geven. Aan het einde van de presentatie kwam er een onopvallende man naar hem toe. Die vertelde hem dat hij hem overtuigd had en de volgende dag kon hij zijn miljoen gulden komen ophalen. Twee jaar was er niets gebeurd totdat hij de beslissing had genomen om nú iets te gaan doen. Dat is de kracht van het nemen van een beslissing.

Om een succesvol mens te zijn is het belangrijk dat we bewust 'ja' of 'nee' zeggen. Dat we zelf onze beslissingen nemen en die niet overlaten aan een ander. Dat wij zelf 'nee' en 'ja' tegen een ander zeggen. Veel mensen vinden het namelijk veel makkelijker om 'ja' te zeggen dan om 'nee' te zeggen. Daardoor kunnen ze makkelijk door de ander beïnvloed worden en steeds afhankelijker van de ander worden. **Als je geen 'nee' durft te zeggen kun je alleen maar 'ja' zeggen en heb je geen keuze.** Een belangrijke kracht van succesvolle effectieve mensen is dat zij heel snel een beslissing kunnen nemen. En of die nu 'ja' of 'nee' is, dat maakt hun niet zoveel uit. Voor hen is het belangrijkste dat zij snel een beslissing nemen. De volgende oefening van Anthony Robbins helpt je om je beslissingen goed te kunnen analyseren en ervoor te zorgen dat je nu je leven kunt inrichten zoals jij dat wil.

Om een succesvol mens te zijn is het belangrijk dat we bewust 'ja' of 'nee' zeggen.

1 Schrijf bij 1.1, 2.1, 3.1 en 4.1 vier dingen op die je wil doen, maar constant hebt uitgesteld.

1.1 ....

2 ....

3 ....

4 ....

5 ....

2.1 ....

2 ....

3 ....

4 ....

Je verlangens realiseren
Jezelf leren kennen
Je pro-actieve Doener gebruiken
Je positieve Denker gebruiken
Je gelukkige Voeler gebruiken

5 ....

3.1 ....

2 ....

3 ....

4 ....

5 ....

4.1 ....

2 ....

3 ....

4 ....

5 ....

2 Schrijf onder elk van deze dingen de antwoorden op de vragen: Waarom ben ik niet eerder in actie gekomen? Welke pijn heb ik in het verleden verbonden met het ondernemen van actie?
3 Schrijf bij 1.3, 2.3, 3.3 en 4.3 al het plezier op dat je in het verleden had door geen beslissing te nemen en in dit negatieve patroon te blijven zitten.
4 Schrijf daaronder op wat het je zal kosten als je nu niet de beslissing neemt om te veranderen.
5 De laatste stap is het opschrijven van al het plezier dat je zult beleven als je deze beslissing hebt genomen bij 1.5, 2.5, 3.5 en 4.5.

Om bewust 'ja' en 'nee' te leren zeggen is het goed om te beginnen met 'nee' te zeggen. Want dan is het veel makkelijker om 'ja' te zeggen. Wanneer jij dan 'ja' zegt, heeft dit ook veel meer waarde voor jou en voor de andere persoon. Omdat jij en de andere persoon weten dat je ook 'nee' had kunnen zeggen. Wanneer jij 'nee' kunt zeggen ben jij ook onafhankelijk en bepaal jij zelf wat je denkt en doet. Dat geeft een ongelooflijke vrijheid en daarmee kun jij je leven inrichten zoals jij dat wil. Je bent niet afhankelijk van je omgeving en je beslist zelf wanneer jij je waardevolle lichamelijke kracht, mentale kennis en energie wil inzetten.
Neem je dan ook nu voor om vandaag minstens één keer 'nee' te zeggen. Als iemand je iets vraagt wat je niet wil, antwoord dan vriendelijk en duidelijk 'Nee'. En ervaar hoe trots en tevreden je dan bent over je eigen prestatie en de bevrijding die je voelt door 'nee' te zeggen. Ik heb een keer aan een training deelgenomen waar we allemaal moesten gaan staan en keihard 'Nee!' moesten roepen. In het begin stond we wel even raar te kijken maar nadat we het een paar keer hadden gedaan voelde het eigenlijk erg prettig. Met volle kracht schreeuwden we nog een paar keer 'Nee!' en dat gaf mij veel ruimte. Als jij de ruimte hebt, doe dit nu zelf ook eens. Ga staan en roep tien keer keihard: 'Nee!' Om de oefening sterker te maken kun jij je

daarbij ook voorstellen dat je 'nee' zegt tegen een persoon waar je heel graag 'nee' tegen wil zeggen; bijvoorbeeld je baas, een vriend of een vriendin.

Je positieve Denker ontwikkelt zich elke keer wanneer jij een beslissing neemt. Daar groeit hij van en jij krijgt daardoor steeds meer vertrouwen in het nemen van beslissingen. Net zoals je bij gewichtheffen ook steeds zwaardere gewichten kunt optillen omdat jij je spieren hebt getraind met lichtere gewichten, kun jij steeds zwaardere, grotere en moeilijkere beslissingen nemen omdat jij je positieve Denker getraind hebt in het nemen van kleine beslissingen. Om goede beslissingen te kunnen nemen is het belangrijk om veel beslissingen te nemen. Hoe meer beslissingen jij neemt, hoe beter je wordt in het nemen van beslissingen. Dat kunnen kleine of grote beslissingen zijn zoals wat je vanavond gaat eten tot wat voor soort huis of auto je wil kopen. Wanneer je met kleine financiële beslissingen begint, kun je er daar ook veel meer van nemen en weer meer van leren. Voor het nemen van de grote financiële beslissingen heb je dan een behoorlijke ervaring opgebouwd en kun je met veel meer zelfvertrouwen de juiste beslissing nemen.

Om te oefenen om beslissingen te nemen kun je bijvoorbeeld een supermarkt binnenwandelen en beslissen welk eten je koopt. Aan de kassa zie je dan vanzelf welk eten je allemaal hebt gekocht en of dit overeenkomt met je normale boodschappenlijstje. Je kunt ook een boekwinkel binnenlopen en zonder vooropgezet plan beslissen welke boeken je wil kopen. Daarbij laat jij je sturen door je eigen mening en niet door de meningen van anderen. Je kiest uit wat jou interessant lijkt om te lezen. Dit kun je ook bij je vrienden en kennissen doen, waarbij je beslist met wie je wel wil omgaan en met wie niet. Waarbij jij je beslissingen neemt puur op basis van je persoonlijke rationele voorkeur, en niet op basis van verplichtingen of verwachtingen. Door dit te doen leer je ook welke mensen je positieve Denker leuk vindt en met welke mensen hij graag gesprekken heeft.

Denk nu eens aan je vrienden en vraag je af met wie je het leukste vindt om een goed gesprek te voeren en met wie het minst. Dat geeft je al een aardige indicatie wie je positieve Denker wel en minder mag.

Het leuke van beslissingen nemen is dat je elke beslissing kunt nemen die je maar wil. Je kunt nu beslissen om een lekker ijsje te gaan eten, of je kunt nu beslissen om door te blijven lezen. Of je kunt nu beslissen om een nieuwe auto of broek te gaan kopen. Of je kunt nu beslissen om een vriend te bellen en samen iets leuks te gaan doen. Of je kunt nu beslissen om die leuke opleiding, studie of training te gaan doen. Zoveel vrijheid hebben wij, en dat is toch geweldig! Wanneer je een beslissing hebt genomen is het wel belangrijk dat je achter je beslissing blijft staan. Als je weer te snel van beslissing verandert, dan krijg je geen standvastigheid in het nemen van beslissingen en slinger je van de ene beslissing naar de andere. Ook als andere mensen je proberen over te halen om je beslissing te veranderen omdat dit hen beter uitkomt, moet je opkomen voor je beslissing. Jíj hebt hem genomen en alleen jíj mag hem veranderen. Je kunt nu dus bijvoorbeeld beslissen dat jij een leuk en plezierig leven wil hebben waar jij al je verlangens realiseert. Neem nu die beslissing en ervaar de kracht die je dan je krijgt. En het vertrouwen dat je alles in jezelf hebt zitten om je doelen te bereiken en dat je die nu gaat gebruiken. En niet stopt voordat jij bereikt wat je wilde bereiken.

Om goede beslissingen te kunnen nemen is het belangrijk om veel beslissingen te nemen. Hoe meer beslissingen jij neemt, hoe beter je wordt in het nemen van beslissingen.

De 10 valkuilen in het nemen van beslissingen

J. Russo en P. Schoemaker hebben de tien gevaarlijkste valkuilen voor het nemen van beslissingen ontdekt. Die kunnen wij goed gebruiken om ervoor te zorgen dat wij daar niet in vallen. Deze tien valkuilen zijn:

1. **Je erin storten** – Je begint informatie te verzamelen en conclusies te trekken, zonder eerst even de tijd te nemen om na te denken over de crux van de kwestie waar je voor staat, of om door te denken over de manier waarop jij meent dat zulke beslissingen gemaakt zouden moeten worden.
2. **Kaderblindheid** – Je begint het verkeerde probleem op te lossen omdat je een mentaal kader hebt gecreëerd voor jouw besluit, zonder er lang over na te denken, wat ertoe leidt dat je de beste opties over het hoofd ziet of dat je uit het oog verliest wat de belangrijkste doelstellingen zijn.
3. **Gebrek aan controle over het raamwerk** – Je laat je voor je beslissing te veel beïnvloeden door anderen of je definieert het probleem bewust maar op één manier.
4. **Te zeker zijn van jouw opinies** – Je verzamelt belangrijke feiten of informatie niet omdat je zeker bent je van je eigen aannames en meningen.
5. **Kortzichtige sluipweggetjes nemen** – Je hebt een misplaatst vertrouwen in 'vuistregels' of feiten die je goed uitkomen.
6. **Impulsief handelen** – Je gelooft dat alle informatie die je hebt ontdekt wel in jouw hoofd op een rijtje zit en je daardoor geen systematische procedure volgt, maar de informatie 'erdoor jaagt' bij het maken van de uiteindelijke keuze.
7. **Groepsoverschatting** – Aannemen dat wanneer er veel intelligente mensen bij een beslissing betrokken zijn, goede keuzes automatisch zullen volgen, en daardoor nalaten het groepsgewijze besluitvormingsproces te leiden.

8 **Jezelf met feedback voor de gek houden** – Nalaten de feiten over eerdere resultaten te interpreteren voor wat ze werkelijk te vertellen hebben, hetzij om je ego te beschermen of omdat jij je laat bedreigen door kennis achteraf.

9 **Geen gegevens bijhouden** – Aannemen dat jouw ervaring haar lessen automatisch beschikbaar stelt, en daardoor nalaten om systematisch gegevens bij te houden teneinde op de hoogte te blijven van de resultaten van jouw beslissingen, en nalaten deze resultaten zodanig te analyseren dat de belangrijkste lessen aan het licht komen.

10 **Nalaten je eigen besluitvormingsproces te onderzoeken** – Nalaten een georganiseerde aanpak te creëren waarmee je inzicht kunt krijgen in je eigen besluitvorming, zodat je constant ten prooi blijft vallen aan alle hiervoor genoemde fouten.

Een goede oefening is om bij jezelf af te vragen in welke valkuilen jij wel eens bent gestapt. Hoe kwam dat? En hoe kun jij ervoor zorgen dat je er niet nog een keer in valt? Schrijf voor jezelf op dat je nooit meer in deze valkuil wil vallen en dat de komende maand je positieve Denker erop let dat dit niet meer gebeurt.

Motiveren van je positieve Denker

Geld is een zeer stimulerend middel voor je positieve Denker. Geld en materiële zaken hebben een grote aantrekkingskracht op je positieve Denker. Hoe meer, hoe beter. Geld heeft een grote aantrekkingskracht op je positieve Denker omdat het macht en controle geeft. Wanneer je veel geld hebt, kun je veel materiële zaken bezitten en ziet je positieve Denker hoe rijk je werkelijk bent. Je kunt zelf de grote aantrekkingskracht van bezit ervaren als jij op een hoge toren in een stad gaat staan en je voorstelt dat alles wat je ziet van jou is; dat dit allemaal jouw bezit is. Dan kun jij je heel erg groot en machtig voelen. Met geld kun je ook alles kopen wat je wil hebben en hoe meer geld je hebt, hoe meer je bezit. Je kunt dan de grootste boot, het grootste huis of het grootste vliegtuig van de wereld kopen en dat geeft je veel status. Daarom worden er ook steeds grotere huizen, boten en auto's gebouwd. Jij kunt die motivatiekracht voor je positieve Denker goed gebruiken voor het realiseren van je verlangens. Deze aantrekkingskracht van je positieve Denker naar materiële zaken, geld, status en macht geeft je een extra krachtbron om je toekomstbeeld zo snel mogelijk te realiseren. Hierdoor kun jij de Superegokracht van je positieve Denker inzetten om al je verlangens te realiseren. Dit kun je doen door jezelf een grote financiële beloning te geven als je een bepaald doel bereikt hebt. Je kunt jezelf ook een financieel doel stellen dat je moet halen om iets te mogen gaan kopen. In de verkoop wordt deze strategie veel gebruikt bij verkopers. Zij krijgen een grote financiële beloning als zij een bepaalde hoeveelheid producten of diensten hebben verkocht. Zij werken elke dag keihard om hun afgesproken doelstellingen te halen omdat zij weten dat zij daarvoor rijkelijk worden beloond. De moeilijkheden, tegenslagen of teleurstellingen die zij tijdens het realiseren van hun doelen onderweg opdoen kunnen zij hanteren omdat zij een toekomstbeeld voor ogen hebben, over drie tot twaalf maanden, wanneer zij hun financiële beloning krijgen. Geld is een zeer sterke motivator voor je positieve Denker en kan je extra motieveren om je maximaal in te zetten voor het realiseren van je verlangens. Een ander groot voordeel om geld te gebruiken als motivator voor je positieve Denker is dat hij deze doelstelling niet makkelijk zal loslaten. Je positieve Denker zal tot het uiterste gaan omdat aan het einde van de rit de beloning voor hem zo aantrekkelijk is. Omdat met geld je positieve Denker alles kan kopen wat hij altijd al wilde hebben, en vooral bezitten.

Geld is een zeer sterke motivator voor je positieve Denker.

Een andere manier om geld te gebruiken is dat je eerst iets koopt wat je heel graag wil hebben en dan gaat zorgen dat je genoeg geld verdient om het te kunnen houden. Dan heb je het voordeel dat je elke dag kunt zien waar jij al je inspanningen voor doet en hoef je niet tot het einde van het jaar te wachten. Bij deze motivatiemethode moet je wel eerst schulden maken en dat kan een nadeel voor je zijn. Deze strategie passen we echter al toe bij het kopen van een huis. Als je een huis wil kopen, heb je meestal ook niet het geld en leen je het van de bank. Elke maand betaal je een bedrag voor je huis en ondertussen kun je er lekker in wonen. Je kunt nu elke dag genieten van je mooie huis en dan weet je positieve Denker ook waarom hij zo hard werkt. Hij ziet je bezit en is extra gemotiveerd om hard te blijven werken omdat hij je huis niet wil verliezen.

Wanneer je heel veel geld wil hebben is het belangrijk om te beseffen dat dit een dagtaak is. Je kunt je geld niet even verdienen in de avonduren want dan lukt het niet. Geld verdienen vraagt een totale focus en commitment. Wanneer jij je richt op het verdienen van geld, dan is het belangrijk dat jij geld verdienen leuk vindt en dat je positieve Denker het leuk vindt om hier continu mee bezig te zijn. Anders kun je het beter aan iemand anders over laten. Zoals een financieel specialist die bewezen heeft veel geld te kunnen verdienen, en die je vertrouwt. **Om geld te verdienen is het wel belangrijk dat je weet dat je eerst geld moet uitgeven.** We zullen eerst moeten zaaien voordat we kunnen oogsten. Net zoals in de natuur zijn wij ook afhankelijk van deze natuurwet. En het oude Nederlandse spreekwoord: 'Eerst komen de kosten en dan komen de baten', geeft dit ook al aan. Het belangrijkste daarbij is dat jij je geld investeert in het realiseren van je verlangens. Dan zijn je pro-actieve Doener en positieve Denker gemotiveerd, krijg je een goed rendement en weet je zeker dat je geld goed besteed is.

Investeer je geld in het realiseren van je verlangens.

10 tips voor het motiveren van je positieve Denker

1 Analyseer je persoonlijke overtuigingen en zorg dat ze positief zijn.

2 Gebruik uitdagende SMART-doelen die je leuk vindt om te realiseren.

3 Neem elke dag minimaal drie beslissingen.

4 Gebruik je tijd voor je verlangens en belangrijke doelen.

5 Lees één inspirerend boek per maand.

6 Ga een studie doen die je leuk vindt.

7 Organiseer discussieavonden met je vrienden en studiegenoten.

8 Schrijf je ervaringen en gedachten van die dag op.

9 Ontwikkel je eigen levensfilosofie.

10 Ontdek over welk onderwerp je veel kennis hebt en maak daar gebruik van.

Bron: Inspirerend Leidinggeven, ing. Rogier Offerhaus, MBA

KRACHTBRON 5

Je gelukkige Voeler gebruiken

"Van jezelf houden is het begin van een levenslange liefdesrelatie"
Oscar Wilde

De emotionele kracht van je gelukkige Voeler gebruiken

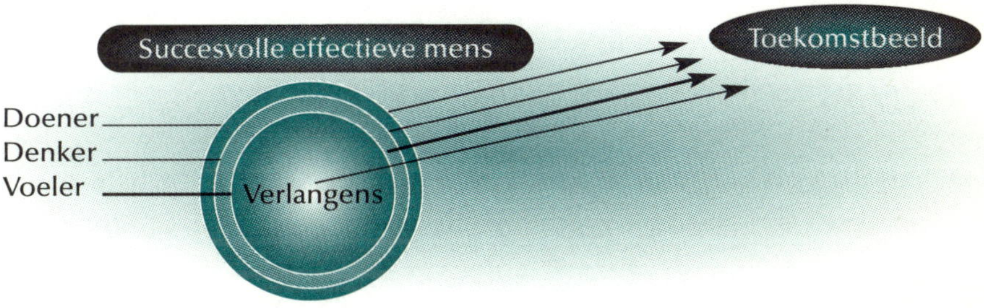

Voor het realiseren van je verlangens kun je nu bewust gebruikmaken van je pro-actieve Doener en je positieve Denker. Je hebt echter nog een geweldige kracht tot je beschikking: de emotionele kracht van je gelukkige Voeler. Je gelukkige Voeler geeft je de wilskracht en de passie om door te kunnen blijven gaan wanneer je pro-actieve Doener en je positieve Denker geen kracht meer hebben. Je emotionele kracht van je gelukkige Voeler geeft jou de kracht om net dat laatste stapje naar je succes te kunnen zetten, zodat jij al je verlangens succesvol kunt realiseren. Terwijl je pro-actieve Doener je de lichamelijke kracht geeft om je activiteiten te doen en je positieve Denker je de mentale kracht geeft om je te focussen, geeft je gelukkige Voeler jou de emotionele kracht om gemotiveerd door te kunnen blijven gaan. In alle levensverhalen van succesvolle mensen kun je lezen dat zij ondanks alle tegenslagen de emotionele kracht hadden om door te gaan waar anderen al gestopt waren. Een zeer duidelijk voorbeeld hiervan is Nelson Mandela, die meer dan twintig jaar in de gevangenis heeft gezeten en desondanks bleef werken aan zijn verlangen voor een Zuid-Afrika zonder apartheid. Zijn emotionele kracht motiveerde hem in de gevangenis om zijn verlangens en die van zijn medelandgenoten te realiseren. Hij liet zich door niets of niemand stoppen en dat leverde hem uiteindelijk succes op.

Veel ondernemers beginnen hun bedrijf ook met hun persoonlijke passie voor hun product of dienst. De heer Heineken, van de gelijknamige onderneming, heeft een zeer grote passie voor zijn bier en is zijn hele leven bezig geweest om ervoor te zorgen dat zijn bier over de hele wereld bekend zou worden. Omdat hij zo'n sterke emotionele band heeft met Heineken is hij op zijn oude leeftijd nog steeds verbonden aan zijn bedrijf en bezit hij een zeer groot gedeelte van de aandelen. Hij en andere succesvolle ondernemers hebben dankbaar gebruikgemaakt van hun emotionele kracht en hebben daardoor al hun verlangens kunnen realiseren. Mijn uitnodiging aan jou is om ook je emotionele kracht in te zetten omdat je daar nog succesvoller, gelukkiger en effectiever mee kunt worden. In je gelukkige Voeler zit namelijk je gigantische levenskracht waar al je wilskracht en passie in zit. Je gelukkige Voeler is jouw emotionele krachtbron die leven brengt in je plannen en levensdoelen. **Met behulp van deze gigantische levenskracht kun jij al je verlangens, wensen en dromen realiseren.** Door je emotionele levenskracht te gebruiken kun jij grenzeloos succesvol en gelukkig worden. En wie wil dit nu niet?

Door je emotionele levenskracht te gebruiken kun jij grenzeloos succesvol en gelukkig worden.

Je gelukkige Voeler ziet de wereld als een wereld vol kansen en mogelijkheden, die hij heel graag wil gebruiken om jouw verlangens te realiseren omdat hij weet dat het realiseren van jouw verlangens je het meest gelukkig maakt. Je gelukkige Voeler wil daarom ook niets liever doen dan de hele dag bezig zijn met het realiseren van jouw verlangens. Om vanuit je gelukkige Voeler te leven is dus erg leuk, want dan kun je elke dag alle activiteiten doen waar jij naar verlangt; activiteiten die je blij en gelukkig maken. Je gelukkige Voeler functioneert onafhankelijk van anderen en elk moment van de dag kun jij zelf beslissen wat jij nu wil gaan doen en wat je wil ervaren. Die vrijheid geeft heel veel plezier en ruimte in je leven. Geld speelt hier geen rol in, want je gelukkige Voeler heeft geen geld nodig om gelukkig te zijn. Je gelukkige Voeler wil leuke ervaringen opdoen en dat kan met of zonder geld.

Zoals gezegd heeft je gelukkige Voeler heel veel energie omdat hij direct gevoed wordt vanuit je verlangens en je levenskracht. Bij ondernemers en gepassioneerde directeuren is deze grote hoeveelheid energie en passie meestal ook goed te zien. Zij werken vaak heel hard en zijn heel gedreven. Mensen zoals John de Mol en Bill Gates werken lange uren aan het opbouwen van hun onderneming en lijken daar helemaal niet moe van te worden. Dit komt omdat hun bedrijf gebouwd is op hun verlangens en zij vanuit hun emotionele passie werken. Zij leven vanuit hun gelukkige Voeler en gebruiken al hun emotionele kracht in hun onderneming. Zij zijn zo gefocust op het realiseren van hun verlangens, dat zij wel succesvol móeten worden. Er bestaat voor hen ook niets anders in hun leven; zij richten zich volkomen op hun specifieke verlangens, doelen en wensen. Deze succesvolle ondernemers gebruiken hun gelukkige Voeler omdat zij dan de beschikking hebben over hun drie levenskrachten in plaats van één of twee levenskrachten. Zij gebruiken hun lichamelijke, rationele én emotionele kracht om hun verlangens te realiseren, zodat zij maximaal kunnen functioneren en kunnen doen wat ze willen doen. Dit is volgens mij de belangrijkste verklaring waarom deze succesvolle mannen en vrouwen zoveel energie hebben. Zij hebben tenslotte hetzelfde lichaam als wij, dus daar hebben ze geen voordeel. Wat zij wel heel erg goed doen is dat zij hun levenskracht maximaal gebruiken. Door hun lichamelijke, rationele en emotionele levenskracht te gebruiken kunnen zij gigantisch grote succesvolle ondernemingen opbouwen en leidinggeven aan honderden werknemers. Zij begrijpen ook dat hun internationale ondernemingen niet alleen meer te besturen of te managen zijn met hun pro-actieve Doener en positieve Denker. Daar hebben zij de verbindende en emotionele kracht van hun gelukkige Voeler voor nodig.

Andere mensen bij wie jij ook duidelijker kunt zien dat zij vanuit hun gelukkige Voeler leven en werken, zijn succesvolle onderzoekers, wetenschappers, professionals, kunstenaars en muzikanten. Deze creatieve mensen zijn vaak een beetje excentriek en apart. Je ziet ook vaak dat zij zich anders kleden en gedragen. In hun werk zijn ze vaak ook opvallend en anders. Dit komt omdat zij graag zichzelf willen zijn en een sterk verlangen hebben om zichzelf te verwezenlijken. Zij doen dit vooral door vanuit hun gelukkige Voeler vorm te geven aan hun leven en werk. Bij een schilder als Picasso kun je bijvoorbeeld in zijn schilderijen goed zien dat hij onze wereld op een heel andere, persoonlijke manier ervoer. Hij gaf een nieuwe creatieve dimensie aan onze wereld en werd daar wereldberoemd mee.

Deze mensen zijn ook vaak in staat om een nieuwe trend te beginnen of te ontdekken. Zij kunnen verder in de toekomst kijken omdat hun gelukkige Voeler heel veel verschillende informatie verzamelt. Uit al die informatie verzamelen zij ideeën en beelden over de wereld van morgen.

Een goed voorbeeld daarvan zijn de gebroeders Das. Zij zijn futurologen en met behulp van hun tekeningen geven ze ons hun toekomstbeelden. Op basis van hun kennis en gevoel vertellen zij ons hoe bijvoorbeeld vliegtuigen en auto's zich gaan ontwikkelen. Zo hebben zij het idee dat we over zestig jaar met de auto het vliegtuig in rijden en als we dan aankomen op het vliegveld, worden we op een volautomatische autobaan naar onze eindbestemming gereden. Of we rijden naar een volautomatische autobaan waar veertig auto's aan elkaar gekoppeld worden die dan met driehonderd kilometer per uur naar Parijs rijden. Tijdens deze reis hoeven we zelf niet meer de auto te besturen. Hun ideeën zijn nu misschien een beetje vreemd, maar dat zijn de ideeën van onze gelukkige Voeler in eerste instantie meestal. Onze gelukkige Voeler heeft heel vaak creatieve ideeën die meer met morgen te maken hebben dan met vandaag, en die voor ons ook veelal nieuw zijn.

Je hebt contact met je gelukkige Voeler als je door iets of iemand enthousiast wordt en emotioneel geraakt bent. Dit kan door een inspirerende persoon, een mooie film, een spannend boek, creatieve kunst of stimulerende muziek komen. Met muziek kun je waarschijnlijk het snelste contact krijgen met je gelukkige Voeler en ontdekken waar hij enthousiast en blij van wordt. Wanneer je nu je radio aanzet, kun je zelf voelen bij welke muziek je gelukkige Voeler enthousiast wordt en bij welke muziek je gelukkige Voeler zich helemaal niet prettig voelt. Bij de voor jou leuke en bekende liedjes wil jij waarschijnlijk ook mee gaan bewegen en misschien wel mee gaan dansen of zingen. Terwijl je bij de onbekende liedjes toch waarschijnlijk eerst even de kat uit de boom wil kijken en afwacht of je het wel een leuk liedje vindt. Bij muziek die je niet leuk vindt, kan je gelukkige Voeler onrustig en misschien zelfs wel een beetje geïrriteerd worden. Door de juiste enthousiasmerende muziek op te zetten kun jij jezelf gelukkig maken. Door de enthousiasmerende muziek ga je als vanzelf bewegen en vind je het ook leuk om te bewegen. Daar hoef je verder niets voor te doen.
Op dezelfde manier kunnen mensen je gelukkige Voeler enthousiast maken omdat ze je op de juiste manier aanspreken. Ze spreken je gelukkige Voeler aan door de woorden en de intonatie die ze gebruiken en je voelt je gelukkig en geïnspireerd bij hen. Dit bereiken zij omdat zij vanuit hun gelukkige Voeler met jou contact maken en met je praten. Zij communiceren hun emotionele kracht van hun gelukkige Voeler naar jou toe en daar word jij enthousiast van. Vooral zangers doen dit.
Jij kunt ook door woorden of muziek te gebruiken vanuit je gelukkige Voeler anderen enthousiasmeren. Je hoeft alleen de emotionele kracht van je gelukkige Voeler in te brengen en dan maak je de andere persoon gelukkig. En je wordt er zelf ook direct gelukkig van. Dit ervaar je bij verjaardagen waar mensen elkaar feliciteren en gelukkig maken.

Je hebt contact met je gelukkige Voeler als je door iets of iemand enthousiast wordt en emotioneel geraakt bent.

Je gelukkige Voeler geeft je elke dag je emotionele wilskracht zodat jij je verder kunt ontwikkelen en succesvol al je verlangens kunt realiseren. Je wilskracht geeft jou je krachtgevende emoties, zoals doorzettingsvermogen, vastbeslotenheid en passie; ze zijn de benzine voor je motor waarmee je gigantische afstanden kunt overbruggen. Zonder deze krachtige emoties ben je levenloos en is je kans om succesvol en effectief te zijn veel kleiner. Het is dan ook een klein wonder dat je elke dag weer de beschikking hebt over een nieuwe lading emotionele energie die ervoor zorgt dat jij je verlangens kunt realiseren. Zelf vind ik het elke dag weer bijzonder dat ik zoveel emotionele energie in mijn lichaam heb en ik daar al mijn verlangens voor die dag mee kan realiseren. Aan het einde van de dag bedank ik ook vaak mijn gelukkige Voeler voor wat hij allemaal voor mij heeft gedaan en de emotionele kracht die hij mij die dag heeft gegeven. Ik ga dan met mijn handen naar mijn hart en breng daar al mijn liefde heen.

Neem nu ook even de tijd om te genieten van je gelukkige Voeler en je gelukkige Voeler te bedanken voor alles wat hij tot nu toe voor je gedaan heeft. Het makkelijkste kun je dit doen door jezelf in een ontspannen staat te brengen en je gelukkige Voeler met al je liefde te bedanken voor alles wat hij tot nu toe voor je gedaan heeft. Voor alle kracht, adviezen en liefde die hij je gegeven heeft.

Grenzeloos gelukkig worden met je gelukkige Voeler

De meeste mensen hebben het verlangen om gelukkig te zijn en onze gelukkige Voeler kan daarvoor zorgen. Om dit goed uit te leggen maak ik weer gebruik van de 'flow'-uitleg van Csikszentmihalyi.

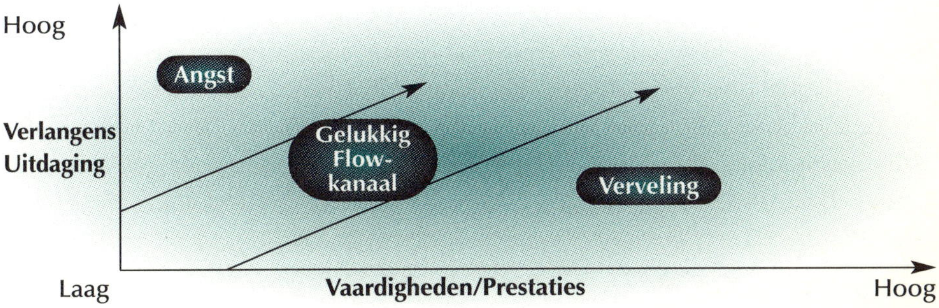

Volgens Csikszentmihalyi blijf je gelukkig als je in het 'flow'-kanaal blijft. Dit betekent dat jij jezelf elke dag nieuwe uitdagingen en verlangens geeft om te gaan realiseren. En dat je je vaardigheden blijft ontwikkelen en gebruiken om steeds betere prestaties te leveren. Uit deze tekeningen blijkt dat je ongelukkiger wordt als jij je niet meer ontwikkelt en dat je leven steeds saaier en voorspelbaarder wordt. Je hebt dan geen uitdagingen meer en je gaat je steeds sneller vervelen. Als de verveling lang genoeg duurt, kom je helemaal vast te zitten. Je komt dan helemaal niet meer in actie maar je kijkt bijvoorbeeld de hele dag alleen nog maar televisie. Dit proces kun je vergelijken met naar een gevangenis gestuurd worden. Daar word je opgesloten in een kleine ruimte waar je niets mag doen. In het begin is het misschien nog wel lekker rustig maar na verloop van tijd ga jij je toch behoorlijk vervelen. En na weer een week niets gedaan te hebben zul je de frustratie en pijn ervaren dat je helemaal niks mag doen, dat je geen enkele prestatie kunt leveren waar jij je goed over kunt voelen.

Als je dus geen nieuwe verlangens of uitdagingen realiseert, wordt je leven steeds saaier en is de kans zeer groot dat je ongelukkig wordt. De enige reden die ervoor kan zorgen dat je geen nieuwe verlangens of uitdagingen meer gaat realiseren is omdat je angst hebt. Angst om te mislukken, angst voor succes, angst voor de angst zelf, enzovoort. Dit zou heel erg jammer zijn omdat angst juist een heel goede raadgever is. Angst kan je heel veel kracht geven. Als je bijvoorbeeld bang bent dat iemand je pijn wil doen, krijg je heel veel kracht om hard weg te kunnen rennen. Of als je bang bent om te vallen, dan heb jij heel veel kracht om je vast te houden aan het touw. Angst kun je dus heel goed gebruiken als extra kracht om je verlangens succesvol te realiseren. En als je een verlangen realiseert waar je eerst bang voor was om te gaan doen, ervaar je een heel groot geluksgevoel. Omdat je door je angst bent heen gestapt is de beloning heel groot en voel jij je erg gelukkig en trots.

Jij zult ook vast een ervaring hebben waarbij jij een verlangen gerealiseerd hebt waarbij je van tevoren een beetje bang was. Zoals toen je de eerste keer ging fietsen, alleen op vakantie ging, ging skiën of ging roller skaten. En jij je na afloop heel gelukkig voelde omdat je het toch had gedaan. Dit geluksgevoel kreeg je omdat jij door je angst bent heen gestapt. Je had een echte prestatie geleverd en daardoor voelde jij je nu gelukkig. Je zou dus zelfs kunnen zeggen: hoe meer angst je hebt om iets te gaan doen, hoe groter je geluksgevoel zal zijn nadat je het gedaan hebt. Mijn advies is ook: zoek je angsten op en loop er niet voor weg. **Want in je angsten zitten je uitdagingen en door die te realiseren kun je grenzeloos gelukkig worden.**

Zoek je angsten op en loop er niet voor weg.

Bij deze geef ik je tien manieren om succesvol om te gaan met tien veelvoorkomende angsten. Dan kun je elke angst als een extra uitdaging en kracht zien. De tien veelvoorkomende angsten zijn:

1 Angst voor Verantwoordelijkheid
2 Angst voor Eenzaamheid
3 Angst voor Succes
4 Angst voor Gelukkig zijn
5 Angst voor Liefde
6 Angst voor Macht
7 Angst voor Armoede
8 Angst voor Angst
9 Angst voor Pijn
10 Angst voor Onbekwaamheid

De **angst voor verantwoordelijkheid** is dat je niet weet of je nieuwe en andere verantwoordelijkheden goed aankunt. Een manier om hiermee om te gaan is dat je terugdenkt aan al die keren dat je ergens de verantwoordelijkheid voor hebt genomen en dat het toen óók goed is gegaan. En dat jij je voorstelt hoe jij je nieuwe verantwoordelijkheden kunt gebruiken om andere mensen te ondersteunen in hun ontwikkeling zodat zij zichzelf gelukkig, effectief en succesvol kunnen maken.

De **angst voor eenzaamheid** kan ervoor zorgen dat mensen blijven zitten waar ze zitten en geen hogere of andere positie in een organisatie durven in te nemen. De gedachte is dan dat je door promotie afstand neemt van de mensen om je heen. Een manier om hiermee om te gaan is te bedenken dat je heel veel vrienden, familieleden en kennissen naast je werk hebt met wie jij je warmte en liefde kunt delen. Dit zal niet veranderen als je meer succes hebt of een hogere positie in een organisatie inneemt. Een andere oplossing is door meer te geven aan andere mensen. Hoe meer je geeft, hoe meer warmte je zult ontmoeten.

De **angst voor succes** houdt in dat mensen verwachten dat zij vanwege hun succes niet meer gedreven zullen zijn; dat zij geen zin meer hebben in wat ze nu leuk vinden om te doen. Een manier om hiermee om te gaan is te bedenken dat succes één van de grootste gelukmakers is van deze wereld en dat je altijd meer succes wil dan minder succes. En weet dat na elk gerealiseerd verlangen er een nieuw verlangen op je ligt te wachten.

De **angst voor gelukkig zijn** is dat mensen verwachten niets meer te willen als ze gelukkig zijn. Ze denken dat zij dan hun belangrijkste doel hebben bereikt en dat het leven bij wijze van spreken mag ophouden. Een manier om hiermee om te gaan is om te bedenken wat jij allemaal met je geluk kunt doen. Hoeveel andere mensen jij gelukkig kunt maken met je geluk en te ontdekken hoe waardevol het is om je geluk met andere mensen te mogen delen.

De **angst voor liefde** is dat we denken dat deze krachtige emotie ons afhankelijk maakt. Een manier om hiermee om te gaan is te beseffen dat jij eerst verliefd op jezelf moet zijn en dan op een ander. Want dan heb je een levenslange relatie met jezelf en ben je nooit afhankelijk van een ander. **Verliefd zijn op jezelf is het mooiste wat er is en daar krijg je nooit genoeg van.**

De **angst voor macht** is dat we bang zijn dat we de macht die we dan hebben verkeerd zullen gebruiken; dat we misbruik gaan maken van de goedheid van andere mensen. Een manier om met deze angst om te gaan is om te bedenken dat als jij nu je macht niet misbruikt, er geen enkele reden is om aan te nemen dat als je straks meer macht hebt, je dat wel zou gaan doen. En te weten dat mensen net zoveel macht krijgen als ze zelf aankunnen.

De **angst voor armoede** zorgt ervoor dat wij geen nieuwe investeringen meer durven te doen. Een manier om hiermee om te gaan is om te beseffen dat je leeft in een wereld van overvloed en dat er meer dan genoeg is op aarde om aan al je behoeften te voldoen. En dat je het vertrouwen ontwikkelt dat wanneer jij volgens je diepste waarden en verlangens leeft, er voor je gezorgd zal worden.

De **angst voor angst** houdt in dat je terugdenkt aan de keren dat je bang bent geweest en dat je die angst groter maakt dan zij is. Een manier om met deze angst om te gaan is om te beseffen dat de reden voor je angst, een verandering of een nieuwe ontwikkeling, elke keer anders is en dat je die niet kunt vergelijken met vorige ervaringen. Je angst geeft je ook de extra kracht die je nodig hebt om jezelf succesvol te veranderen en je te ontwikkelen in de richting van je verlangens. En je angst zorgt ervoor dat je optimaal kunt presteren.

De **angst voor pijn** is dat je geen pijn wil ervaren omdat je deze emotie niet prettig vindt en pijn geen positieve betekenis voor je heeft. Een manier om met deze angst om te gaan is pijn in je leven te accepteren en te respecteren. En te begrijpen dat pijn een waarschuwingssignaal voor jezelf is dat je een lichamelijke grens hebt overtreden en ervoor zorgt dat jij je leven lang gelukkig en gezond met je lichaam kunt omgaan. Pijn heeft een duidelijke functie in je leven en als je de betekenis van je pijn opzoekt, zul je daar ook altijd een antwoord vinden. Pijn zorgt ervoor dat je niet onnodig lang hoeft te lijden en dat je een andere effectieve weg kunt zoeken om je verlangens te realiseren.

De **angst voor onbekwaamheid** is een onzekerheidsgevoel dat voortkomt uit het idee dat je perfect moet zijn. Een manier om hiermee om te gaan is te beseffen dat niemand op deze wereld perfect is en dat je niet méér kunt en hoeft te doen dan het beste van jezelf te geven.

Door je angsten te blijven ontmoeten en jezelf te blijven ontwikkelen door nieuwe verlangens te realiseren heb jij zelf de controle over hoe gelukkig jij je voelt. Niemand anders heeft dan ook meer invloed op jouw gelukstoestand dan jijzelf. Jij kunt zelf voor 100% bepalen hoe gelukkig je bent en hoe grensverleggend je wil zijn.

Niemand anders heeft meer invloed op jouw gelukstoestand dan jijzelf.

Jij bestuurt jouw emoties

Vanaf het moment dat je geboren wordt, ontwikkel jij je en wil je groeien en bloeien. Je wil het beste uit jezelf halen en genieten van alle kwaliteiten die je hebt. Je wil je verlangens realiseren en je wil al je activiteiten succesvol realiseren. Je wil genieten van je leven en je wil het maximale uit je leven halen. Alleen: dat gaat niet vanzelf. Daar moet je wel iets voor doen. Daar moet je voor in beweging en in actie komen. En om in actie te komen heb jij de emotionele kracht van je emoties nodig. Je emoties geven je de kracht om de volgende stap te kunnen zetten en jezelf te ontwikkelen. Je emoties geven je de kracht om jezelf te kunnen veranderen en te kunnen groeien. Je emoties zijn je beste vrienden en je kunt zelf bepalen welke emoties je wil gebruiken. Jij hebt zelf de controle over je emoties en jij bepaalt zelf wat je voelt. Je bent niet overgeleverd aan je emoties want je emoties zijn overgeleverd aan jou. Je kunt op ieder moment bepalen welke emotie je wil hebben en gebruiken. Je kunt jezelf in elke emotionele staat brengen die je wil hebben. De grootse misvatting is dat iets of iemand anders je emoties aanstuurt, dat er een grotere macht is die je emoties aanstuurt. Als ik één gedachte zou willen uitbannen uit deze wereld, dan is dat dat je denkt dat emoties jou aansturen en dat je overgeleverd bent aan de goedheid van je emoties. De emotie die je nu op dit moment voelt, is door jou gemaakt en door niemand anders. Als je nu in een stoel zit terwijl je dit boek leest en je voelt je rustig en kalm, dan kun je die emotie in één seconde veranderen. Als je nu direct opspringt en keihard 'Hoi!' roept, voel je gelijk een andere emotie. Als je daarna in je arm knijpt, voel je weer direct een andere emotie. Als je daarna gaat zitten, voel je weer een andere emotie. Jij bepaalt dus de emoties die je elke minuut voelt. Jij bepaalt dat door je gedrag, je houding, je gedachten en je waarden. Als je waarde is dat je gezond wil zijn en je rookt nu een sigaret, hoe voel jij je dan? Welke emotie voel jij dan? En als je nu je sigaret uitmaakt, hoe voel jij je dan? Als je verlangen is om gelukkig te zijn en je werkt zestien uur per dag, hoe voel jij je dan? En als je nu het aantal uren per dag gaat werken dat je wil werken en je gelukkig maakt, hoe voel jij je dan? Jij bepaalt dus met alles wat je doet en denkt hoe jij je voelt. Dit kan ik niet genoeg benadrukken. Emoties zijn geen vluchtige, onberekenbare gevoelens. Emoties zijn heel duidelijke en makkelijke stuurbare actiesignalen. Jij bestuurt en controleert zelf de emoties van je gelukkige Voeler. En jouw emoties besturen niet jou.

Je emoties geven je de kracht om jezelf te kunnen veranderen en te kunnen groeien.

Vier strategieën om met emoties om te gaan

De vier meest gebruikte strategieën, volgens Anthony Robbins, om met emoties om te gaan zijn:

1 Vermijden

Veel mensen zijn bang voor pijnlijke emoties. Ze kiezen er daarom voor om die niet meer mee te maken. Zij vermijden elke plek waar zij mogelijk pijnlijke emoties opdoen; in de relaties met andere mensen op hun werk of in hun familie.

2 Ontkennen

De tweede methode is emoties niet bewust te ervaren en te doen alsof ze er niet zijn. Mensen dissociëren zich ervan en maken de pijnlijke emoties kleiner dan dat ze zijn. Ondertussen stoken zij hun eigen vuur op door te klagen over hoe andere mensen hun misbruiken. Het effect van ontkennen is ook dat de pijnlijke emotie alleen maar groter wordt totdat zij er wel bewust iets mee gaan doen.

3 Competitie

Een andere strategie is dat mensen in de competitie gaan met anderen over dat zij het nog véél slechter hebben dan de ander. Dat zij nog véél meer pijnlijke emoties hebben meegemaakt dan de ander. En dat zij pas écht zielig zijn. Dit is een nog ergere aanpak dan ontkenning omdat hierdoor het leven alleen maar zwaarder en pijnlijker wordt. Het kan ook een zelf vervullende werkelijkheid worden waarbij de persoon inderdaad alleen maar pijnlijke emotionele ervaringen opdoet.

4 Leren en gebruiken

Wanneer je vooruit wil lopen in je leven, dan moet jij je emoties voor je laten werken. Je kunt niet van ze weglopen want ze zijn een te belangrijk onderdeel van je leven. Zij geven jou richting en sturing in het ontwikkelen van je leven. Wanneer jij je emoties leert begrijpen en gebruiken kun je alles bereiken wat je maar wil. En zijn er geen grenzen aan je mogelijkheden. Je pijnlijke emoties worden dan niet meer dan een bewust actiepunt om iets te veranderen in je leven. En je leert die net zo te waarderen als je liefdevolle emoties.

> *Wanneer jij je emoties leert begrijpen en gebruiken kun je alles bereiken wat je maar wil.*

De 10 emoties om in actie te komen

Anthony Robbins heeft tien emoties vastgesteld die je gelukkige Voeler aan je geeft om te vertellen dat je in actie moet komen. Deze tien actie-emoties van je gelukkige Voeler zijn:

1 Onrust
2 Angst
3 Pijn
4 Woede
5 Frustratie
6 Teleurstelling
7 Schuld
8 Ontoereikendheid
9 Overbelasting
10 Eenzaamheid

De boodschap van ***onrust*** is dat jouw gelukkige Voeler onrustig is, zich verveelt en zich ongemakkelijk voelt. Een manier om hiermee om te gaan is jezelf een andere emotionele staat te geven door in actie te komen, jezelf duidelijk te maken wat je wil bereiken en duidelijke acties te nemen voor het realiseren van je verlangens.

De boodschap van ***angst*** is dat er binnenkort iets gaat gebeuren waar jij je op wil voorbereiden. Een manier om hiermee om te gaan is na te denken hoe jij je het beste kunt voorbereiden op wat je wil gaan doen en welke acties jij het beste kunt nemen om je verlangens te realiseren. Hoe meer controle jij hebt, hoe minder jij je angst ervaart.

De boodschap van ***gekwetstheid*** is dat een persoonlijke verwachting (nog) niet is uitgekomen. Een manier om met deze emotie om te gaan is je te realiseren dat je in werkelijkheid nog niets verloren hoeft te hebben. Een oplossing is om je gekwetstheid op een rustige, respectvolle manier uit te spreken naar de persoon die je gekwetst heeft. Een oplossing kan ook zijn om jezelf af te vragen of je nu werkelijk alles verloren hebt, of dat jij jezelf te snel of misschien te hard veroordeelt.

De boodschap van ***woede*** is dat een ander een belangrijke grens, regel of norm van jou heeft geschonden. Een oplossing is dat jij je afvraagt of die ander je regel kent, of hij bewust die regel geschonden heeft en je af te vragen wat jij hiervan kunt leren. Misschien moet je de ander beter uitleggen wat jouw regels zijn. Stel jezelf een bekrachtigende vraag, zoals: Wil deze persoon mij werkelijk pijn doen of is er iets anders aan de hand? Zo krijg je een duidelijk beeld van je eigen situatie en die van de ander.

De boodschap van *frustratie* is juist een uitdagend signaal want deze emotie betekent dat je denkt dat je veel beter kunt zijn dan je nu bent. Een oplossing is om te bedenken dat frustratie een positief signaal is en je frustratie als een vriend te zien. Bedenk nieuwe wegen hoe jij je verlangens kunt realiseren en je activiteit op een betere en andere manier kunt gaan doen. Raak gefascineerd door de mogelijkheid die je hebt om nu en op de langere termijn je huidige activiteiten beter en sneller te kunnen doen.

De boodschap van *teleurstelling* is dat een verwachting of een doel, waar jij naar verlangde, nu niet uitkomt. Een manier om hiermee om te gaan is dat jij je doelen en verwachtingen aanpast aan wat je nu wél kunt realiseren, en dat je niet te snel oordeelt over jezelf en het feit dat je doel of verwachting nog niet is uitgekomen. Vraag jezelf af wat je van deze situatie kunt leren en hoe jij in de toekomst nog succesvoller je doelen kunt realiseren.

De boodschap van *schuld* is dat jij zelf één van je hoogste normen hebt overtreden en dat je onmiddellijk iets moet doen om er zeker van te zijn dat het niet nog een keer gebeurt. Een oplossing is te erkennen dat jij een persoonlijke norm hebt overtreden en dat jij met jezelf afspreekt dat jij dit niet meer zult laten gebeuren. En bedenk hoe jij in deze situatie anders had kunnen handelen zodat jij je wel aan je hoogste persoonlijke norm had kunnen houden.

De boodschap van *ontoereikendheid* is dat jij op dit moment niet het vaardigheidsniveau hebt bereikt dat je graag wil bereiken. Een oplossing is om meer informatie, kennis, hulpmiddelen en betere strategieën te verzamelen waardoor je wel kunt wat je wil kunnen. Een belangrijke vraag die jij je daarbij kunt stellen is: Is deze emotie werkelijk terecht en ben ik werkelijk ontoereikend? Of heb ik een speciale manier om mezelf te beoordelen en breng ik mezelf in deze negatieve emotie? Een andere oplossing kan zijn om een rolmodel te vinden van wie je de vaardigheden kunt leren die je wil ontwikkelen.

De boodschap van *overbelasting* is dat je te veel doet en opnieuw moet evalueren wat je prioriteiten zijn, en wat jij het allerbelangrijkst vindt om te doen. Een oplossing is om voor jezelf te beslissen wat je echt heel belangrijk vindt en daar je aandacht op te richten.
Schrijf deze activiteiten op en begin nu direct met de eerste activiteit op je lijst totdat die af is. Begin dan met de volgende activiteit en ga zo de lijst af. Richt je voor-

al op de activiteiten waar je controle over hebt want die kun je ook echt aanpakken. Op alle andere zaken heb je geen echte invloed; neem daar geen verantwoordelijkheid voor.

De boodschap van ***eenzaamheid*** is dat je te individueel bezig bent en je meer relaties met andere mensen nodig hebt. Een oplossing voor eenzaamheid is je te realiseren dat jij je hand kunt uitsteken naar een ander en direct, nu, een relatie met een ander kunt maken. Bedenk voor jezelf ook wat voor soort relaties je nu het liefste wil hebben en richt daar ook je aandacht op. Realiseer je ook dat het grote voordeel van deze emotie is dat je ervaart dat mensen belangrijk zijn in je leven en dat je samen met andere mensen wil zijn. En neem nu direct actie om in contact te komen met andere mensen.

Een andere oplossing die je volgens Anthony Robbins kunt gebruiken is dat als jij één van deze tien actiesignalen ervaart, jij een emotie of een waarde gebruikt die je gelukkige Voeler kracht geeft. Deze krachtgevende emoties en waarden staan willekeurig in de rechterrij.

Actiesignalen	Krachtgevende emoties
1 Ongemak	1 Liefde en Warmte
2 Angst	2 Waardering en Dankbaarheid
3 Gekwetstheid	3 Nieuwsgierigheid
4 Kwaadheid	4 Opwinding en Hartstocht
5 Frustratie	5 Vastberadenheid
6 Teleurstelling	6 Flexibiliteit
7 Schuld	7 Zelfverzekerdheid
8 Ontoereikendheid	8 Opgewektheid
9 Overbelasting	9 Vitaliteit
10 Eenzaamheid	10 Geven

De uitleg van deze tien krachtgevende emoties en waarden zijn:

1 Liefde en warmte

De consequente uitdrukking van liefde lijkt in staat te zijn om bijna iedere negatieve emotie te doen smelten waarmee je in aanraking komt.

2 Dankbaarheid en waardering

Waardering en dankbaarheid zijn twee van de meest spirituele emoties en waarden. Door deze emoties te ervaren ben je in staat om angst onder ogen te zien en uitdagingen aan te gaan.

3 Nieuwsgierigheid

Als je echt in je leven wil groeien, leer dan zo nieuwsgierig te zijn als een kind. Een kind is altijd op zoek naar nieuwe ervaringen en zijn nieuwsgierigheid zorgt ervoor dat hij op zoek blijft gaan naar antwoorden. Daardoor kan hij spelenderwijs zijn doelen halen en voelt hij zich niet gekwetst bij een tegenslag.

4 Opwinding en passie

Opwinding en passie zijn de vrije krachten die ons leven vooruit duwen in de richting waar we willen zijn. Door onze passie kunnen wij al onze verlangens realiseren en onze boosheid omzetten in nieuwe activiteiten.

5 Vastberadenheid

Dit is de roep die de menselijke wil doet ontwaken. Met vastberadenheid kun je alles bereiken wat je wil bereiken; geen berg is te hoog. Met je vastberadenheid kun je al je patronen en gewoonten veranderen zodat je geen frustratie hoeft te ervaren, omdat je doet wat je wil doen.

6 Flexibiliteit

Als er één zaadje te planten is dat succes zal garanderen, dan is het de mogelijkheid je aanpak te veranderen. Alle voorafgaande actie-emoties zijn erop gericht dat je een andere aanpak kiest om je verlangens te gebruiken en te vertellen dat je flexibel moet zijn. Waar de stevige boom breekt in een grote storm, buigt de dunne boom flexibel met de wind mee. Door flexibel te blijven kun je via allerlei wegen je doel bereiken.

7 Zelfverzekerdheid

De enige manier waarop je continu zelfverzekerdheid kunt ervaren is de kracht van vertrouwen te gebruiken. Vertrouwen krijg je door heel vaak een activiteit te doen. Als ik je nu vraag of jij met vertrouwen je eten kunt opeten met mes en vork, antwoordt jij natuurlijk 'Ja', omdat je dit honderden keren hebt gedaan. Door zelfverzekerd te zijn hoef jij je ook niet groter of kleiner te maken dan je bent en hoef jij je niet schuldig te voelen. Je bent wie je bent: een uniek mens met unieke krachten.

8 Opgewektheid

Opgewektheid verhoogt je gevoel van eigenwaarde, maakt het leven plezieriger en maakt de mensen om je heen gelukkiger. Opgewektheid heeft de kracht om angst, pijn, frustratie, teleurstelling, depressiviteit, schuld en tekortkoming te laten oplossen. Opgewekt leven betekent dat je heel erg slim bent, want je begrijpt dat als je in een staat van geluk leeft je elke uitdaging aankunt die je tegenkomt. Leef opgewekt en je zult veel minder actie-emoties ervaren.

9 Vitaliteit

Wees er zeker van dat je fysieke vitaliteit beschikbaar is, want vergeet niet dat alle emoties door je lichaam gestuurd worden. Door vitaal te zijn kun je alle actie-emoties aan en heb je de emotionele kracht om al je doelen en verlangens te realiseren. Om vitaal te zijn is het belangrijk dat je veel beweegt, want door beweging krijg je nieuwe energie. Hoe meer je sport, hoe beter en hoe 'verslaafder' je zult raken aan een vitaal lichaam en jij je heerlijk gezond kunt voelen.

10 Geven

Het geheim van het leven is geven. Met geven bedoel ik niet dat je een martelaar wordt die alles weggeeft wat hij heeft. Geef niet aan anderen ten koste van jezelf. Geef aan anderen wat je wil geven en wat je gelukkig maakt. Door te geven wat je zelf ontvangen hebt, leef je volgens de natuurwet dat alles op deze aarde tijdelijk is en je alles om je heen in bruikleen krijgt. Voeg waarde toe aan wat je neemt en geef het dan weer door aan een ander die er gelukkig mee is.

Geef elke dag aandacht aan deze krachtgevende emoties en waarden, en je gelukkige Voeler zal grenzeloos gelukkig zijn. Gebruik je actie-emoties om in actie te komen en je emotionele staat te veranderen. Vraag jezelf af wat de reden is dat je nu deze emotie voelt en gebruik deze emotie om te veranderen. Je emoties zijn je beste raadgevers en liegen nooit tegen je. **Gebruik je krachtgevende emoties om succesvol, effectief en gelukkig te worden.** Zodat jij jezelf en andere mensen kunt ondersteunen in het realiseren van verlangens.

Je emoties zijn je beste raadgevers en liegen nooit tegen je.

Je gelukkige Voeler als innerlijk kompas

Je gelukkige Voeler gebruikt je krachtemoties en waarden ook als innerlijk kompas zodat hij jou op basis daarvan de juiste adviezen kan geven. Je kompasnaald richt zich, net zoals bij een echt kompas, op het noorden en dat is ook de richting waar jij naartoe wil om succesvol en gelukkig te zijn. Je belangrijkste waarden zijn daarbij het noordpunt op je kompas en je minst belangrijke waarden liggen in het zuiden. Alle andere richtingen leiden je af van je hoofdrichting en kun je het beste links laten liggen. Je innerlijke kompas van je waarden geven de richting aan hoe jij het beste je verlangens en levensdoelen kunt bereiken. Je innerlijke kompas geeft, net zoals een zeilschip op de oceaan, aan in welke richting je moet varen om bij je eindbestemming te komen. Ook al kun jij de uiteindelijke eindbestemming nog niet zien, toch weet je innerlijke kompas hoe je moet zeilen. Daarom is je innerlijke kompas ook zo waardevol omdat hij je op basis van je waarden kan vertellen hoe je het beste naar de plek kunt gaan waar je wil zijn. Als je innerlijke kompas zuiver is afgesteld kun je ook blindelings op de emotionele adviezen van je innerlijke kompas varen. Dan hoef je daar niet meer over na te denken en kun je ze gewoon volgen. Dat zal in het begin misschien wat vreemd zijn omdat je positieve Denker graag wil begrijpen of verklaren waarom dit een goed of minder goed advies is. Deze verklaring kan je positieve Denker echter niet bedenken omdat hij daar te weinig informatie voor heeft. Je moet vertrouwen hebben in je innerlijke kompas omdat je vaak pas een week, een maand of een jaar later weet waarom het advies van je innerlijke kompas het juiste advies was. Je innerlijke kompas geeft ook alleen maar adviezen en je kunt ze dus ook makkelijk negeren door de sturende mening van je positieve Denker te gebruiken. Ik adviseer je echter om dit niet te doen, want op de korte termijn kan dit je misschien helpen, maar op de lange termijn raak je een belangrijke adviseur kwijt. Je bouwt dan geen vertrouwen op in je innerlijke kompas en je durft dan steeds minder zijn adviezen te volgen. Voor het opvolgen van de adviezen van je innerlijke kompas heb je ook veel vertrouwen in hem nodig omdat je niets anders hebt. Er is geen rationele verklaring die je nog eens na kunt lopen. Het enige wat je hebt, is het advies van je gelukkige Voeler en daar moet je het mee doen. Dit vertrouwen in je gelukkige Voeler ontwikkel je door ten eerste bewust je emotionele waarden te kiezen en door steeds grotere beslissingen te nemen op basis van je innerlijke kompas.

Kiezen van je persoonlijke waarden voor je innerlijke kompas

De keuze van je waarden heeft een grote invloed op je innerlijke kompas en wat voor emoties jij op een dag ervaart. Waarden hebben namelijk een belangrijke emotionele betekenis voor je en geven je richting, vertrouwen en kracht.

De emotionele betekenis van het woord 'waarden' uit te leggen gaat het makkelijkst door naar het woord zelf te kijken. We gebruiken het woord 'waarde' om aan te geven hoeveel iets waard voor ons is. Bijvoorbeeld: Wat is de waarde van deze fiets? Wat is de waarde van dit huis? Wat is de waarde van je relatie met je beste vriend? Wat is de waarde van je lievelingshond of je kat? Je ervaart dat je bij je huis en auto nog een financiële waarde kunt opgeven, maar bij je beste vriend en je favoriete kat is dit al veel moeilijker, zo niet onmogelijk. Je fiets en je huis kun je emotioneel gezien ook redelijk makkelijk inruilen. Vooral als je een mooier en beter huis of fiets krijgt. Dan geeft dit niet al te veel verdriet. Maar als jij je allerbeste vriend of vriendin kwijtraakt, dan is dit een veel pijnlijker en groter emotioneler verlies voor je. De emotionele waarde van je beste vriend en vriendin is veel groter en daardoor ben jij ook zo gelukkig als je bij hen bent. Wanneer jij weet wat emotioneel belangrijk voor je is en weet wat grote emotionele waarde voor je heeft, dan kun jij daar je leven mee inrichten en heb je daardoor een heel gelukkig leven. Vandaar dat het zo belangrijk is om je innerlijke kompas goed af te stemmen op je persoonlijke emotionele waarden zodat jij je kunt omringen met waardevolle mensen, dieren en materiële zaken.

Stem je innerlijke kompas goed af op je persoonlijke emotionele waarden zodat jij je kunt omringen met waardevolle mensen, dieren en materiële zaken.

Nu wil ik je uitnodigen om uit de volgende elf waarden te kiezen die jij emotioneel het belangrijkste vindt. Schrijf je belangrijkste emotionele waarde op 1, de volgende op 2, enzovoort. En ontdek welke waarde emotioneel het belangrijkste voor je is en wat het meest waardevol voor je is.

Welke emotionele waarde heeft de meeste en de minste waarde voor je?

Liefde	1: ....
Succes	2: ....
Geld	3: ....
Zekerheid	4: ....
Avontuur	5: ....
Macht	6: ....
Hartstocht/Passie	7: ....
Comfort	8: ....
Gezondheid	9: ....
Geluk	10: ....
Kracht	11: ....

Gefeliciteerd! Je hebt nu bewust gekozen voor je emotionele waarden en daarmee je innerlijke kompas ingesteld. Deze zal je nu te allen tijde steunen en adviezen geven op basis van deze waarden. Tegelijkertijd kun jij je innerlijke kompas direct weer veranderen door een andere persoonlijke emotionele waarde op nummer 1 te zetten. **Jij hebt de controle over je innerlijke kompas en je bepaalt zelf hoe die staat afgesteld.**
En als jij de kracht van je persoonlijke waarden en je innerlijke kompas wil ontdekken, dan adviseer ik je ook om voor één dag waarden te kiezen die tegenovergesteld zijn van wat je nu hebt gekozen. Als jij nu bijvoorbeeld de waarde 'gezondheid' heel belangrijk vindt en op 1 hebt gezet, neem dan voor één dag de waarde 'geld' als belangrijkste waarde. Dan zul je merken dat je die dag heel andere adviezen krijgt van je innerlijke kompas en je gelukkig voelen, en dat je andere acties neemt om die dag gelukkig te worden. Jij gaat dan waarschijnlijk veel meer op je geld letten en je wil die dag graag veel geld verdienen. Je voelt je ook ongelukkig als je weinig geld hebt en gelukkig als je veel geld hebt. Je doel zal zijn om zo rijk mogelijk te worden en dat mag best ten koste gaan van je gezondheid. Je aandacht en focus zullen dan helemaal op geld gericht zijn en veel minder op je gezondheid. Je gaat jezelf waarschijnlijk ook vergelijken met andere mensen; je voelt je gelukkig als jij het meeste geld hebt van de mensen in je omgeving en je voelt je ongelukkig als je dat niet hebt. Je leven verandert daar behoorlijk sterk door, en door je emotionele waarden bewust te kiezen kun jij je hele leven sturen in de richting waar je wil zijn.

Om al je beslissingen te nemen op basis van je innerlijke kompas kan in eerste instantie best vreemd zijn. Als je weinig ervaring hebt in het nemen van beslissingen met je innerlijke kompas, dan kun je dit oefenen door bijvoorbeeld je eten te kopen met behulp van de adviezen van je innerlijke kompas. Je koopt dan het eten dat je innerlijke kompas je adviseert en je gelukkige Voeler graag wil eten. Daar maak je dan een maaltijd van en na afloop ervaar je hoe je gelukkige Voeler deze maaltijd vond. Waarschijnlijk zul je tot je verbazing merken dat wat je hebt gemaakt bijna altijd heel lekker was. Wanneer je op deze manier ervaring hebt opgedaan kun je met je innerlijke kompas kleren voor jezelf gaan kopen. Daarbij stel je tijdens het winkelen jezelf de vraag: Welke kleren vindt mijn gelukkige Voeler leuk? In het begin zul je misschien verbaasd zijn over je keuze, want die kan heel anders zijn dan je tot nu toe hebt gemaakt. Misschien zijn je kleren nu veel feller en opzichtiger, of juist veel rustiger en koop je een mooi donkerblauw pak voor jezelf. Laat je gelukkige Voeler je kleren voor je uitkiezen en je verwent jezelf met kleren die je gelukkig maken. Als jij verschillende ervaringen hebt opgedaan met het nemen van kleine beslissingen op basis van je innerlijke kompas, neem dan grotere beslissingen. Dit kan bijvoorbeeld zijn dat jij je vakantie door je innerlijke kompas van je gelukkige Voeler laat beslissen. Dit kan op de volgende manier gaan. Je boekt voor je vakantie geen enkele reis en op het moment dat je vakantie begint, vraag je aan je gelukkige Voeler waar hij heen wil. Als je gelukkige Voeler het dan nog niet weet, verzamel je gewoon meer informatie door een reisgids te bekijken totdat hij het wél weet. En dan stap je in de auto en rij je naar je eerste bestemming. Je rijdt naar de plek waar je gelukkige Voeler heel graag wil zijn, dat kan in Nederland of daarbuiten zijn, en daar blijf je net zolang totdat je het niet meer leuk vindt. Dan vraag je aan je gelukkige Voeler waar hij nu naartoe wil en dan ga je naar de volgende plek. Wanneer je daar aankomt, vraag je aan je gelukkige Voeler waar je wil slapen en waar je wil eten. En als je gelukkige Voeler het hier niet meer leuk vindt, dan rij je gewoon verder. Zo neem je de hele vakantie je beslissingen met behulp van het innerlijke kompas van je gelukkige Voeler. Je zult merken dat dit heel spannend en verrassend is omdat je waarschijnlijk allerlei activiteiten onderneemt die je altijd al had willen doen maar waar je nooit de tijd voor had. Je weet ook niet wat de uitkomst van deze vakantie zal zijn en dat houdt het spannend. Je hebt dan maximale vrijheid en je zult merken dat dit een heerlijk gevoel geeft. Op deze manier leer je steeds meer je gelukkige Voeler vertrouwen en kun je zijn adviezen nog meer gaan gebruiken voor het nemen van beslissingen over je leven en je werk. **Als je een beslissing wil nemen vraag jij je innerlijke kompas van je gelukkige Voeler zijn advies. Op deze manier heb jij de rest van je leven beschikking over een gratis perfecte adviseur,** die je altijd en overal kan helpen.

Motiveren van je gelukkige Voeler

Je gelukkige Voeler kun je het beste motiveren door hem liefdevolle aandacht te geven. Want wanneer jij hem liefdevolle aandacht geeft, blijft hij je gigantische hoeveelheden liefdesenergie teruggeven. Je emotionele energie lijkt dan ook geen grenzen te hebben. Hoe meer aandacht jij je gelukkige Voeler ook geeft, hoe meer geluk en liefde jij van hem terugkrijgt. Je gelukkige Voeler heeft, net zoals een plant die de zon nodig heeft, jouw aandacht nodig. Anders sterft hij langzaam uit en kan hij je niet meer gelukkig maken. Hoe meer aandacht jij zijn verlangens en adviezen geeft, hoe gelukkiger jij zult zijn. En je wordt helemaal gelukkig als jij deze realiseert. Dan gaat je gelukkige Voeler helemaal uit zijn dak en vult je met heerlijke verliefdheidgevoelens. Dan kun je ook maximaal verliefd zijn op jezelf en kun je makkelijk van jezelf houden. Je hebt dan ook zoveel liefde in je, dat je die graag met andere mensen wil delen. En daardoor ontvang je weer meer nieuwe liefdesenergie van andere mensen. Dan zit je in een positieve liefdesrelatie waar jij van jezelf houdt en van de mensen in je omgeving, en zij van jou houden.

Door van jezelf te houden motiveer jij je gelukkige Voeler maximaal. Van jezelf houden betekent dat jij jezelf volkomen accepteert zoals je bent, met al je goede en minder goede kanten. Om jezelf te accepteren en je gelukkige Voeler te motiveren is het belangrijk dat jij jezelf elke dag liefdevolle aandacht geeft en goed verzorgt. Dit kun je doen door cadeautjes voor jezelf te kopen en jezelf complimenten te geven als je iets goed hebt gedaan.

Een goede vriend van mij gaf zichzelf aan het einde van iedere studieweek een groot ijsje met veel chocola cadeau omdat hij die week weer zo hard had gewerkt. Zo motiveerde hij zichzelf om hard te blijven werken en studeren. Door elke vrijdagmiddag naar zijn favoriete ijsrestaurant te gaan en zijn favoriete ijsje te kopen voelde hij zich heel gelukkig en gemotiveerd.

Dit kun je ook voor jezelf doen; veel vrouwen kennen deze motivatietechniek, want zij kopen cadeautjes voor zichzelf als zij zich minder vrolijk voelen. Een ander krachtig middel om van jezelf te leren houden is om je liefde voor jezelf hardop uit te spreken en op te schrijven. Jij kunt bijvoorbeeld elke ochtend bij het opstaan je liefde aan jezelf verklaren door even stil te staan bij je gelukkige Voeler en hem bedanken voor wat hij allemaal voor je gedaan heeft. En 's avonds voor het slapengaan kun jij je gelukkige Voeler weer bedanken voor wat hij die dag voor je heeft gedaan. Wat daarbij kan helpen is om rustige, ontspannen muziek op te zetten waarbij jij je gelukkig voelt. Waardoor het nog gemakkelijker is om van je gelukkige Voeler te houden.

Door van jezelf te houden motiveer jij je gelukkige Voeler maximaal.

Een andere goede bevestiging voor je persoonlijke liefde is dat je één of twee keer per dag opschrijft welke uitstekende persoonlijke kwaliteiten jij allemaal hebt. Je kunt die 's ochtends of 's avonds in je 'succes'agenda opschrijven. Dit is je agenda waar je al je successen van die dag in opschrijft. Je schrijft daarin op wat er die dag allemaal weer goed is gegaan en waar je allemaal dankbaar voor bent. Neem nu de gelegenheid om direct op te schrijven waar je nu allemaal gelukkig en blij over bent.

Ik ben blij en dankbaar voor:

1. ....

2. ....

3. ....

4. ....

5. ....

Schrijf dit elke dag op, liefst in de ochtend, want dan kan je gelukkige Voeler de hele dag genieten van het cadeau dat jij jezelf hebt gegeven. Als je dit elke dag doet, maak jij jezelf gelukkig door de complimenten die jij jezelf geeft. Deze liefdevolle aandacht maakt je gelukkige Voeler erg blij en gelukkig. En het motiveert jouw gelukkige Voeler om je overal bij te ondersteunen.

10 tips voor het motiveren van je gelukkige Voeler

1 Doe activiteiten die je gelukkig en blij maken.

2 Gebruik je emoties door ze zelf aan te sturen.

3 Ga minimaal één keer per uur naar je gevoel en schrijf je emotie op.

4 Lach en huil wanneer je dit wil.

5 Doe minstens één keer per dag iets wat jij leuk vindt om te doen.

6 Geniet van je leven en maak van je leven een spel.

7 Bespreek je gevoelens met goede vrienden, die je gelukkig maken.

8 Maak een top-10 van je persoonlijke waarden.

9 Geef jezelf mooie cadeaus.

10 Luister naar de adviezen van je gelukkige Voeler.

Bron: Inspirerend Leidinggeven, ing. Rogier Offerhaus, MBA

K R A C H T B R O N 6

Succesvolle relaties ontwikkelen

"Leidinggeven door te volgen"
Zig Ziglar

Succesvol samenwerken met je partner

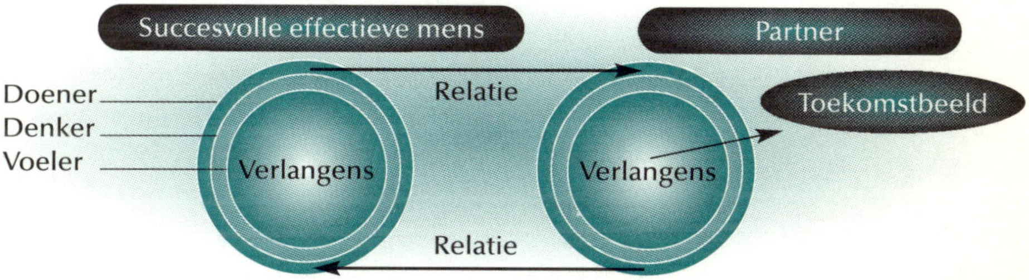

Je bent nu succesvol in staat om je persoonlijke resultaten te realiseren. Nu ligt de volgende uitdaging op je te wachten: succesvol samenwerken met een andere persoon. Dit is namelijk één van de belangrijkste krachten van succesvolle mensen. Zij hebben geleerd om goed met anderen te kunnen samenwerken omdat zij beseffen dat zij in hun leven met heel veel verschillende mensen te maken hebben. Mensen die allemaal verschillende verlangens hebben en met wie zij willen samenwerken. Succesvolle mensen zijn zich ervan bewust dat zij niet alleen op deze aarde leven en altijd met andere mensen zullen zijn. Hoe makkelijker zij met die andere men-

sen kunnen omgaan, hoe prettiger hun leven zal zijn. Voor hen is het een uitdaging om goede relaties met andere verschillende mensen te ontwikkelen omdat zij door hen geïnspireerd en gemotiveerd worden om nieuwe stappen te zetten in hun ontwikkeling. Door samen te zijn met andere mensen voelen zij zich ook niet eenzaam en kunnen zij hun succes delen. **Succesvolle mensen begrijpen dat zij andere mensen gelukkig kunnen maken met hun persoonlijke kracht en zijn bereid om in andere mensen te investeren,** ook al weten ze van tevoren niet precies wat het hen gaat opleveren. Zij willen doorgeven wat zij zelf hebben ontvangen van andere succesvolle mensen zodat de wereld een betere plaats kan worden om te leven. Ze werken ook samen omdat ze dan veel sneller hun verlangens en dromen kunnen realiseren. Zij begrijpen dat zij samen veel sterker zijn dan alleen en dat zij samen veel meer kracht hebben. Succesvolle mensen willen ook graag in topteams werken, met andere professionals, zodat ze samen een hoogwaardig product of dienst kunnen ontwikkelen. Zij begrijpen dat zij niet stil kunnen blijven staan in hun ontwikkeling als persoonlijk leider. Ze willen verder naar het volgende niveau en dat is inspirerend coachend leiderschap, zodat zij hun kennis en ervaringen effectief en succesvol aan anderen kunnen doorgeven, waardoor zij zich gelukkig en waardevol voelen.
De hoofdstukken 6 tot en met 9 gaan over hoe je een ander succesvol en inspirerend kunt begeleiden in zijn ontwikkeling.

Succesvolle mensen zijn zich ervan bewust dat zij niet alleen op deze aarde leven en altijd met andere mensen zullen zijn.

Tijdens het begeleiden van de ander zul je een sterke band met die persoon ontwikkelen. Vandaar dat ik die persoon 'partner' heb genoemd. Want op het moment dat jullie gaan samenwerken in het realiseren van de afgesproken resultaten zijn jullie partners van elkaar en zijn jullie voor de duur van het contract aan elkaar verbonden.

Je partner volgen door het 'spiegelen' van zijn lichaamstaal

De makkelijkste manier om een goede relatie te krijgen met je partner is door je eigen gedrag bewust aan te passen aan dat van je partner. Daardoor ontstaat een vertrouwensband omdat jullie hetzelfde gedrag hebben.
Uit onderzoek is gebleken dat het ontwikkelen van een vertrouwensrelatie voor

55% bepaald wordt door ons lichamelijk gedrag. Dit is gigantisch veel en door je gedrag aan dat van je partner aan te passen kun je heel snel een vertrouwensband ontwikkelen. Verder luisteren we voor 38% naar de stem en de intonatie van onze partner. En voor maar 7% luisteren wij naar de woorden die onze partner gebruikt. Dus de woorden die jij aan het begin van een ontmoeting zegt, zijn maar voor 7% bepalend of je wel of niet een goede relatie met je partner kunt ontwikkelen. Veel belangrijker zijn je kleren, je gedrag en de toon van je stem. Met de toon van je stem wordt bedoeld dat je bijvoorbeeld een hoge snelle stem gebruikt of een lage langzame stem. Als je partner een hoge snelle stem gebruikt, kun je sneller een band ontwikkelen als jij zelf ook snel en hoog praat. Als je een lage langzame stem gebruikt, wordt het verschil tussen jullie alleen maar groter en duurt het langer voordat je partner jou vertrouwt.

De eerste stap voor het ontwikkelen van een succesvolle vertrouwensrelatie is dat jij het gedrag van je partner gaat 'spiegelen'. Je laat je lichaam hetzelfde gedrag doen zoals je partner dat heeft. Door het gedrag van je partner te volgen voelt hij zich herkend en op zijn gemak. Je maakt dan 'rapport' met hem. Hij herkent zijn gedrag in jou en vanwege die herkenning ontstaat er een vertrouwensband tussen jullie twee. Hij denkt dat jullie hetzelfde zijn en hierdoor wordt het verschil tussen jullie twee minder groot. Dit lijkt misschien heel nieuw en ingewikkeld, alsof je een soort toneelspeler wordt, maar jij doet dit nu ook al iedere dag. Als je andere mensen ontmoet, dan volg je de ander ook onbewust of bewust via je gedrag en stuur je met je gedrag allerlei boodschappen naar hem. Als je bijvoorbeeld iemand ontmoet die je graag mag, zul je vrij snel een glimlach op je mond maken die samen kan gaan met het optrekken van je wenkbrauwen. Dit 'wenkbrauw'signaal is een vriendschapsteken dat veel mensen gebruiken om aan te geven: 'Ik ben een vriend, geen vijand'. Vaak komt er van de ander dan eenzelfde vriendschapssignaal van de wenkbrauwen terug, of hij glimlacht vriendelijk terug. In sommige culturen is het bijvoorbeeld normaal dat je elkaar een hand geeft en die tijdens het gesprek blijft vasthouden als teken van vriendschap en vertrouwen. Als je dan je hand terugtrekt, schep je een grote afstand naar de ander en volg je hem niet.

> *Door het gedrag van je partner te volgen voelt hij zich herkend en op zijn gemak.*

Tijdens onze ontmoetingen met andere mensen ontvangen we deze gedragssignalen vaak onbewust en geven we, bewust en onbewust, veel verschillende gedragsboodschappen af naar de ander. Tijdens de ontmoetingen met je partner kun je deze gedragssignalen nu bewust gaan gebruiken om contact met hem te maken. Je geeft hem dan dezelfde gedragssignalen als hij jou geeft. Dan bouw je snel een goede vertrouwensband op en kun je op een vriendschappelijke basis met elkaar gaan communiceren, en kunnen jullie veel sneller de gewenste resultaten bereiken. Het is echter niet de bedoeling dat jij je gedrag heel gecontroleerd gaat sturen, want dan heb je een grote kans dat je partner zich niet in je gedrag herkent. De kunst is om je gedrag natuurlijk spiegelend te laten zijn op het gedrag van je partner. Het gaat erom dat jij je partner met je non-verbale gedrag geruststelt en hij zich herkend voelt. Om dit te bereiken zijn er verschillende aspecten van non-verbale lichaamssignalen waar jij gebruik van kunt maken. Deze zijn:

Wenkbrauwen

Onze wenkbrauwen zijn erg expressief en kunnen met veel effect gebruikt worden in een gesprek. Samengetrokken wenkbrauwen kunnen duiden op een hoge concentratietoestand en gefronste wenkbrauwen geven een afstandelijke indruk. Daarom kan bijvoorbeeld iemand die slecht ziet en daarom zijn wenkbrauwen fronst, een gesloten indruk geven. Terwijl hij helemaal niet afstandelijk wil overkomen. Je wenkbrauwen kun je goed gebruiken om signalen te geven en je partner te volgen. Als je verbaasd bent, kun je dit bijvoorbeeld aangeven door je wenkbrauwen omhoog te doen.

Ogen

Onze ogen zeggen heel veel. Ze worden dan ook 'de deuren naar onze ziel' genoemd. Ogen kunnen bijvoorbeeld glimlachen terwijl de rest van het gezicht dat niet doet. Met je ogen kun je ook veel doen. Als jij met een persoon in gesprek bent, probeer dan eens om snel heen en weer te kijken tussen het ene en het andere oog van je partner. Dit geeft je ogen bij je partner een actieve indruk en die krijgt daardoor een positieve indruk van jou. Als jij bijvoorbeeld met je ogen veel naar beneden kijkt, kan dit je partner een veel ongemakkelijker gevoel geven, dat je verlegen bent. Wanneer je een presentatie houdt voor een groep, dan is het bijvoorbeeld belangrijk dat je met iedereen in de groep even oogcontact hebt zodat iedereen zich aangesproken en gewaardeerd voelt. Kijk iedereen ongeveer drie tot vijf seconden aan en kijk dan de volgende persoon aan.

Mond

Met je mond kun je een hartelijke glimlach geven die het signaal aan je partner geeft dat je het leuk vindt om hem te zien. Je mond kan ook glimlachen terwijl je ogen niet mee glimlachen. Dat is vaak de manier waarop vijandige gevoelens worden geuit naar een ander. Een glimlach die heel makkelijk gemaakt wordt, zal bij de ander een gevoel geven dat die glimlach niet echt is. Het is belangrijk om je kaken te ontspannen tijdens een ontmoeting en je mond rustig te laten bewegen. Probeer je tanden niet op elkaar te klemmen omdat dit meestal overkomt als vijandig of ongemakkelijk. Zorg ervoor dat je tanden schoon zijn en gebruik je mond om een benaderbare en oprechte indruk te maken.

Hoofd

De manier waarop jij je hoofd houdt tijdens een ontmoeting kan ook een duidelijk signaal geven aan je partner. Een hoofd dat naar voren staat, kan redelijk agressief overkomen. Terwijl een hoofd dat lichtjes opzij gebogen is, aangeeft dat je geconcentreerd aan het luisteren bent naar je partner. Een hoofd dat naar achteren staat, kan arrogant overkomen bij je partner omdat jij hem hooghartig aankijkt. Door de stand van je hoofd hetzelfde te hebben als je partner krijg je extra snel contact.

Handen en armen

De handen en armen worden vaak en veel gebruikt om een gesprek te verlevendigen, maar ze kunnen ook het tegenovergestelde effect bereiken door je partner juist af te leiden. Belangrijk is om je schouders te ontspannen en niet te gaan friemelen aan je kleren, sieraden of haren. Je maakt dan een nogal nerveuze indruk. Je armen over elkaar slaan is voor veel mensen een prettig en vanzelfsprekend gebaar, maar in extreme vorm kan het duiden op onzekerheid. Dit gebaar komt vanuit de behoefte om de zachte kant van ons lichaam (onze buik) te beschermen. In combinatie met andere signalen kunnen de over elkaar geslagen armen ook als een teken van agressie worden waargenomen. Als je een kalme en beheerste indruk wil maken, dan kun je die gekruiste signalen beter niet maken. Met je handen op je heupen staan kan ook een agressieve indruk geven. Net als bij de dieren proberen wij ons dan namelijk groter te maken dan wij zijn en dominant over te komen. Een losse, gemakkelijke houding van je armen en handen komt het prettigst over. Ook hier geldt, dat je zeer snel contact met je partner kunt krijgen als je zijn hand- en armbewegingen volgt.

Benen en voeten

Veel mensen vinden het prettig om hun benen over elkaar te slaan, net als bij de armen. Maar als iemand zijn benen echt om elkaar heen 'wikkelt', brengt dat dezelfde boodschap over als de armen die om het lichaam heen geslagen worden: gespannenheid en onzekerheid. Zwaaien met een voet terwijl de benen over elkaar geslagen zijn, duidt op verveling en met een voet gaan tikken kan ongeduldig overkomen. Wanneer je staat, blijf rustig op twee benen staan en als je zit, laat ze dan op de stoel leunen.

Houding

Belangrijk is om altijd een open en ontspannen houding aan te nemen. Je geeft dan met je lichaamshouding aan dat jij je partner vertrouwt en dit heeft een positief effect op jullie relatie. Nog beter is om je houding naar je gesprekspartner te richten. Dit komt alert, geïnteresseerd en betrokken over. Wanneer er een te grote fysieke afstand tussen jou en je gesprekspartner is, lijkt het of je afstand van hem neemt en barrières oproept. Wanneer er een te kleine afstand is, lijkt het alsof je het persoonlijke territorium van je partner wil binnendringen met als gevolg dat je partner terugdeinst. De afstand tussen twee mensen die met elkaar in gesprek zijn is ook in hoge mate afhankelijk van de situatie en de culturele achtergrond. In een volle trein of in een lange rij staan we zonder erbij na te denken bijna tegen anderen aan, terwijl we tijdens een gesprek in een kantoor eenzelfde afstand bedreigend en vervelend vinden. Recht tegenover iemand gaan staan of zitten komt voor veel mensen confronterend over. Vandaar dat wij vaak in een hoek van negentig graden bij elkaar zitten. Helemaal naast elkaar zitten is wel gezelliger maar niet erg praktisch in een gesprek. In een gesprek is het bovendien prettig als jij en je partner op een soortgelijke stoel zitten, die dezelfde hoogte hebben. Wanneer jij op een hogere stoel gaat zitten, dan geef jij een dominante indruk aan je partner. Terwijl je partner die op een lagere stoel zit een onderdanige positie lijkt te hebben.

Jij kunt je pro-actieve Doener en al zijn hiervoor genoemde lichaamsdelen uitstekend gebruiken om een positief contact met je partner op te bouwen. Daardoor zal hij zich ontspannen en je als een vriend zien. Dan heb jij je eerste doel bereikt, want dan kun je op een vertrouwelijke manier met elkaar gaan communiceren.

Succesvol samenwerken door naar je partner te luisteren

De volgende stap in het opbouwen van een succesvolle relatie met je partner is actief naar hem te gaan luisteren. Veel mensen gaan er helaas van uit dat zij een nieuwe partner direct moeten gaan vertellen wat hij het beste kan gaan doen. Dit denken zij te moeten doen omdat zij vaak succesvoller zijn dan hun partner en denken dat hun partner niets weet of kan. Dit is een vervelende, misleidende gedachte want die kan ervoor zorgen dat de samenwerkingsrelatie heel kort duurt. De partner kan zich door jouw goedbedoelde sturende gedrag ondergewaardeerd voelen en besluiten om de relatie stop te zetten. Wanneer je gaat luisteren, dan is het belangrijk om actief geconcentreerd te luisteren naar je partner. In de tijd dat je partner namelijk 125 woorden heeft uitgesproken, kun jij in je hoofd achthonderd woorden verwerken. Je hebt dan een overcapaciteit van gemiddeld 675 woorden en als je niet geconcentreerd luistert, ga je die overcapaciteit gebruiken om over andere dingen na te gaan denken. Dit merkt je partner, bewust of onbewust. Daardoor zal hij zich niet gewaardeerd voelen en de relatie verbreken.

Wil je niet in deze valkuilen vallen, dan is het heel belangrijk dat jij actief naar je partner gaat luisteren. En nog meer actief naar hem gaat luisteren. En zijn gedrag blijft volgen om goed te begrijpen hoe hij zijn gedrag gebruikt. Dit is essentieel, want door je partner te spiegelen en actief naar hem te luisteren leer je heel veel over je partner. En hoe meer jij over hem weet, hoe beter jij hem kunt begeleiden en hoe beter jullie samenwerking zal zijn. Je kunt dan ook ontdekken wat het ontwikkelingsniveau van je partner is en waar hij veel en weinig kennis over heeft, wat hij wel heeft gedaan en wat hij niet heeft gedaan. Je kruipt in de rol van onderzoeker, zoals een detective, om een heel goed en uitgebreid beeld te krijgen van je partner. En net zoals een detective ga jij je partner allemaal vragen stellen. Alle vragen die in je opkomen mag je vragen en je luistert heel goed naar zijn antwoorden. Leg jezelf ook geen beperkingen op tijdens het vragen maar vraag alles wat je wil vragen. Als je partner een vraag niet wil beantwoorden, dan kan hij dat heel goed zelf aangeven. Jij mag nu alles vragen wat je wil vragen. Je kunt hem ook een opdrachtje of een oefening geven waardoor je kunt zien hoe hij die oplost. Je laat hem bijvoorbeeld een korte presentatie houden over een door hem gekozen onderwerp.

Door je partner te spiegelen en actief naar hem te luisteren leer je heel veel over je partner. En hoe meer jij over hem weet, hoe beter jij hem kunt begeleiden en hoe beter jullie samenwerking zal zijn.

In een tekening ziet dit luisteren en vragen er als volgt uit:

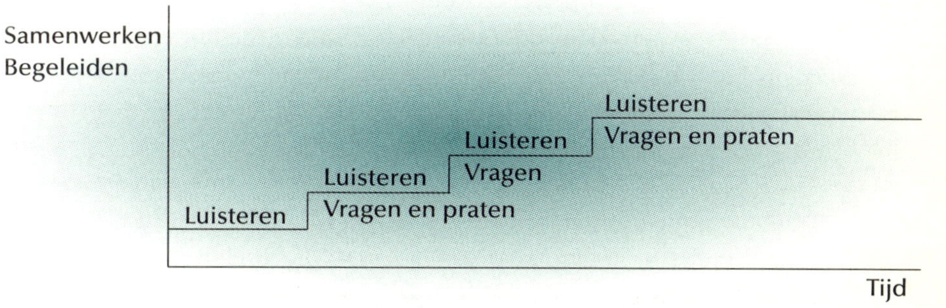

De horizontale lijn geeft de tijd aan dat jij naar je partner luistert en hem volgt. De verticale lijn geeft aan dat jij je partner begeleidt door hem een vraag te stellen of hem iets te vertellen. Wanneer deze tekening een weergave is van het gesprek dat jij met hem hebt gevoerd, dan geeft dit aan dat jij vier keer naar hem geluisterd hebt en drie keer zelf gesproken hebt. Je hebt hem vier keer gevolgd door naar zijn antwoorden te luisteren en zijn gedrag te spiegelen. Jij hebt drie keer zelf gesproken en dat kan een vraag zijn, een opdracht die je hem hebt gegeven of dat jij jouw kennis over een onderwerp hebt verteld. Zoals jij in het schema ziet, begin jij deze ontmoeting met het volgen van je partner en aan het einde van het gesprek volg je hem weer. Dit is de optimale manier van samenwerken omdat jij je partner dan zoveel mogelijk actief laat zijn en hij zoveel mogelijk controle heeft over de ontmoeting. Jij stelt je dan dienstbaar naar je partner op en je kunt hem op deze manier het beste coachen naar de gewenste resultaten. Voordat je dit gaat doen moet je voor jezelf nog wel de beslissing nemen of je hem wil gaan coachen.

Wel of niet je partner coachen op basis van waarden

Je hebt nu een prettige relatie met je partner ontwikkeld. Nu moet je gaan beslissen of je hem wil gaan begeleiden in het realiseren van zijn verlangens. Dan ga je namelijk een diepgaande relatie met je partner aan en dat moet je wel willen. Je moet het leuk vinden om je partner te willen begeleiden in zijn ontwikkeling. Deze belangrijke beslissing moet je heel bewust nemen. Anders kan het gebeuren dat jij een partner gaat coachen die resultaten wil bereiken waar jij helemaal niet achter staat. Als je partner bijvoorbeeld wil leren hoe hij zijn macht kan gebruiken om andere mensen onderuit te halen of zijn klanten op te lichten moet jij je afvragen of jij die persoon wel naar die resultaten wil coachen, of jij deze resultaten voor jezelf ethisch verantwoord vindt en of jij je kostbare tijd beschikbaar wil stellen voor het realiseren van deze verlangens. Als jij namelijk beslist om hem te gaan coachen, dan heb je een gedeelde verantwoordelijkheid in het resultaat van je partner, zowel bij positieve als bij negatieve resultaten. Om deze beslissing goed te kunnen nemen, maken we gebruik van een belangrijk hulpmiddel: het **resultaten- en waardenmodel** van Jack Welch (de vroegere president-directeur van het Amerikaanse bedrijf General Electric). Zijn model werkt als volgt:

Als jij beslist om je partner te gaan coachen, dan heb je een gedeelde verantwoordelijkheid in het resultaat van je partner, zowel bij positieve als bij negatieve resultaten.

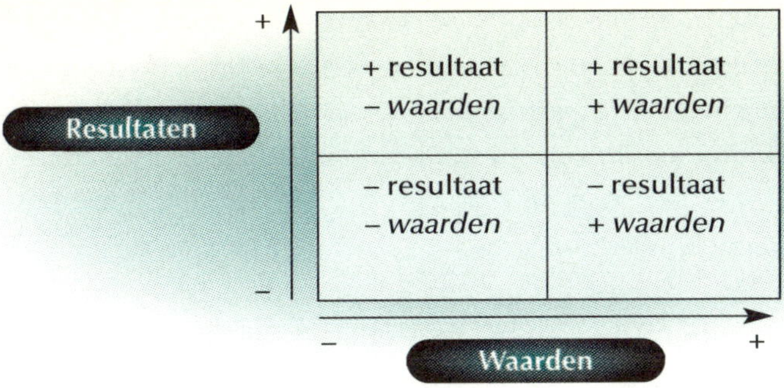

Volgens Welch zijn er mensen die goede resultaten bereiken en de juiste waarden daarbij gebruiken. Dit zijn bijvoorbeeld mensen die veel geld verdienen door hard en eerlijk te werken en volgens de afgesproken regels van het bedrijf en de markt werken. Deze mensen zitten rechtsboven in het schema.

Er zijn ook mensen die een goed resultaat bereiken en veel geld verdienen maar dat op een oneerlijke en gemene manier doen. Bijvoorbeeld een dief die veel geld ‘verdient’ met het stelen van iemand anders zijn geld. Die mensen zitten in het hokje linksboven en gebruiken onethische negatieve waarden om hun resultaten te realiseren.

Er zijn volgens Welch ook mensen die wel volgens positieve waarden werken, alleen niet een goed resultaat bereiken. Bijvoorbeeld een verkoper die eerlijk en hard werkt, alleen niet succesvol is en weinig verkoopt. Die mensen zitten rechtsonder in het schema.

Als laatste zijn er mensen die negatieve waarden hebben en ook geen goede resultaten bereiken. Dit zijn bijvoorbeeld dieven die elke keer door de politie worden opgepakt. Die mensen zitten in het model linksonder.

Welch’ voorstel is dat je het beste met de mensen kunt gaan samenwerken die rechtsboven en rechtsonder in het model zitten. Met de mensen die rechtsboven zitten is het leuk samenwerken omdat je volgens dezelfde waarden werkt en goede resultaten bereikt. Met de mensen die rechtsonder in het model zitten kun je ook goed samenwerken want die hebben positieve waarden, alleen behalen ze nog geen goed resultaat. Je kunt er een goede vertrouwensrelatie mee ontwikkelen en je kunt ze naar een training of een coachingstraject sturen waardoor ze wél de goede resultaten kunnen bereiken.

De mensen waar je volgens Welch absoluut niet mee moet gaan samenwerken, zijn de mensen die linksboven en linksonder in het model zitten. Vaak maken we echter de fout dat we toch gaan samenwerken met mensen die linksboven in het schema zitten. Dit doen we omdat zij zulke goede resultaten realiseren. Omdat ze veel geld verdienen, zijn ze geliefd bij de organisatie maar hun werkmethoden zijn totaal anders dan die van onszelf. Zij kunnen bijvoorbeeld heel erg op geld en macht

gericht zijn en ze hebben er alles voor over om meer geld en macht te krijgen. Deze mensen zijn vaak ook alleen maar geïnteresseerd in henzelf en hun resultaten. En als het kan maken ze gebruik of misbruik van je. Door met deze mensen te gaan samenwerken kun je op de korte termijn misschien goede resultaten realiseren, alleen zal het je wel heel veel pijn kunnen gaan kosten. Dit komt omdat ze volgens andere emotionele waarden samenwerken dan jij, en dit kan veel frustratie en pijn veroorzaken. De reden dat wij toch met deze mensen gaan samenwerken is dat wij denken (en hopen) dat zij zich bij ons wél goed zullen gedragen en wél de juiste waarden zullen gebruiken. Maar ik kan je nu al verzekeren dat dit niet gebeurt, want zij blijven werken volgens dezelfde waarden en ze hebben geen enkele behoefte om hun waarden of hun gedrag te veranderen. Jij en ik kunnen hun waarden niet veranderen want dat kunnen zij alleen zelf doen. En na verloop van tijd zul je waarschijnlijk merken dat zij zich niet aan de gemaakte afspraken houden, waardoor jij jezelf pijn en frustratie geeft.
Met de mensen die geen goede resultaten realiseren en negatieve waarden hebben, kun je beter helemaal niet gaan samenwerken omdat je met hen heel weinig succes kunt realiseren, en ook weer veel pijn en frustratie kunt krijgen omdat zij volgens andere waarden leven en werken dan jijzelf.

Dit handige resultaten- en waardenmodel geeft ons een makkelijk handvat om te kiezen wie jij wel en wie jij niet wil gaan coachen. Jij gebruikt je eigen waarden en je vergelijkt die met de waarden van je partner. Als ze positief zijn, dan weet je zeker dat je goed met elkaar kunt samenwerken en je geen pijn zult krijgen door je coachingsrelatie. Als ze te verschillend zijn, dan is het verstandig om te besluiten je partner niet te gaan coachen want dan is de kans heel groot dat jij gedurende het coachingstraject problemen met je partner krijgt.
Om jezelf te beschermen en te zorgen dat je een leuk en succesvol coachingstraject hebt, is het belangrijk dat jij de waarden van je partner leert kennen. De waarden van je partner kun je het makkelijkste ontdekken door hem het gewoon te vragen. Je kunt hem vragen: 'Wat zijn je waarden?' En als hij die niet bewust weet, kun je hem vragen uit een lijst van tien waarden zijn top-3 waarden te kiezen. De lijst van positieve waarden kunnen bijvoorbeeld zijn: Liefde, Succes, Vrijheid, Geld, Zekerheid, Avontuur, Macht, Hartstocht/Passie, Comfort, Gezondheid, Geluk en Kracht. Je kunt in deze lijst ook een aantal negatieve waarden opnemen, zoals: egoïsme, straffen, onderdrukken en afhankelijkheid, en kijken of hij die kiest. Zijn top-3 waarden kun je dan vergelijken met je persoonlijke waarden en dan weet je of jullie dezelfde waarden hebben en of je wel of niet goed kunt samenwerken. Als ze niet overeenkomen, kun je, zoals gezegd, hem beter niet gaan coachen. Je kunt hem dan beter doorsturen naar een coach die hetzelfde waardepatroon heeft als hij. Dat is beter voor jezelf en voor je partner. Naar de resultaten

die je partner tot nu toe heeft bereikt hoef je minder te kijken omdat jij hem juist gaat begeleiden in het bereiken van de gewenste resultaten.

Gebruik je eigen waarden en vergelijk die met de waarden van je partner.

Succesvol ontwikkelen door resultaatgericht coachen

Wanneer je partner de juiste positieve waarden heeft en jij hebt besloten om hem te gaan coachen, dan heb je weer een belangrijke positieve stap gezet in je persoonlijke ontwikkeling. Voor je persoonlijke ontwikkeling is het heel goed om een gedeelde verantwoordelijkheid te nemen in de resultaten van je partner. Daarmee geef jij jezelf de kans om je persoonlijke kracht verder te ontwikkelen en nog duidelijker te ontdekken waar je partners persoonlijke kracht en kennis liggen. Net zoals een tennisser die met een trainer een wedstrijd speelt om steeds beter te worden, kun jij jezelf versterken door je partner te gaan coachen. Tijdens het coachen kom jij meer over jezelf te weten en kun je ontdekken waar jij je partner goed in kunt coachen. Want het coachen van je partner vraagt andere vaardigheden dan het realiseren van je persoonlijke verlangens en resultaten. Voor het succesvol coachen van je partner is het onder andere belangrijk dat jij actief kunt luisteren, de juiste vragen kunt stellen, hem kunt volgen en dat je hem begrijpt.
Stephen Covey heeft een aantal interessante vragen bedacht waar een coach aan moet voldoen. Deze zijn: 'Kun je luisteren naar anderen en hen zodanige feedback geven dat zij zich gehoord voelen?' 'Ben jij in staat om een ander zijn standpunt echt te begrijpen, ook als je dit standpunt afschuwelijk vindt?' 'Kun je werkelijk naar alles wat je partner zegt luisteren?' Door verschillende partners te coachen kun jij de antwoorden op deze vragen ontdekken en de hiervoor genoemde vaardigheden verder ontwikkelen, waardoor je persoonlijke ontwikkeling weer een nieuwe impuls krijgt.

Voor je persoonlijke ontwikkeling is het heel goed om een gedeelde verantwoordelijkheid te nemen in de resultaten van je partner.

Jouw rol van resultaatgerichte coach kun je vergelijken met een succesvolle bergbeklimmer die een heel hoge berg succesvol heeft beklommen. Andere bergbeklimmers die deze berg graag succesvol willen beklimmen, gaan naar de succesvolle bergbeklimmer toe die al op de top heeft gestaan. Aan hem vragen zij hoe hij de top heeft beklommen, welke route hij heeft genomen en of hij tijdens hun beklimming hun coach (gids) wil worden. Als hij dat wil, dan wordt hij de coach van de bergbeklimmers. Met behulp van zijn ervaring kan hij de bergbeklimmers dan tijdens de beklimming coachen zodat zij ook de top kunnen bereiken. De bergbeklimmers klimmen zelf naar boven en ieder moet daar zijn eigen pad vinden. De coach geeft wel aan volgens welke route zij de berg gaan beklimmen maar hij vertelt zijn partners niet waar zij hun voeten precies moeten neerzetten. Ook als de beklimming heel moeilijk wordt, blijft hij hen heel rustig begeleiden door de juiste vragen te stellen. Hij maakt ze bewust van de verschillende mogelijkheden die ze hebben en laat ze zelf de beslissing nemen wat zij willen doen. Zij beslissen zelf of ze verder willen klimmen of dat ze naar beneden gaan.

De relatie tussen de coach en zijn partner kun je zien als het veiligheidstouw. De coach zorgt ervoor dat zijn partner zich veilig voelt en zich kan ontwikkelen zoals hij dat wil. Daarbij zorgt de coach dat het ontwikkelingstraject voor zijn partner spannend genoeg blijft om zich te willen ontwikkelen en niet te saai wordt. Als zijn partner te veel of te weinig risico's neemt, maakt de coach hem hiervan bewust en kan zijn partner bewust beslissen hoeveel risico hij wil nemen. Door dit te doen kan zijn partner leren om succesvol en effectief leiding te geven aan zichzelf en zijn resultaten. Hij kan dan een persoonlijk ontwikkelingssysteem ontwikkelen waardoor hij elke berg kan beklimmen, en geen coach meer nodig heeft.
De grootste valkuil voor de coach in dit ontwikkelingsproces is dat hij het werk voor zijn partner gaat doen en twee keer zo hard gaat werken, waardoor hij doodmoe de top van de berg bereikt of daar nooit aankomt.

Jij als coach hebt dus een dubbele verantwoordelijkheid. Jij moet goed voor jezelf zorgen, je eigen resultaat bereiken én je partner coachen om zijn resultaat te laten bereiken. Jij hebt hierdoor een zwaardere verantwoordelijkheid en daardoor kun jij groeien. Je partner heeft een minder grote verantwoordelijkheid want hij zorgt alleen voor zichzelf en groeit omdat hij de berg succesvol kan beklimmen. Omdat hij denkt dat hij dit zelf gedaan heeft en dat voor een groot gedeelte ook waar is, versterkt hij zijn zelfvertrouwen en ondersteunt deze ervaring hem in zijn persoonlijke ontwikkeling. Dit is een belangrijk voordeel aan coachen omdat mensen die gecoacht worden, ervaren dat ze de activiteit zelf hebben gedaan en hierdoor meer zelfvertrouwen krijgen. En daardoor zijn ze gemotiveerd om meer activiteiten te gaan doen en willen ze zich verder ontwikkelen.

Coachen als managementfilosofie

Als je in een organisatie werkt, is het coachen van je teamleden ook een erg goed middel om een cultuuromslag te realiseren. Een cultuuromslag van bijvoorbeeld een hiërarchisch afhankelijk organisatiemodel, waarin de baas alles te zeggen heeft, naar een cultuur waar de mensen zelf verantwoordelijkheid nemen voor het werk en de resultaten die gerealiseerd moeten worden. Door je teamleden te gaan coachen, gaan zij vanzelf om meer verantwoordelijkheid vragen en vindt de cultuuromslag voor je ogen plaats. Je hoeft dan geen jarenlange veranderingstrajecten in te gaan die veel tijd en energie kosten. Je hoeft alleen je mensen de ruimte te geven om zich veilig te kunnen ontwikkelen in het tempo dat zij willen. Door aan gras te trekken gaat het niet sneller groeien. Dit is hetzelfde bij mensen. Wanneer jij je mensen vertrouwt, de tijd geeft, aandacht geeft en de mogelijkheden geeft om zich te ontwikkelen, dan zul je versteld staan van de resultaten die zij bereiken. En dan krijg je ook het grote voordeel dat jij je tijd kunt gebruiken om je bezig te houden met vraagstukken van een hogere orde. Dan hoef je niet meer de hele tijd 'brandjes te blussen' en kun jij je organisatorische taken succesvol realiseren. Je teamleden laten groeien is dus meer een kwestie van welbegrepen eigenbelang dan van idealisme dat geen toegevoegde waarde oplevert.

> *Door aan gras te trekken gaat het niet sneller groeien. Dit geldt ook bij mensen.*

Je teamlid effectief ontwikkelen

Het is van groot belang dat je de mensen coacht door ze het zelf te laten ervaren. Uit tests bij IBM en de Britse PTT is namelijk gebleken dat de resultaten dan het hoogst zijn.

	Uitgelegd	Uitgelegd en voorgedaan	Uitgelegd, voorgedaan en zelf ervaren
Herinnering na 3 weken	70%	72%	85%
Herinnering na 3 maanden	10%	32%	65%

Zoals je ziet, is het erg belangrijk dat jij je teamleden zoveel mogelijk zelf laat doen en zelf ervaringen laat opdoen. Dan haal jij een effectiviteitscore van 65% na drie maanden. Terwijl als je iets mondeling uitlegt, de effectiviteitscore nog maar 10% is. Dit is te vergelijken met een voetballer die alleen maar goed kan leren voetballen door zelf veel te voetballen. Wanneer een coach gaat uitleggen wat voetbal is en alles zelf gaat doen, zal de voetballer daar weinig van leren. Kies dus voor een coachende aanpak waarbij je teamlid zoveel mogelijk zelf ontdekt en doet. Zorg er ook voor dat je duidelijke afspraken met je teamlid maakt over hoe hij het geleerde in de praktijk gaat brengen. Zodat het niet bij goede voornemens blijft maar dat ze ook echt uitgevoerd worden.

Je partners bewustzijn succesvol ontwikkelen

Het voorafgaande onderzoek kun je ook op de volgende manier weergeven. Mensen ontwikkelen zich voor:
- 10% door wat ze horen
- 35% door wat ze zien
- 55% door wat ze horen en zien
- 70% door wat ze zelf zeggen
- 90% door wat ze zelf zeggen en doen.

Je partner leert voor 90% van wat hij zelf zegt en doet. Mijn uitnodiging is dan ook: laat je partner zoveel mogelijk zelf praten en zichzelf ontwikkelen. Dan leert hij het snelst, onthoudt hij de opgedane kennis het beste en wordt hij steeds gemotiveerder. Door je partner de juiste opdrachten te geven, die hij net kan realiseren, zal hij steeds gemotiveerder worden om het werk te doen en ook bereid zijn om daarvoor de verantwoordelijkheid te nemen. Beide, motivatie en verantwoordelijkheid, komen dan van binnenuit en dat werkt het sterkst. Van buiten kunnen motivatie en verantwoordelijkheid ook niet opgelegd worden. Je partner moet zijn motivatie ervaren en verantwoordelijkheid willen nemen voor zijn ontwikkeling. Door resultaatgericht te coachen kun jij ze alle twee bij je partner naar boven laten komen en kun je hem nog zelfbewuster maken. En met zijn groeiende zelfvertrouwen en zelfbewustzijn kan hij alle resultaten bereiken die hij wil bereiken. Hoe zelfbewuster hij namelijk van zichzelf is, hoe beter hij gebruik kan maken van zichzelf. Zelfbewustzijn betekent tenslotte dat wij ons bewust zijn van wat we willen en we worden dan niet meer afgeleid door onzekerheid en we weten precies wat we wel en niet willen bereiken. Negatieve kritische mensen hebben ook veel minder invloed op ons omdat we weten wat we willen bereiken. We kunnen dan het beste uit onszelf halen en al onze persoonlijke aandacht en kracht zelfbewust inzetten voor de uit te voeren taak.
De makkelijkste manier om je partners zelfbewustzijn te vergroten is door hem veel vragen te stellen en hem zelf de antwoorden te laten geven of vinden.

Laat je partner zoveel mogelijk zelf praten en zichzelf ontwikkelen.

Ontdekken van je partners verlangens

Om de verlangens van je partner te ontdekken is de snelste, beste en makkelijkste manier om daar gewoon naar te vragen. Vraag aan je partner: 'Wat zijn je verlangens? Wat wil je heel graag bereiken?' Toch merk ik, helaas heel vaak, hoeveel directeuren, managers en coaches moeite hebben om deze vragen aan hun medewerkers te stellen. De belangrijkste reden die zij mij hiervoor geven is dat zij vinden dat deze informatie van een medewerker privé is en zij er daarom niet naar mogen vragen. Ik denk dat dit één van de grootste misverstanden is tussen managers en medewerkers, dat zij denken dat bepaalde informatie niet aan elkaar gegeven mag worden. Zoals de informatie waar iemand naar verlangt, wat zijn hobby's zijn en welk werk hij leuk vindt om te doen. Volgens mij is dit essentiële informatie voor iedere leidinggevende die zijn teamleden optimaal wil begeleiden in hun werk en ontwikkeling. Zonder deze informatie is de coach een blinde die op de tast zijn weg moet vinden en het geluk moet hebben dat hij precies doet wat goed is voor zijn partner.

Wil jij als coach je partner effectief ondersteunen in het realiseren van zijn verlangens, dan is het zeer belangrijk dat jij vraagt naar zijn verlangens, hobby's en behoeftes. Dat jij vraagt of hij het werk leuk vindt en welk werk hij graag wil doen. Je denkt misschien dat je dan alleen maar te horen krijgt dat hij het werk verschrikkelijk vindt en dat ze je alleen maar kritiek gaan geven, maar ik kan je verzekeren dat dit maar zelden gebeurt. Als jij duidelijk laat blijken dat jij serieus geïnteresseerd in hen bent en serieus vraagt naar hun interesses en verlangens, dan krijg je daar een eerlijk antwoord op. Dan zullen zij jou bijvoorbeeld vertellen dat zij heel tevreden zijn over het grootste gedeelte van hun werk, alleen dat ze liever met een andere machine werken dan met de machine waar ze nu mee werken. Of ze vertellen je dat ze de huidige projecten leuk vinden om te doen maar dat ze graag ook andere projecten willen doen, zoals een nieuw haalbaarheidproject. Of dat ze graag een cursus willen gaan volgen zodat ze een nog betere verkoper kunnen worden. Of dat ze op andere tijden willen komen werken omdat ze dan verwachten productiever te kunnen zijn omdat ze niet in de file hoeven te staan. Of dat ze graag een andere auto willen hebben omdat deze te klein voor hen is geworden. Je zult heel veel informatie van je partners krijgen en je kunt ze met behulp van die informatie veel succesvoller begeleiden in hun werk en ontwikkeling.

Motiveren van je partner door vragen te stellen

Om je partner te motiveren is het belangrijk dat jij zijn verlangens serieus neemt. Jij hebt, als coach, in de ogen van je partner een belangrijke positie en je partner vindt jouw vragen en opmerkingen zeer belangrijk. Als je partner zijn diepste persoonlijke verlangens aan je vertelt en je neemt hem niet serieus, dan kan het effect desastreus zijn. Je verliest dan het vertrouwen van je partner en jullie samenwerking wordt onmogelijk. Om het effect van dit gedrag te begrijpen moet jij je voorstellen dat je kind jou enthousiast komt vertellen wat zijn grootste verlangens voor zijn leven zijn. Je kind vertelt enthousiast wat hij heel graag wil bereiken en terwijl hij dit vertelt, begin jij hem keihard uit te lachen. Je vertelt hem dat hij die verlangens nooit zal kunnen realiseren want daar is hij niet goed genoeg voor. Wat denk je dat het effect is voor je kind? Ik denk dat dit de nekslag voor hem en zijn verlangens kan zijn. Je kind zal waarschijnlijk nooit meer zijn verlangens durven te vertellen, laat staan dat hij die nog durft te gaan realiseren. Heel belangrijk is dus dat jij je partner niet gaat demotiveren met je eigen oordelen, meningen en overtuigingen over zijn verlangens, maar dat jij positief ondersteunend voor hem en zijn verlangens bent. Dat je met veel enthousiasme naar hem luistert en dat je hem uitnodigt om zijn verlangens nog mooier en groter te beschrijven dan ze al zijn. En hem vertelt dat iedereen zijn verlangens kan bereiken en dat je bijvoorbeeld een inspirerend verhaal vertelt van een persoon die al zijn verlangens heeft bereikt. Zoals Nelson Mandela in Zuid-Afrika heeft gedaan. Zelfs als jij je verlangens zelf niet gerealiseerd hebt, hoef je hem dit niet te vertellen want wat bij jou niet is gebeurd kan bij jouw partner wél gebeuren. Wees er juist trots op dat je partner je vertrouwt en je zijn diepste persoonlijke verlangens vertelt. Dit is een bijzonder cadeau en je kunt hem een bijzonder cadeau teruggeven door onvoorwaardelijk in hem en zijn verlangens te geloven. Stel ook geen specifieke vragen over hoe hij zijn verlangens wil gaan realiseren, want dat weet hij nog helemaal niet. Stel hem vragen zodat hij zijn verlangens nog beter kan ontdekken en beschrijven.

Wees er trots op dat je partner je vertrouwt en je zijn diepste persoonlijke verlangens vertelt.

Een goede manier om de verlangens van je partner te ontdekken is om met zijn tweeën om de tafel te gaan zitten waarbij jij een halfuur tot een uur de tijd neemt om over zijn verlangens te praten. Jij stelt onderzoekend vragen en laat je partner

vooral over zijn huidige verlangens en wat hij leuk vindt om te doen, praten.
Als ondersteuning hierbij geef ik je een aantal vragen die je hem dan kunt stellen:

- Hoe vind je het werk?
- Wat vind je leuk aan het werk?
- Welk werk heb je het leukste gevonden tot nu toe?
- Met welke machine werk je het liefst?
- Voor welke klanten wil je graag werken?
- Wat vind je van mijn functioneren als leidinggevende?
- Wat zijn je doelen voor het komende jaar?
- Wat wil je heel graag bereiken?
- Met wie werk je het liefst samen?
- Wat voor opleidingen of cursussen wil je graag volgen?
- In welk team werk je graag?
- Wat zijn je favoriete werktijden?

Enzovoort.

Als jij een uur serieus en actief luistert naar je partner, dan zul je merken dat je een grote hoeveelheid informatie krijgt over zijn verlangens. Deze informatie kun je dan gebruiken om met hem te bespreken welke activiteiten hij graag wil gaan doen, en welke activiteiten hij minder graag wil gaan doen. Begeleid hem om de activiteiten te gaan doen die hij leuk vindt en laat hem het beste uit zichzelf halen zodat hij al zijn persoonlijke kracht gaat gebruiken om zijn verlangens te realiseren. Bouw met hem een succesvolle relatie op door hem goede resultaten te laten realiseren waarvan hij denkt dat hij het allemaal zelf heeft gedaan. De uitspraak van de Chinese filosoof Lao Tse geeft dit mooi aan: *"De slechte leider wordt door de mensen verguisd, de goede leider wordt door de mensen geprezen en bij de geweldige leider zeggen de mensen: We hebben het zelf gedaan."*

Coachen gaat om het vergroten van je partners effectiviteit en zelfbewustzijn en dat doe je door het stellen van de juiste vragen. Door de juiste vragen te stellen motiveer je hem om te blijven werken aan zijn persoonlijke ontwikkeling omdat hij op zoek gaat naar de antwoorden. De antwoorden die hij geeft zijn ook niet goed of fout. Zij geven alleen maar aan wat het zelfbewustzijn van je partner is en hoeveel kennis hij over een bepaald onderwerp heeft. De beste vragen die je hem kunt stellen zijn open vragen die beginnen met Wie, Wat, Hoeveel, Wanneer, enzovoort. 'Waarom doe je dit?' kun je hem beter niet als eerste vraag stellen omdat deze vraag nogal kritisch wordt gevonden. Bijvoorbeeld: 'Waarom heb je dit niet gedaan?' Dan moet je partner zich bijna gaan verdedigen en dan kun je al snel in een tweestrijd terechtkomen die niet effectief is voor het coachen. Als tweede vervolgvraag kun je ze wel goed gebruiken om bijvoorbeeld meer duidelijkheid te krijgen.

Door de juiste vragen te stellen motiveer je hem om te blijven werken aan zijn persoonlijke ontwikkeling omdat hij op zoek gaat naar de antwoorden.

Een belangrijke taak voor jou als coach is dat jij je partner het vertrouwen geeft dat wat hij doet juist is en dat hij zelf alle antwoorden kan vinden op zijn vragen. Jij hoeft ook niet alle antwoorden te hebben op zijn vragen en je kunt hem gerust vertellen dat je een antwoord op zijn vraag niet weet. Dat geeft alleen maar aan dat jij ook een mens bent en niet alwetend bent.
Een ander belangrijk punt in je rol als coach is dat wanneer je het antwoord op een vraag van je partner weet, je niet gelijk het antwoord geeft. Laat hem eerst zelf nadenken over zijn vraag en kijk of hij zelf het antwoord kan bedenken. De bedoeling is dat jij eerst je partner stimuleert om zelf het antwoord te ontdekken. Daarna kun je altijd nog je antwoord geven. Als hij een antwoord heeft gevonden, geef daar dan ook geen kritiek op want het is zíjn antwoord en dat is het belangrijkste. Er zijn meer wegen die naar Rome leiden en er zijn dus ook verschillende antwoorden mogelijk op een vraag. Als hij echt duidelijk laat merken dat hij het antwoord niet kan vinden, geef hem dan jouw antwoord. Niet als hét antwoord maar als jóuw antwoord op deze vraag. Dan heb je ook het bijkomende voordeel dat hij je antwoord extra waardeert. **Mijn advies is: houd zo lang mogelijk je mond dicht en laat je partner de antwoorden zelf ontdekken.**

De vragen die je stelt moeten in principe ook aansluiten bij de verlangens en interesses van je partner. En niet bij die van jou. Wil je het bewustzijn van je partner ontwikkelen, dan gaat het om hem. Zijn gedachtegang is belangrijk. Die wil je leren kennen. En als het goed is, ken jij je eigen interesses en gedachten al. Voor het bevorderen van het bewustzijn van je partner, zoals gezegd, helpt het erg om open vragen te stellen en geen gesloten vragen. Gesloten vragen kun je met 'Ja' en 'Nee' beantwoorden. Ze geven dus zeer weinig extra informatie. Een voorbeeld van een gesloten vraag is: 'Was het werk leuk?' Dan kun je beter de open vraag stellen: 'Hoe vond je het om die opdracht te doen?' Daarbij is het goed om te beginnen met open algemene vragen en daarna je vragen meer te richten op specifieke onderwerpen. Door naar steeds meer details te vragen houd je de aandacht en concentratie van je partner gericht op een bepaald aspect. Bijvoorbeeld hoe hij precies een bepaald gesprek heeft gevoerd; wat hij op elk moment gedaan en gezegd heeft; hoe het kwam dat hij op dat moment die bepaalde vraag stelde. Door je partner te richten op een bepaald detail kun je zijn bewustzijn vergroten over hoe hij die taak heeft gerealiseerd. Daardoor kunnen verborgen methoden, krachten of gedachten naar boven komen die hem helpen om zichzelf beter te begrijpen, en die hij de volgende keer bewust kan gebruiken om nog betere resultaten te realiseren. Suggestieve vragen zoals: 'Volgens mij heb je dit gedaan en ben je het daar niet mee eens', kun je beter niet stellen omdat ze het zelfvertrouwen van je partner verminderen. Je kunt dan beter zeggen dat je een suggestie of tip hebt die jij je partner wil meegeven, en of hij die wil ontvangen. Dan laat je de beslissing aan je partner en kan hij zijn zelfvertrouwen verder ontwikkelen.

Wil je het bewustzijn van je partner ontwikkelen, dan gaat het om hem.

Als coach is het zeer belangrijk dat jij open blijft staan voor de antwoorden die je partner geeft. Tegelijkertijd is het belangrijk dat jij eigen zelfbewustzijn blijft gebruiken om te zien hoe jij je partner ervaart. Jij hebt ook emoties en gedachten en die kunnen een rol gaan spelen wanneer jij de ander coacht. Wanneer je merkt dat die een rol gaan spelen tijdens het coachen, dan is de beste oplossing om ze direct uit te spreken. Wanneer je dit op een zuivere en bewuste manier doet, zal je partner je alleen maar meer waarderen dan dat je dit voor hem verborgen houdt. Door je partner open vragen te stellen en je open en eerlijk op te stellen motiveer je hem sterk om aan zijn ontwikkeling te blijven werken. En daar gaan we de volgende hoofdstukken naar kijken.

10 tips om met je partner een succesvolle relatie op te bouwen

1 Werk samen vanuit de overtuiging: Ik ben Oké – Jij bent Oké.

2 Begrijp eerst je partner om dan zelf begrepen te worden.

3 Wees continu nieuwsgierig naar je partner.

4 Stel je dienstbaar maar niet afhankelijk op.

5 Wees duidelijk, zeg 'Ja' of 'Nee' naar je partner.

6 Ontwikkel een vertrouwelijke win-win relatie.

7 Ontwikkel je coachingsvaardigheden door een training te volgen.

8 Vraag je partner hoe jij hem het beste kunt coachen.

9 Stel al je vragen en luister actief.

10 Neem de tijd voor je partner en geniet van de relatie.

Bron: Inspirerend Leidinggeven, ing. Rogier Offerhaus, MBA

K R A C H T B R O N 7

Coachen van je partners pro-actieve Doener

"Iedereen is een potentieel succes. Alleen sommige mensen hebben onderweg hulp nodig."

Kenneth Blanchard

Coachen van de lichamelijke kracht van je partners pro-actieve Doener

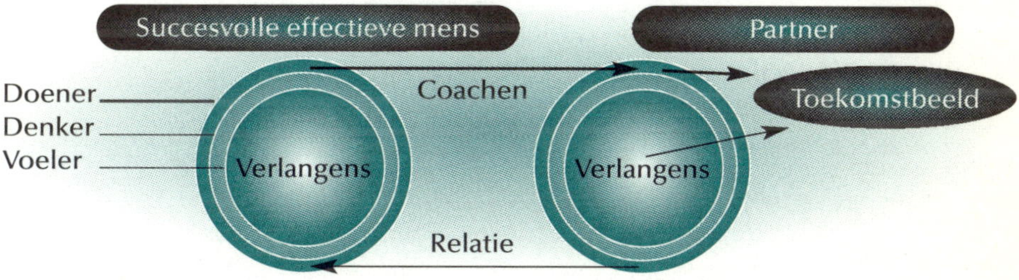

De volgende stap in het coachen van je partner is dat jij zijn pro-actieve Doener gaat coachen. Dit doe je door samen een resultatencontract op te stellen. Dit contract gebruik je om nog meer duidelijkheid te krijgen over de verlangens, behoeften en resultaten die je partner wil realiseren. Dit contract is voor jullie beiden belangrijk omdat daarin wordt afgesproken welke resultaten je partner wil gaan bereiken.

Door het opstellen, afspreken en ondertekenen van dit contract wordt de vertrouwensband tussen jullie twee ook dieper. Jij weet dan waar je partners pro-actieve Doener zijn lichamelijke kracht, gedrag en vaardigheden op wil richten en jij kunt hem daar optimaal in coachen, zodat jullie geïnspireerd kunnen werken aan zijn ontwikkeling. We werken hier ook weer met SMART-doelen (SMART: Specifiek, Meetbaar, Attractief, Resultaatgericht, Tijdgebonden) die we in hoofdstuk 3 uitgebreid besproken hebben. Het behalen van zijn resultaten wordt een gezamenlijke verantwoordelijkheid en jullie zetten daarom ook alle twee jullie handtekening onder het contract. Het ontwikkelingscontract ziet er als volgt uit:

1 Persoonlijke en professionele resultaten:
Welke persoonlijke resultaten wil ik bereiken (gedrag, vaardigheden, kennis)? Beschrijf deze doelen zo concreet mogelijk en SMART geformuleerd.

- ....
- ....
- ....

2 Team- en organisatieresultaten:
Welke teamresultaten wil ik gerealiseerd hebben?
Beschrijf deze doelen zo concreet mogelijk (SMART geformuleerd).

- ....
- ....
- ....

3 Acties op korte termijn
Op basis van het bovenstaande zal ik in de komende drie maanden in ieder geval de volgende acties ondernemen:

- ....
- ....
- ....

Aan mijn coach wil ik vragen om de komende drie maanden de volgende acties te ondernemen:

- ....
- ....
- ....

Hoeveel tijd verwacht ik nodig te hebben voor het succesvol uitvoeren van dit ontwikkelingscontract?

.... uren per dag/weken/maanden.

Welke beloning geef ik mijzelf wanneer ik dit ontwikkelingscontract succesvol heb uitgevoerd?

....

Welke straf geef ik mijzelf wanneer ik dit ontwikkelingscontract niet succesvol heb uitgevoerd?

....

Voor akkoord partner:

Naam: ....

Plaats: ....

Datum: ....

Ondertekening: ....

Voor akkoord coach:

Naam: ....

Plaats: ....

Datum: ....

Ondertekening: ....

Toelichting op het ontwikkelingscontract

Zoals je gezien hebt, bestaat het ontwikkelingscontract uit twee niveaus:

1 de persoonlijke en professionele resultaten
2 de team- en organisatieresultaten.

Deze opbouw is om ervoor te zorgen dat je partner eerst begint met het realiseren van zijn persoonlijke en professionele resultaten en dan de team- en organisatieresultaten gaat ontwikkelen. Hierdoor is hij maximaal gemotiveerd om dit ontwikkelingscontract te gaan realiseren, want hij mag als eerste zijn eigen verlangens gaan realiseren. Hij staat dan maximaal achter dit contract en vindt het ook leuk om de afgesproken resultaten te bereiken. De gewenste resultaten komen dan van binnen uit je partner en hij heeft zelf de meeste invloed op zijn resultaat. Daardoor heeft hij de grootste kans om succesvolle resultaten te realiseren.

De persoonlijke en professionele ontwikkeling van je partner is het beginpunt van waaruit hij zijn resultaten kan gaan realiseren. Een voorbeeld zal dit duidelijk maken. Als je partner kiest dat hij 'een goede verkoper, die 10% meer producten verkoopt in de komende drie maanden' wil worden, dan heeft dit nieuwe gedrag invloed op zijn persoonlijke en professionele resultaten en op de team- en organisatieresultaten. Door zelf een 'goede verkoper' te willen worden verandert hij zichzelf en veranderen de verkoopresultaten van zijn team ook. Zijn teamleden zien dat hij 10% meer verkoopt en zien dat het mogelijk is om meer te gaan verkopen. Omdat zij dit gezien hebben, durven zij nu ook makkelijker hun verkoopresultaten met 10% te verhogen en betere verkopers te worden. En zo verandert het hele team naar een beter team met een hogere verkoop. Deze aanpak, om je partner eerst zelf een betere verkoper te laten worden, is een veel succesvollere aanpak dan wanneer hij gaat proberen zijn teamleden te veranderen naar betere verkopers. Dan moet hij zijn teamleden veranderen en dat is veel moeilijker dan zichzelf veranderen. Hij kan veel makkelijker en met een veel beter resultaat zichzelf veranderen naar een goede verkoper.

> *De persoonlijke en professionele ontwikkeling van je partner is het beginpunt van waaruit hij zijn resultaten kan gaan realiseren.*

Persoonlijke beloning voor resultaatgericht coachen

Wanneer jullie het contract gaan afspreken, is het belangrijk dat jij voor jezelf de beslissing neemt op welke manier jij beloond wil worden voor je rol als coach. **Als coach is het belangrijk om goed voor jezelf zorgen. Vandaar dat het belangrijk is om af te spreken wat jij terugkrijgt voor het investeren van je tijd, kennis en energie in je partner.** Anders kan het gebeuren dat jullie relatie niet meer in balans is en jij veel meer geeft dan je krijgt. Het is voor jou dan niet meer leuk om hem te coachen en jullie relatie kan daardoor snel verslechteren. Daarom is het belangrijk dat jij iets terugvraagt voor je investering. Dat kunnen verschillende zaken zijn, zoals hem geld laten betalen. Jij kunt bijvoorbeeld per ontmoeting een bedrag afspreken of je spreekt af dat hij jou helpt bij het realiseren van een voor jou belangrijk project, of dat hij je ondersteunt in het realiseren van één van jouw verlangens. Hier maak je dan een contract voor. Wanneer jij de leidinggevende van je partner bent, krijg je overigens al extra geld van het bedrijf om leiding te geven aan je partner doordat je een hoger salaris dan hem krijgt. Ik zou hem dan ook geen geld vragen maar ik zou hem wel altijd een prijs laten betalen voor de inspanning die jij levert. Anders kan het gebeuren dat je teamleden gebruik of zelfs misbruik van je gaan maken. Jij bent dan keihard aan het werken en je trekt de kar met werk terwijl zij rustig op de kar gaan zitten en van het uitzicht genieten. Zelf spreek ik als externe coach een bedrag per gesprek af en ik maak met mijn partner de afspraak dat ik hem minimaal vijf keer en maximaal tien keer begeleid om zijn ontwikkelingscontract te formuleren en te realiseren. Dan weten we beiden waar we aan toe zijn en kan het traject niet eindeloos duren. Aan het einde van het ontwikkelingstraject vinden de meeste partners het echter wel heel prettig om ieder halfjaar een afspraak te maken om de gang van zaken te blijven bespreken.

Laat je partner altijd een prijs betalen voor de inspanning die jij levert.

Voorbereiding voor een goed persoonlijk resultatencontract

Om een goed en betekenisvol resultatencontract te kunnen maken is het belangrijk dat jij een duidelijk beeld hebt van je partner. Waar komt hij vandaan? Wat voor achtergrond heeft hij? Wat voor werk heeft hij gedaan? Hoe heeft hij zich ontwikkeld? Welke verlangens heeft hij? Welke resultaten wil hij bereiken? Enzovoort. Hoe meer je van hem weet, hoe beter. **Want als je niet weet wat het verleden van je partner is, dan kun je geen goed ontwikkelingscontract met hem afsluiten** en hem niet goed coachen. Je hebt die informatie nodig om hem te begrijpen, te weten waar zijn grenzen liggen en te weten welke beslissingen hij in zijn leven heeft genomen. Wanneer je een goed beeld van hem hebt, kun je samen met hem een uitdagend en passend ontwikkelingscontract afspreken en ondertekenen. Net als een berggids moet je weten wat de ervaringen zijn van je bergpartner om hem op de juiste manier te coachen naar de top van de berg. Wanneer jij weet waar je partner vandaan komt en welke ervaringen hij heeft meegemaakt, begrijp je ook veel beter hoe hij aan zijn huidige gedrag, overtuigingen en waarden komt, en waarom hij nog niet de resultaten heeft bereikt die hij wil bereiken.

Net als een berggids moet je weten wat de ervaringen zijn van je bergpartner om hem op de juiste manier te coachen naar de top van de berg.

Als eerste stap in het vaststellen van de resultaten kun je gebruikmaken van een hulpmiddel om het niveau van zijn vaardigheden te meten. Dit hulpmiddel is een vragenlijst, die voor de verschillende vaardigheden aan je partner vraagt om per vaardigheid een cijfer tussen de 1 en de 10 te geven. Deze vragenlijst kun jij dan ook invullen of je partner vraagt aan maximaal drie andere medewerkers om deze vragenlijst in te vullen. Deze methode hebben we ook in hoofdstuk 3 besproken. Dan verzamelt hij alle antwoorden en heeft hij een redelijk beeld van het niveau van zijn vaardigheden, en kan hij kiezen welke vaardigheden hij wil gaan ontwikkelen. Het bedrijf TFC in Velp verkoopt deze vragenlijst voor het analyseren van vaardigheden in onder andere de gebieden: Persoonlijke Effectiviteit, Leidinggeven, Communiceren, Coachen en Presenteren. Wanneer hij bijvoorbeeld de vragenlijst voor Leidinggeven gebruikt, wordt er naar twintig vaardigheden gevraagd. Deze zijn:

- visie uitdragen
- verwachtingen verduidelijken
- inspireren en motiveren
- het goede voorbeeld geven
- het team vertegenwoordigen
- plannen en organiseren
- betrekken bij besluitvorming
- problemen oplossen
- eerlijkheid
- resultaatgerichtheid
- coachen en trainen
- delegeren
- feedback geven
- loopbaanontwikkeling
- samenwerking bewerkstelligen
- kansen voor verbetering zoeken
- risico's nemen
- anderen informeren
- reageren op feedback
- betrokkenheid bij verandering verwerven.

Door deze lijst zelf in te vullen en hem door drie anderen te laten invullen krijgt hij dan een heel goed beeld van zijn huidige ontwikkelingsniveau en waar hij zich kan ontwikkelen.

De tweede belangrijke stap voor het maken van een resultatencontract is dat jij je partner heel veel vragen gaat stellen en dat je actief naar hem gaat luisteren om te begrijpen wie hij is. Je wordt een detective die op zoek gaat naar de innerlijke wereld van je partner. Je onderzoekt daarvoor zijn hele leven en je wil zoveel mogelijk van hem te weten komen. Waar je vooral naar op zoek bent, is om te begrijpen waar je partner vandaan komt en hoe hij zijn gedrag, vaardigheden, overtuigingen en waarden heeft ontwikkeld. Dit onderzoek doe je vooral door het stellen van heel veel vragen, en te luisteren en te kijken naar je partner. Daarbij onderzoek je het leven van je partner vanaf zijn grootouders (opa en oma), zijn ouders en hijzelf tot vandaag aan toe. Daarmee krijg je alle informatie over hem die hij over zichzelf weet en verzameld heeft tijdens zijn leven. Je begint bij zijn grootouders omdat hij die meestal heeft gekend en zij invloed op zijn persoonlijke ontwikkeling hebben gehad. Dit interview duurt gemiddeld drie à vier uur en is vrij intensief. Als je die tijd niet hebt, dan kun je hem ook vragen of hij zijn levensverhaal in maximaal tien pagina's op papier wil zetten. Dan kunnen jullie die samen doornemen, wat veel tijd scheelt.

Wanneer je partner zijn levensverhaal vertelt, is het belangrijk dat jij hem positieve feedback geeft. Op het moment dat jij negatieve feedback gaat geven kan dat een grote invloed hebben op je partner. Hij kan dan heel negatief en kritisch over zichzelf, zijn familie en zijn leven gaan denken. En dat is natuurlijk niet de bedoeling, want je wil juist dat je partner zich positief en ontspannen voelt. Omdat bij een ontspannen en positieve sfeer hij veel makkelijker zijn levensverhaal kan vertellen en hij ook veel meer durft te vertellen. Bij een negatieve sfeer kan je partner zich veel meer gaan afsluiten en veel minder informatie over zichzelf gaan geven. Het is belangrijk dat jij je partner wil begrijpen en niet wil beoordelen. Je partner voelt namelijk dat je hem wil begrijpen of dat je hem onderuit wil halen. Hoe meer jij hem wil begrijpen, hoe soepeler en makkelijker je communicatie met hem zal gaan. Dan zul je ook merken dat hij al je vragen als vanzelf zal beantwoorden en hoef je alleen maar naar hem te luisteren en af en toe een vraag te stellen. Durf ook alles te vragen wat je wil vragen en weten. Pas geen censuur toe, want je partner kan zelf heel goed aangeven of hij een vraag wel of niet wil beantwoorden. Zolang jij positieve ondersteunende vragen stelt, mag je alles vragen. Als ondersteuning van dit levensonderzoek van je partner staan hier een aantal vragen die je kunt gebruiken.

Het is belangrijk dat jij je partner wil begrijpen en niet wil beoordelen.

De volgende vragen kun je onder andere over zijn familietijd stellen:

1 Wanneer ben je geboren?
2 Hoeveel broers en zussen heb jij?
3 Wat is de leeftijd van je ouders?
4 Hoe was de sfeer in het gezin?
5 Wat is je eerste herinnering als kind?
6 Wat herinner jij je nog van je jongste kinderjaren?
7 Hoe voelde jij je in je familiesituatie?
8 Leefden de opa en oma van je moeders kant toen je geboren werd?
9 Wat voor relatie had je met hen?
10 Wat herinner jij je nog van hen?
11 Wat voor werk en leven hadden/hebben zij?
12 Leven ze nog of zijn ze overleden?

13 Leefden de opa en oma van je vaders kant toen je geboren werd?
14 Wat voor relatie had jij met hen?
15 Wat herinner jij nog van hen?
16 Wat voor werk en leven hadden/hebben zij?
17 Leven zij nog of zijn zij al overleden?
18 Wat vond je het leukste om te doen: dingen maken (doen), lezen (denken) of met vriendjes spelen (voelen)?
19 Had je vrienden of vriendinnen? Wat deden jullie samen?
20 Waren je vrienden van dezelfde leeftijd? Jonger of ouder?
21 Wat waren je verlangens, dromen, toen je een kind was?
22 Wat wilde je graag worden?
23 Aan welke plezierige ervaringen en herinneringen denk je wel eens terug van je kindertijd?
24 Wat zijn minder leuke ervaringen en herinneringen waar je wel eens aan terugdenkt?

Over de lagere-schooltijd kun je onder andere de volgende vragen stellen:
25 Hoe was de lagere school?
26 Naar welke lagere school ging jij?
27 Vond je het leuk daar?
28 Vond je het makkelijk of moeilijk om te leren?
29 Had je veel of weinig vrienden en vriendinnen?
30 Deed je veel aan sportieve activiteiten?
31 Hoe was je relatie nu met je broers en zussen?
32 Werd je ook verliefd?
33 Hoe was je relatie met je ouders? Zag je ze vaak of weinig?
34 Welke vakken vond je het leukst?
35 Aan welke ervaringen en herinneringen denk je nog wel eens terug?
36 Wat zijn minder leuke ervaringen en herinneringen waar jij wel eens aan terugdenkt?
37 Hoe was je relatie met de leraren?

Over de middelbare-schooltijd kun je onder andere de volgende vragen stellen:
38 Hoe was je middelbare-schooltijd?
39 Hoe was je relatie met de andere leerlingen?
40 Welke vakken vond je leuk om te doen?
41 Hoe makkelijk of moeilijk vond je de school?
42 Welke vakken vond je niet leuk om te doen?
43 Hoe was je relatie nu met je familie?
44 Welke sporten deed je?

45 Ging je wel eens naar schoolfeesten? En vond je die leuk?
46 Naar wat voor soort feesten ging jij?
47 Wat voor muziek vond je leuk?
48 Wat waren je hobby's?
49 Hoe was je relatie nu met je opa's en oma's?
50 Had je op school een vriendin of vriend? En had je daar een seksuele relatie mee?
51 Aan welke leuke ervaringen en herinneringen denk jij nu wel eens terug?
52 Wat zijn de minder leuke ervaringen en herinneringen waar jij wel eens aan terugdenkt?
53 Wat wilde jij na de middelbare school gaan doen?

Over de periode na de middelbare-schooltijd kun je onder andere de volgende vragen stellen:
54 Wat ben je na de middelbare school gaan doen? Gaan werken of verder leren?
55 Als je verder bent gaan met leren, hoe was die nieuwe leeromgeving?
56 Vond je het leuk?
57 Wat voor vriendschappen had je daar?
58 Wat voor hobby's en sporten deed je daar?
59 Hoe lang ben je nog gaan leren?
60 Heb je de studie succesvol afgerond?
61 Als je bent gaan werken, hoe was die omgeving?
62 Wat voor werk deed je?
63 Wat voor vriendschappen of relaties had je hier?
64 Wat vond jij nu leuk om te doen?
65 Waar kreeg je een kick of energie van?
66 Had je een vaste vriendin of vriend?
67 Wat wilde je hier graag bereiken?
68 Wat waren je persoonlijke doelen?
69 Wanneer ging je het huis uit?
70 Wanneer ging je samenwonen met je partner?

Over zijn leven na ongeveer 25 jaar kun je onder andere de volgende vragen stellen:
71 Wat doe jij nu? Wat voor werk heb je nu?
72 Hoe lang werk je nu bij deze organisatie?
73 Hoe vind je het werk dat je nu doet?
74 Wat is je leukste ervaring op je werk?
75 Wat is je minst leuke ervaring op je werk?
76 Hoe groot is de organisatie waar je werkt?
77 Wat is je functie in de organisatie?
78 Wat vind jij van je de medewerkers, klanten?

79 Wat zijn de redenen dat jij daar werkt?
80 Wat zijn je professionele doelen?
81 Wat is de volgende stap die jij wil maken?
82 Wat zijn je dromen, verlangens?
83 Wat wil jij op je werk bereiken? Hoe ambitieus ben je?
84 Wil je liever een specialist zijn of met mensen werken?
85 Wanneer heb je kinderen gekregen?
86 Wanneer voel jij je zeker en heb jij zelfvertrouwen?
87 Wat voor dromen en wensen heb je nu?
88 Aan welke ervaringen en herinneringen denk je nu nog wel eens terug?

Je kunt natuurlijk ook altijd zelf meer vragen bedenken en die aan hem stellen. Om je een voorbeeld te geven van een levensverhaal geef ik je hier het voorbeeld van Jan's levensverhaal. Jan was een cliënt van mij. Hij heeft mij toestemming gegeven zijn levensverhaal hier te vertellen.

Jan is geboren in Arnhem waar hij aan de rand van de stad woonde. Hij was de oudste jongen. Na hem werden er nog één broer en één zusje geboren. Hij was geboren in 1972 en is nu 27 jaar oud. De eerste herinnering die hij had, was dat hij samen met zijn vader in de tuin speelde. Hij mocht dan altijd bij zijn vader op zijn schouders zitten en hobbelde dan de hele tuin door. Dat vond hij een heel leuke plek. Zijn broer werd twee jaar later geboren en zijn zus vijf jaar later. Hij was het oudste kind in het gezin en zo voelde hij zich ook. Hij voelde zich verantwoordelijk voor zijn broer, Hans, en zijn zus, Lia. Zijn vader werkte bij een chemisch bedrijf en zijn moeder was huisvrouw. Zij woonden in een nieuwbouwwijk aan de rand van de stad Arnhem en aan het einde van hun tuin begonnen de weilanden waar koeien graasden. Zijn gezin was een rustig gezin waar bijna geen ruzies of vechtpartijen waren. Zijn ouders vonden het belangrijk dat alles in de familie samen besproken werd en alles zo eerlijk mogelijk verdeeld werd. De opa en oma van zijn vader en van zijn moeders kant leefden nog en aan hen had hij ook goede herinneringen. De ouders van zijn moeder woonden in Den Haag en daar gingen zij in de zomer naartoe als zij naar de zee gingen. Deze opa was ambtenaar geweest en was nu gepensioneerd. Hij was een rustige, bedaarde en heel vriendelijke man. Zijn vrouw, Jans oma, was veel drukker en had haar hele leven gewerkt op de financiële administratie van een bedrijf. Van deze opa en oma had hij geleerd om vriendelijk te zijn naar andere mensen. De ouders van zijn moeder woonden in een klein dorpje in de Achterhoek en hadden daar een boerderij. Zij waren boer en boerin en de kinderen gingen daar vaak met de vakanties naartoe om in de stallen te spelen. Soms hielpen zij met het binnenhalen van het vee. Van deze opa en oma had Jan geleerd om respect voor de natuur te hebben en gezond te leven.

Jan vond het leuk om naar school te gaan en leerde redelijk makkelijk. Hij was op de lagere school ook redelijk populair en had verschillende vriendjes met wie hij na schooltijd speelde. Zijn grote hobby was voetballen en dat deed hij op zaterdag. Hij was op de lagere school niet veel ziek en voelde zich gezond. Na de lagere school ging hij naar de middelbare school en omdat zijn cijfers zo goed waren mocht hij naar het gymnasium. Van zijn ouders hoefde hij daar niet naartoe omdat volgens hen daar allemaal kinderen van rijke en gestudeerde ouders op zaten. Zij wilden vooral dat hij gelukkig werd en ze waren bang dat hij daar ongelukkig zou worden. Een beetje tot zijn eigen verbazing ging het eerste jaar goed en haalde hij goede cijfers. Hij merkte wel dat hij niet zo populair was als op de lagere school en ook minder vriendjes had. Veel interesse in meisjes had hij niet en hij concentreerde zich vooral op zijn school en het voetballen. Thuis ging alles goed en zijn zus en broer gingen nu ook naar school. Jan merkte wel dat hij een soort voorbeeldfunctie had bij zijn broer en zus en die aandacht van hen vond hij wel leuk. Op het gymnasium ging het elk jaar goed en hij studeerde er dan ook hard voor. De schoolfeesten vond hij niet echt leuk en hij ging ook niet vaak naar de kroeg. Zijn interesse voor meisjes was nog steeds minimaal en hij concentreerde zich vooral op het voetbal. Daar speelde hij ook redelijk hoog in het B1-elftal en later in het A1-elftal. Nadat hij het gymnasium goed had afgerond moest hij een beslissing nemen om verder te gaan studeren of te gaan werken.

Hij besloot economie te gaan studeren omdat hij niet precies wist wat hij wilde gaan worden en na deze studie kon hij nog alle kanten uit. Die studie ging hij in Groningen doen. Hij werd daar lid van een kleine studentenvereniging die heel vriendelijk met elkaar omgingen. Er was geen ontgroeningstijd en hij voelde zich er goed thuis. Hij woonde in een klein studentenflatje en had geen vriendin. De tijd die hij overhield stopte hij in zijn sport, voetbal. In het eerste jaar overleden de ouders van zijn moeder en dat was een behoorlijke klap voor hem. Dit was de eerste keer dat hij in aanraking kwam met de dood en hij wist niet goed hoe hij daarop moest reageren. De begrafenis was niet echt leuk en zijn ouders waren behoorlijk bedroefd. Het leven ging echter verder en hij concentreerde zich weer op zijn studie. In zijn tweede studiejaar ontmoette hij een leuk meisje, Sophia, op wie hij zeer verliefd was. Zij studeerde ook in Groningen, rechten, en zij kregen meteen een relatie. Met haar voelde hij zich zeer gelukkig; zij was een rustige en vriendelijke vrouw. Met zijn broer en zus had hij nu minder contact maar bij elke verjaardag kwamen zij bij elkaar op bezoek. Zijn relatie met zijn ouders was ook goed en zijn leven verliep zoals gewenst. In het derde en vierde jaar van zijn studie overleden ook de ouders van zijn vaders kant. De schok was nu iets minder groot omdat hij meer aan de dood gewend was. De begrafenis was nog steeds droevig maar het leven ging verder. Hij woonde nu samen met Sophia op een flat en beiden studeerden zij hard. Na vier jaar hadden zij hun studie af en besloten zij in Den Haag te gaan wonen. Want Jan had altijd al graag bij de zee willen wonen. Zij konden daar makkelijk een baan krijgen en hij ging bij een productiebedrijf werken. Ze besloten te gaan trouwen. Hun huwelijk was een groot familiefeest. Twee jaar na hun huwelijk kregen zij hun eerste kind, Johan, en Jan voelde zich een trotse vader. Op zijn werk ging ook alles goed. Het bedrijf waar hij werkte verkocht voedingsproducten en hij had de eerste drie jaar als specialist gewerkt op de marketingafdeling. Hij moest het marketingbeleid ontwikkelen en daar adviezen voor doen. Zijn collega's en baas waren zeer tevreden over zijn werk en na drie jaar werd hij gepromoveerd tot leidinggevende van de afdeling. En tot zijn grote verbazing was zijn jaarlijkse beoordeling na het eerste jaar niet erg positief geweest. Zijn collega's en baas vonden dat hij moeilijk benaderbaar was en te veel achter zijn computer zat. Hij wist van zichzelf dat hij niet zo goed was in het leggen van contacten met mensen maar hij had daar nooit veel problemen mee gehad. Hij was tevreden met zijn familiecontacten en vond zijn werk leuk om te doen. Nu merkte hij dat zijn collega's en baas toch iets meer van hem verwachtten. Alleen wist hij niet precies wat en wat hij daaraan kon doen. Wat hij belangrijk vond, was dat er een goede werksfeer in het team was en die was er ook. Daar klaagden zijn collega's ook niet over. Zij wilden dus iets anders. Alleen: wat?

Je hebt nu het levensverhaal van Jan gelezen en daarmee heb je de belangrijkste informatie om zijn resultatencontract goed in te kunnen vullen. Nu kun je aan Jan vragen wat zijn persoonlijke, professionele en teamdoelen zijn die hij wil gaan realiseren. Welke resultaten hij wil gaan bereiken en wil vastleggen in het resultatencontract. Terwijl jij dit aan Jan vraagt, is het ook goed om jezelf af te vragen aan welke doelen Jan het beste kan gaan werken. Als je namelijk voor jezelf niet bepaalt aan welke doelen Jan het beste kan gaan werken, dan is het veel moeilijker om samen een goed resultatencontract af te sluiten. Jan kan bijvoorbeeld met doelen komen die heel bescheiden zijn omdat hij een beetje bang is om echt aan zichzelf te gaan werken. Als jij daarmee akkoord gaat zullen de uiteindelijke resultaten van het coachingstraject zeer minimaal zijn. Aan de andere kant kan Jan ook heel ambitieuze doelen formuleren die hij nooit zal kunnen realiseren in de tijd van het afgesproken coachingstraject. Als je daarmee akkoord gaat, zal Jan aan het einde van het traject erg teleurgesteld zijn want dan heeft hij zijn doelen niet kunnen realiseren. Er kan zich ook een andere situatie voordoen en die is dat Jan niet goed weet wat zijn doelen moeten zijn om zichzelf en zijn team succesvol te laten ontwikkelen. Het kan zijn dat hij van alles heeft geprobeerd en niet de resultaten heeft bereikt die hij wilde bereiken. Hij heeft dan te weinig kennis om zichzelf en zijn team te ontwikkelen om de juiste doelen te kunnen formuleren. Hij kan dan ook het resultatencontract niet invullen en daar heeft hij jouw advies voor nodig.

Vanwege deze drie mogelijkheden is het belangrijk dat jij voor jezelf ook bepaalt welke doelen Jan het beste kan gaan realiseren. Belangrijk daarbij is dat jij die doelen niet aan hem vertelt of hem oplegt als doelen waar hij aan *moet* gaan werken. Je gebruikt de zelf bedachte doelen als referentiekader als hij zijn doelen vertelt, zodat je hem optimaal kunt coachen.
Neem nu even de tijd om drie doelen of resultaten te bedenken waar Jan zich op kan gaan richten. Schrijf voor jezelf op welke doelen jij denkt dat Jan het beste kan gaan ontwikkelen. Dit heb ik ook gedaan en ik heb de volgende drie doelen opgeschreven:

- Een eerste doel van Jan zou kunnen zijn om te leren een prettige en effectieve werkrelatie met zijn teamleden te ontwikkelen.
- Een tweede doel voor Jan kan zijn om zich meer als een leider op te stellen door de toekomstrichting van het team te bepalen.
- Een derde doel voor hem kan zijn om conflicten aan te gaan en uit te spreken met zijn teamleden, ook al wordt daardoor de teamsfeer misschien tijdelijk minder positief.

Bij deze drie doelen kun je ook zien dat zijn huidige gedrag beïnvloed is door het gedrag, de normen en de waarden van zijn ouders. Zij wilden thuis graag dat het rustig en vredig was en dat wil hij nu ook bereiken op zijn werk. Daar is hij zich niet bewust van en daarom is het ook zo belangrijk dat jij de levensgeschiedenis van je partner zo goed mogelijk kent, zodat je hem effectief en succesvol kunt coachen naar het vinden van zijn antwoorden en het opstellen van een uitdagend ontwikkelingscontract.

Zorg dat jij de levensgeschiedenis van je partner zo goed mogelijk kent, zodat je hem effectief en succesvol kunt coachen.

Na zijn levensverhaal verteld te hebben vraag je dus aan Jan welke persoonlijke, professionele en teamdoelen en resultaten hij wil bereiken. Als hij die weet, luister je naar zijn doelen en je kijkt of zijn doelen overeenkomen met de doelen die jij zelf hebt bedacht. Als dat zo is, zeg je verder niets en bespreek je met elkaar hoe je zijn doelen volgens de SMART-methodiek kunt opschrijven. Daarbij zorg jij ervoor dat zijn doelen zo uitdagend en ambitieus mogelijk geformuleerd zijn, zodat hij een serieuze inspanning moet leveren om de doelen te realiseren. Wanneer zijn doelen niet overeenkomen met jouw doelen, vraag je hem om een duidelijke motivatie waarom hij aan deze doelen wil gaan werken. Wanneer hij daar een goede motivatie en argumentatie voor heeft, accepteer je zijn doel. Heeft hij geen goede motivatie en krijg je het gevoel dat dit doel niet echt belangrijk is voor zijn ontwikkeling, dan is het het beste om hem deze feedback te geven. Je kijkt en luistert dan naar zijn reactie en als hij dit doel echt belangrijk vindt, ga je alsnog akkoord met zijn doel. Als hij het met je eens is, vraag je hem een ander doel te kiezen. Als na doorvragen blijkt dat hij geen enkel ander doel meer heeft, dan kun je één van jouw doelen voorstellen. Op deze manier kan je partner zelf zijn doelen kiezen en kunnen jullie er samen voor zorgen dat zijn doelen ambitieus en uitdagend voor hem zijn, en weet je zeker dat hij gemotiveerd is om deze doelen te realiseren. De doelen en resultaten die je partner wil gaan realiseren en waar jij hem in coacht, schrijf je dan op in het resultatencontract. Hieronder kun je het volledige ingevulde resultatencontract van Jan zien.

1 Persoonlijke en professionele resultaten:

Welke zijn de verbeteringen en/of veranderingen die je in je gedrag wil realiseren (gedrag, vaardigheden, kennis, waarden)? Beschrijf deze resultaten zo concreet mogelijk (SMART geformuleerd).

- Initiatief nemen, van een 3 naar een 8 in zes maanden.
- Effectief leidinggeven aan de teamleden, van een 5 naar een 8 in drie maanden.
- Conflicten aangaan en uitspreken, van een 6 naar een 8 in vier maanden.

2 Teamresultaten:

Wat zijn de resultaten en/of veranderingen die je in je team wil realiseren?

Beschrijf deze doelen zo concreet mogelijk (SMART geformuleerd).

- Teamleden zelfstandig laten werken, van een 5 naar een 7 in zes maanden.
- Teamleden in goede harmonie laten samenwerken, van een 6 naar een 7 in drie maanden.
- Visie en strategie van het team bepalen, van een 6 naar een 7,5 in zes maanden.

3 Acties op korte termijn:

Op basis van het bovenstaande zal ik in de komende drie maanden in ieder geval het volgende ondernemen:

- Eén keer per dag zelf initiatief nemen door een opdracht te gaan doen.
- 30 minuten per dag gericht aandacht geven aan mijn teamleden.
- Verjaardagen en successen van het team vieren.
- Met conflicten open en eerlijk naar mijn teamleden zijn.

Op basis van het bovenstaande zijn voor de komende drie maanden de volgende afspraken met de coach gemaakt:

- Coach zorgt voor een boek over persoonlijke ontwikkeling.
- Coach geeft tijdens de ontmoetingen aan wanneer de sfeer goed is.
- Coach geeft bij elke ontmoeting feedback aan Jan over de gemaakte resultaten.
- Coach begeleidt Jan in het ontdekken van zijn leiderschap door speciale oefeningen.

Hoeveel tijd verwacht ik nodig te hebben voor het succesvol uitvoeren van mijn ontwikkelingscontract?

- Zes maanden.

Welke beloning geef ik mijzelf wanneer ik mijn ontwikkelingscontract succesvol heb uitgevoerd?

- Eén avond uit eten met mijn partner en goede vrienden.

Welke straf geef ik mijzelf wanneer ik dit ontwikkelingscontract niet succesvol heb uitgevoerd?

- Eén week geen televisie kijken.

Voor akkoord deelnemer:

Naam: Jan Jansen
Plaats: Utrecht
Datum: 18 maart 2001

Ondertekening: .... (handtekening Jan) ....

Voor akkoord coach:

Naam: .... (jouw naam) ....
Plaats: Utrecht
Datum: 18 maart 2001

Ondertekening: .... (jouw handtekening) ....

Zowel Jan als jij ondertekent dit ontwikkelingscontract. Jullie verplichten je daardoor aan het succesvol uitvoeren ervan. Zijn ontwikkeling is nu een gezamenlijke verantwoordelijkheid en dat geeft je partner veel fysieke, mentale en emotionele ondersteuning, waardoor hij meer zelfvertrouwen heeft en een veel grotere kans heeft om te bereiken wat hij wil bereiken. Daarbij is het een groot voordeel dat hij maximaal gemotiveerd is om de afgesproken doelen uit het resultatencontract te willen realiseren. Doordat hij zelf zijn eigen doelen heeft mogen bepalen is hij maximaal gemotiveerd en kan hij alle kracht van zijn Doener gebruiken om de resultaten bereiken. Door het contract is zijn Doener ook een pro-actieve Doener geworden, want hij weet nu op elk moment van de dag welke resultaten hij wil bereiken en wat hij wil gaan doen. Hij kan nu pro-actief werken aan zijn ontwikkeling.

Begeleiden van je partners pro-actieve Doener

Om succesvol leiding te geven aan je partners pro-actieve Doener maken wij gebruik van het **situationeel leiderschapsmodel** van Hersey en Blanchard. Dit model is zeer makkelijk en geeft ons de mogelijkheid om de juiste leiderschapsstijl te kiezen die je partner op dat moment nodig heeft. Hersey en Blanchard hebben namelijk ontdekt dat jij je partner kunt ontwikkelen door steeds minder sturing (taakgericht) gedrag te geven en steeds meer ondersteunend (relatiegericht) gedrag te geven. Onder ***sturing*** verstaan zij de mate waarin jij aangeeft wat, waar, wanneer en hoe iets gedaan moet worden. Sturing wordt daarom ook aangeduid als taakgericht gedrag. Met ***ondersteuning*** bedoelen zij de persoonlijke aandacht die jij je partner geeft en jullie onderlinge verhoudingen. Ondersteuning wordt daarom ook aangeduid als ***relatiegericht gedrag***.

Afhankelijk van het niveau van je partner geef jij je partners pro-actieve Doener veel of weinig sturing en veel of weinig ondersteuning. Daarom zijn er vier verschillende combinaties mogelijk die vier verschillende begeleidingsstijlen geven.
Deze vier stijlen zijn:

1 **instrueren** (veel sturing + weinig ondersteuning)
2 **overtuigen** (veel ondersteuning + veel sturing)
3 **overleggen** (veel ondersteuning + weinig sturing)
4 **delegeren** (weinig ondersteuning + weinig sturing)

Visueel ziet dit er als volgt uit:

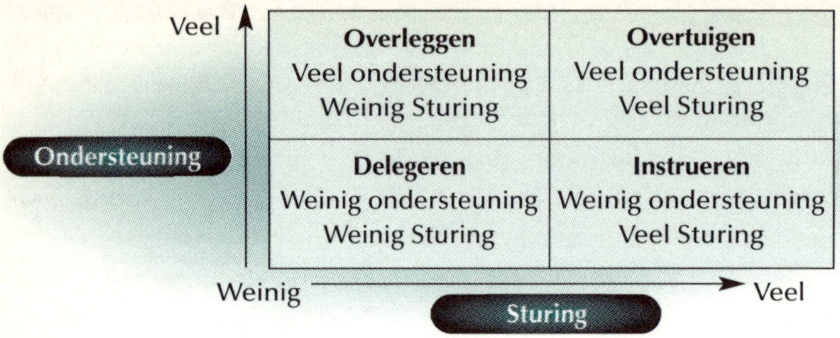

Instrueren

Deze stijl bevat veel sturing en weinig ondersteuning, en is geen coachen. Het accent van deze stijl ligt op instructie waarbij jij het functioneren van je partner nauwkeurig afbakent en hem instrueert over het wat, hoe, waar en wanneer van de uit te voeren taak. Je onderlinge relatie is afstandelijk en niet belangrijk voor het uitvoeren van de taken. Jij instrueert zijn pro-actieve Doener om hem een duidelijk afgebakende taak uit te laten voeren. Deze stijl wordt veel in het leger gebruikt omdat de soldaten dan duidelijke opdrachten krijgen die zij in grote groepen kunnen uitvoeren. De officieren hebben een afstandelijke relatie en bijna geen emotionele band met de soldaten waardoor zij hen relatief makkelijk een oorlog en mogelijk de dood in kunnen sturen.

Overtuigen

Deze basisstijl bevat veel sturing en veel ondersteuning, en is geen coachen. Deze stijl wordt zo aangeduid omdat een opdracht van jou onderbouwd wordt door jouw argumenten. Je geeft je partners pro-actieve Doener een opdracht die hij moet uitvoeren, en je geeft een aantal argumenten waarom hij die moet uitvoeren. Jij gebruikt daarbij díe argumenten waardoor je partner overtuigd is van jouw 'gelijk'. Bij deze stijl gebruik jij je positieve Denker om de argumenten te bedenken waarmee jij je partner kunt overtuigen van je gelijk.

Overleggen

Deze stijl bevat veel ondersteuning en minder sturing, en is wel coachen. **Jij, als coach, gaat nu in overleg met je partner om samen te beslissen wat de beste actie is.** Je beseft dat je ook niet alle antwoorden hebt en dat jullie samen meer weten dan jij alleen. Je stelt vragen, luistert goed naar je partner, geeft je eigen mening en samen gaan jullie op zoek naar een oplossing voor een probleem, of jullie nemen samen een beslissing. Daarbij zorg jij ervoor dat de bijeenkomsten goed en gezellig verlopen. Je motiveert je partner om deel te nemen aan het overleg en zijn ideeën in te brengen. Jij gebruikt je positieve Denker en je gelukkige Voeler om je partner succesvol te kunnen coachen.

Delegeren

Bij deze stijl geef jij nog maar heel weinig sturing en ook weinig ondersteuning, en deze stijl is wel coachen. Je partner is voor een groot gedeelte zelfsturend geworden en kan nu zelf de oplossingen bedenken. Hij kan zichzelf motiveren en stimuleren om de taken goed uit te voeren. Jij houdt je bewust op de achtergrond zodat je partner zelf de verantwoordelijkheid kan krijgen en de ruimte heeft om te werken zoals hij dat wil. Jij houdt wel 'de vinger aan de pols' om te kijken of alles goed gaat en je partner goed blijft werken. Jij gebruikt nu vooral je gelukkige Voeler om je partner te inspireren en te motiveren.

Ontwikkelingsniveau van je partner

Jij kunt, afhankelijk van het ontwikkelingsniveau van je partners pro-actieve Doener, als coach kiezen uit de hiervoor genoemde vier stijlen om je partner op de juiste manier te helpen ontwikkelen. Het ontwikkelingsniveau van je partner kan gedefinieerd worden als de mate waarin je partners pro-actieve Doener bekwaam is en gemotiveerd is. Hier zijn drie niveaus te onderscheiden, van laag naar middelmatig tot hoog. Bij het lage ontwikkelingsniveau is je partner niet vaardig en niet gemotiveerd. Bij het middelmatige ontwikkelingsniveau is je partner redelijk vaardig en redelijk gemotiveerd. Bij het hoge ontwikkelingsniveau is je partner goed in zijn werk en zeer gemotiveerd.
De ontwikkelingsniveaulijn ziet er als volgt uit:

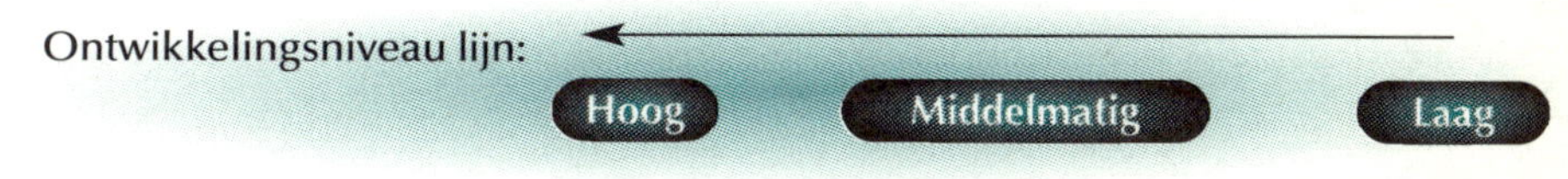

Je partner situatiegericht ontwikkelen betekent dat jij je leiderschapsstijl koppelt aan de vaardigheid die je partner wil ontwikkelen, zijn huidige ontwikkelingsniveau daarin en zijn motivatie. Heeft je partner een laag ontwikkelingsniveau en een lage vaardigheid voor een bepaalde activiteit, dan gebruik je de instructiestijl. Je coacht hem dan niet en je instrueert hem met regels, tips en instructies naar het realiseren van zijn doelen. Wordt je partner vaardiger, dan ga je hem uitleggen waarom hij deze activiteit zo moet doen en overtuig je hem maar coach je hem nog niet. Wordt hij nog vaardiger en is hij over de helft van de ontwikkelingsniveaulijn, dan ga je hem coachen met de overlegstijl. Jullie overleggen dan samen welke activiteiten hij gaat doen en welke resultaten hij wil realiseren. In deze stijl spreek je het resultatencontract met hem af. Is je partner zeer vaardig en hoog ontwikkeld, dan coach je hem met de delegeerstijl. Je directe controle op je partner is dan vrij gering en je partner krijgt veel vrijheid om zijn eigen zaken te regelen. Je houdt echter wel de eindcontrole. Bij 'delegeren' bespreken jullie samen welke activiteiten je partner wil gaan doen en spreken jullie het tijdstip af wanneer je partner die activiteiten heeft kunnen doen. Op het afgesproken tijdstip controleer jij of je partner de afgesproken activiteiten heeft gedaan en welke resultaten hij heeft bereikt.

Het ontwikkelingsniveau van je partner is de mate waarin je partners pro-actieve Doener bekwaam is en gemotiveerd is.

Het volledige situationeel leiderschapsmodel van Hersey en Blanchard ziet er als volgt uit:

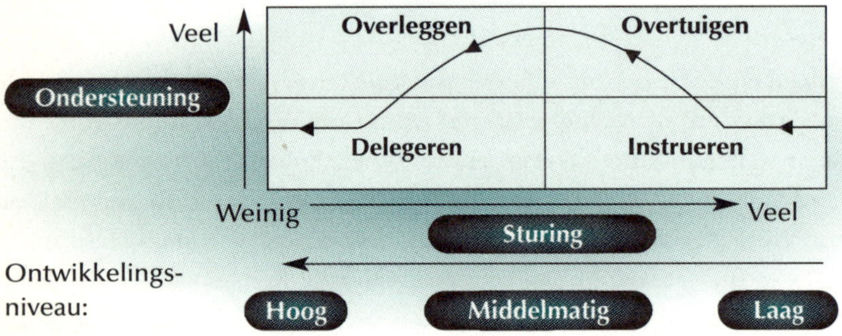

Onder het model is nu de lijn toegevoegd voor het ontwikkelingsniveau van de persoon. Deze loopt van laag naar middelmatig tot hoog. Verder zijn in het model twee pijlen aangegeven, aan de rechterkant schuin omhoog en aan de linkerkant schuin omlaag, die je helpen bij het kiezen van de juiste stijl. Deze twee pijlen gebruik je om te ontdekken welke leidinggevende stijl je het beste kunt gebruiken. Dat gaat als volgt. Je kiest een activiteit en kruist op de ontwikkelingsniveaulijn aan wat het ontwikkelingsniveau van je partner voor deze activiteit is. Laten we Jan als voorbeeld nemen. Jan scoort op 'initiatief nemen' een 3. Dan staat hij aan de rechterkant van de ontwikkelingsniveaulijn op een 3. Wanneer je dan een rechte lijn omhoog trekt en je de lijn van de pijl kruist, zie je welke stijl je moet toepassen om Jan zo goed mogelijk te ontwikkelen. Als je in de hierna volgende tekening kijkt waar ik de loodlijn heb getrokken, zie je dat daar 'instrueren' staat.

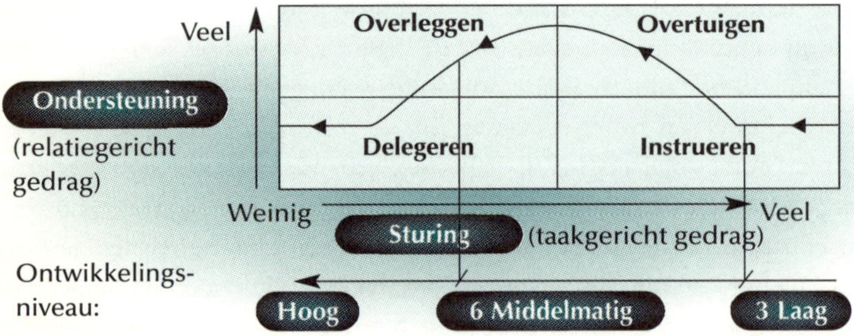

Jij geeft dan heel duidelijke instructies aan Jan zodat hij precies weet wat hij moet doen om meer initiatief te tonen. Bijvoorbeeld dat hij opkomt voor zijn eigen rechten en dat hij zijn grenzen goed bewaakt. En dat hij in de komende vergadering minstens één keer zijn mening moet geven over het besproken onderwerp.
Wanneer je partner zich door jouw instructies en zijn inzet blijft ontwikkelen, dan wordt zijn vaardigheid steeds beter voor die activiteit en kun je hem met behulp van de overtuigingsstijl verder ontwikkelen. Je geeft hem argumenten waarom hij zo moet werken en na verloop van tijd wordt hij steeds beter in deze activiteit en komt hij in het overleg-ontwikkelingsniveau terecht. Zijn ontwikkeling voor 'initiatief nemen' is dan van een 3 naar een 6 gegaan en dan ga je met hem overleggen hoe hij zich het beste kan ontwikkelen. Nu coach je hem door vooral veel vragen te stellen. Want hij heeft nu eigen ideeën en gedachten over hoe hij beste zijn 'initiatief' kan gebruiken. En die wil hij graag met je bespreken en overleggen.
Als zijn ontwikkelingsniveau voor deze vaardigheid nog groter wordt, dan ga je hem coachen door hem te delegeren. Dit doe je door hem met voorstellen te laten komen hoe hij zijn 'initiatief' kan verbeteren. Daar ga je dan mee akkoord of niet en jullie bekijken samen het eindresultaat. Jan doet nu bijna alles zelf en staat voor een zeer groot gedeelte op eigen benen. En wanneer hij zijn vaardigheid heeft ontwikkeld tot het afgesproken niveau van het resultatencontract, dan kunnen jullie elkaar feliciteren want dan heeft hij voor dit punt zijn contract gerealiseerd.

Wanneer jij je partners actieve Doener gaat ontwikkelen met behulp van dit model is het erg belangrijk om te weten wat zijn ontwikkelingsniveau is. Dit kom je vooral te weten door zijn levensgeschiedenis te kennen, zijn huidige organisatiepositie te kennen, zijn ontwikkelingscontract te kennen, zijn huidige gedrag te analyseren en hem kleine opdrachtjes te laten uitvoeren. Wanneer je al deze informatie samenbrengt, krijg je een goed beeld van zijn ontwikkelingsniveau en weet je welke begeleidingsstijl je het best kunt gebruiken om hem te motiveren en te inspireren. **Het meest effectief is om voor ieder resultaat uit zijn ontwikkelingscontract de stijl te kiezen die je wil gaan gebruiken.** Nog makkelijker is het om je partner zelf te vragen. Vraag hem vanuit welke stijl hij begeleid wil worden. In mijn trainingen stel ik de deelnemers ook altijd de vraag wat hun favoriete stijl is en met welke stijl zij het liefst werken en ontvangen. En altijd weer, een beetje tot mijn verbazing, kunnen zij feilloos aangeven welke stijl hun voorkeur heeft. Die stijl passen zij dan ook bijna altijd voor al hun medewerkers toe. Daar ontstaan ook vaak veel problemen door, omdat zij niet begrijpen waarom hun medewerkers niet allemaal op dezelfde manier aangestuurd willen worden. Nu zij dit model kennen, begrijpen zij dat iedere medewerker een ander ontwikkelingsniveau heeft en op een andere manier begeleid wil (moet) worden. En passen zij hun stijl aan de ontwikkeling van hun medewerker aan.

Vraag je partner vanuit welke stijl hij begeleid wil worden.

Het is belangrijk om je favoriete stijl te kennen, want anders gebruik je die voor alle mensen met wie je samenwerkt. **Voor het resultaatgericht ontwikkelen van de doelen van je partner is het veel belangrijker om te weten welke stijl het beste bij zijn ontwikkeling past.** Dit kan betekenen dat jij een andere stijl moet gaan gebruiken dan je favoriete stijl. En dit is weer een uitdaging voor jouw pro-actieve Doener, want die heeft een goede reden om zichzelf te gaan ontwikkelen in één van de andere drie stijlen.

Wanneer jij alle vier de begeleidingsstijlen goed kunt toepassen ben je zeer effectief en in staat om al je partners, medewerkers en klanten optimaal te begeleiden in hun ontwikkeling. Daardoor heb je voor hen heel veel toegevoegde waarde en ben je goed in staat om hen te begeleiden in hun ontwikkeling.

Motiveren van je partners pro-actieve Doener

De belangrijkste manier om je partners pro-actieve Doener te motiveren is door steeds minder taakgerichte informatie te geven en je partner steeds meer zelf te laten uitvinden. Je ontwikkelt hem dan door díe sturing en ondersteuning te geven die net boven zijn ontwikkelingsniveau ligt. Als je partners pro-actieve Doener bijvoorbeeld op het instructieniveau zit, dan kun je al beginnen hem argumenten te geven en te doen alsof hij op het overtuiging-ontwikkelingsniveau zit. Dan stimuleer je hem om zichzelf te ontwikkelen en communiceer je met hem vanuit een hoger niveau dan waar hij nu op staat. Je geeft hem extra veel motivatie en zelfvertrouwen door ervan uit te gaan dat hij dit niveau aan kan. Om hem te motiveren is het ook belangrijk dat je hem steeds voldoende aandacht blijft geven en een goede vertrouwensband met hem ontwikkelt. Je partner wil zich namelijk graag gesteund voelen in zijn ontwikkeling. Hij moet elke dag nieuwe activiteiten doen die hij moeilijk vindt en die ook zeker een paar keer mis zullen gaan, en dan kan hij je extra ondersteuning goed gebruiken. Tijdens zijn ontwikkeling om bijvoorbeeld 'initiatief' te ontwikkelen kan het best zijn dat hij ook niet direct beloond wordt voor zijn inspanning. Dan is het belangrijk om hem te belonen, hem op te vangen en te motiveren als het wat minder goed gaat.

De belangrijkste omslagpunten waar je je partner kunt verliezen, zijn wanneer je partner zich ontwikkelt en een andere stijl van leidinggeven wil; zoals van instrueren naar overtuigen of van overtuigen naar overleggen of van overleggen naar delegeren. Bij die omslagpunten moet jij zeer bewust een verandering in je eigen stijl aanbrengen om ervoor te zorgen dat je partner gemotiveerd blijft om zich te ontwikkelen. Wanneer jij een bepaalde stijl, zoals instructie, te lang blijft gebruiken terwijl je partner overtuigd wil worden, dan kun je snel een conflict met je partner krijgen. En dit werkt erg demotiverend. Hij wil dan meer informatie en kennis krijgen dan dat jij hem geeft. Op dat moment kan er veel spanning ontstaan die er zelfs voor kan zorgen dat jullie met grote ruzie uit elkaar gaan. In de wetenschappelijke wereld komt dit veel voor bij studenten en hun professoren. Als professoren te lang hun macht willen uitoefenen over de ontwikkeling van hun studenten, dan kunnen daar grote ruzies door ontstaan. De professor kan dan erg alleen komen te staan omdat geen enkele student nog met hem wil samenwerken. In de sport gebeurt het ook regelmatig dat sportcoaches een bepaalde stijl te lang blijft hanteren, zoals overtuigen, en de teamleden bijvoorbeeld veel meer in overleg willen bepalen welke trainingsopbouw zij gaan krijgen. Vaak is dan de enige oplossing dat de coach afscheid neemt van het team. Bij het opvoeden van kinderen kan dit ook voorkomen; daar kunnen conflicten ontstaan omdat ouders bijvoorbeeld hun kinderen veel langer instructies blijven geven dan nodig is. De kinderen hebben dan al lang een veel hoger ontwikkelingsniveau en willen zelf hun leven inrichten. De beste manier om je partners pro-actieve Doener te blijven motiveren is door hem uitdagingen te geven die hij net aankan, en daarbij de begeleidingsstijl te kiezen die daar het beste bij past.

De beste manier om je partners pro-actieve Doener te blijven motiveren is door hem uitdagingen te geven die hij net aankan, en daarbij de begeleidingsstijl te kiezen die daar het beste bij past.

10 tips voor het coachen van je partners pro-actieve Doener

1 Vraag naar zijn levensgeschiedenis.

2 Stel vragen en laat je partner praten.

3 Werk van binnen naar buiten.

4 Maak samen een resultatencontract.

5 Ga samen een activiteit doen.

6 Geef hem uitdagende opdrachten nét boven zijn niveau.

7 Kies je begeleidingsstijl (instrueren, overtuigen, overleggen en delegeren) op basis van zijn ontwikkelingsniveau.

8 Werk samen aan samenwerken.

9 Laat je partner presentaties geven.

10 Coach je partner door met hem te overleggen.

Bron: Inspirerend Leidinggeven, ing. Rogier Offerhaus, MBA

KRACHTBRON 8

Coachen van je partners positieve Denker

"De huidige situatie van een mens is het exacte spiegelbeeld van zijn overtuigingen. We zijn wat we denken."
B. Schäfer

Coachen van de mentale kracht van je partners positieve Denker

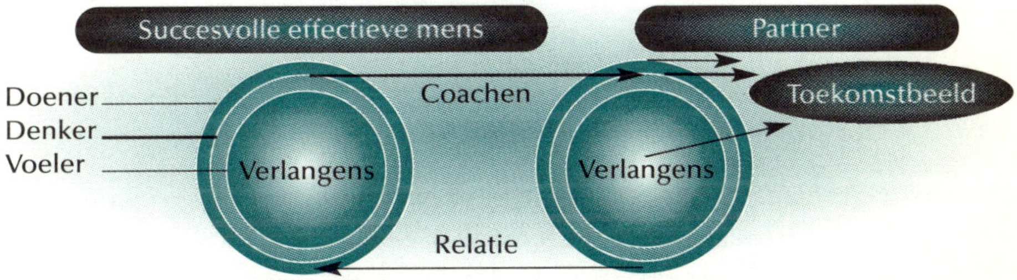

Wanneer je partner met zijn pro-actieve Doener niet in staat is om de resultaten te realiseren die jullie hebben afgesproken in het resultatencontract, dan is het verstandig om zijn positieve Denker te gaan coachen. Dan kun je samen ontdekken hoe het komt dat hij de afgesproken resultaten niet bereikt. Dit kan aan zijn zelfbeeld, aan zijn persoonlijke overtuigingen, aan zijn doelen, aan zijn strategie of aan het denkmodel van zijn positieve Denker liggen. Om dit ontdekkingsproces goed te laten verlopen is het belangrijk dat jij een goede relatie met hem hebt, en niet in de valkuil terechtkomt dat je een machtsstrijd met je partner krijgt. Een machtsstrijd kan bijvoorbeeld ontstaan omdat jullie alle twee denken dat jullie gelijk hebben en dan niet meer naar elkaar willen luisteren. Je partner op dit denkniveau begeleiden vraagt van jou de belangrijke vaardigheid dat jij jouw positieve Denker onder controle weet te houden tijdens het coachen van je partner. Als er een machtsstrijd en ruzie ontstaat, dan is dit meer de schuld van de coach dan van zijn partner. Je partner kan nog niet zo goed zijn positieve Denker bewust aansturen en heeft dus minder schuld als er een conflict ontstaat. Je belangrijkste taak als coach op dit niveau is ervoor te zorgen dat je partner op een rustige en veilige manier zijn positieve Denker kan gaan onderzoeken, zodat hij meer duidelijkheid krijgt over zijn positieve Denker en hij die beter leert gebruiken.

Regels voor succesvol samendenken

Om te voorkomen dat je in een machtsstrijd terechtkomt, is het goed om te weten hoe je optimaal kunt samendenken met je partner.
Joseph Kessels en Cora Smit hebben ontdekt dat er vijf fasen zijn om van kennismaken naar harmonieus werken te komen. Deze zijn:

1. Kennismaken
2. De strijd om de macht
3. Samenwerken.
4. De strijd om de intimiteit.
5. De harmonie.

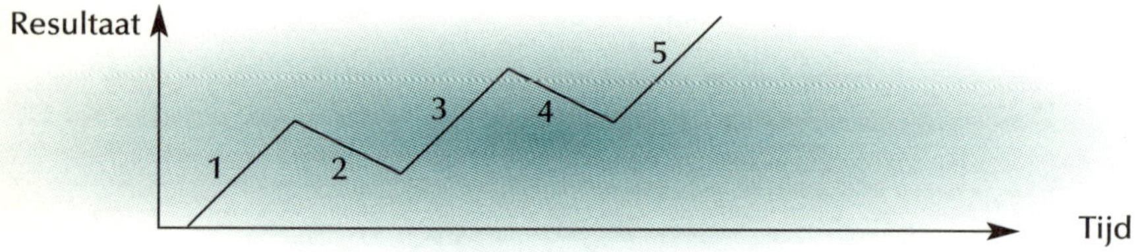

De eerste fase in het ontdekkingsproces is de kennismaking of oriëntatie. Jij, als coach, zult merken dat in deze fase je partner het achterste van zijn tong beslist niet zal laten zien, hoe uitdagend de discussiestelling ook mag zijn. Daarom heeft het niet veel zin om in het allereerste begin van een traject te vragen naar de problemen die men op de werksituatie ervaart. De antwoorden op deze vragen zullen voorzichtig en behoudend zijn. Vaak ontkent je partner in eerste instantie ook dat hij problemen heeft. Later in het traject komt er veel meer los. Jij kunt deze eerste fase gebruiken om je partner de gelegenheid te geven jou beter te leren kennen. Bijvoorbeeld door samen een kop koffie te drinken of over een onderwerp te praten dat jullie leuk vinden. Je kunt ook samen een klein opdrachtje doen zodat jullie elkaar beter leren kennen, of gaan golfen of zeilen.

Na deze fase volgt de volgende fase waarin jullie elkaar nog beter leren kennen. Dit is de **tweede fase** en daarin krijgen jullie een strijd om de macht. Nu wordt bepaald welke regels zullen gaan gelden en wie meestal het initiatief mag nemen. Jij zult direct merken wanneer je in deze fase bent aangeland. Er zullen herhaaldelijk kleine incidentjes plaatsvinden die bedoeld zijn om de rolverdeling en grensafbakening tussen jullie te provoceren. In deze fase is het belangrijk dat jij duidelijk bent over de regels die jij belangrijk vindt. Bijvoorbeeld met betrekking tot deelname aan de opdrachten, het uiten van opbouwende kritiek of feedback naar elkaar, het op tijd komen, waar gerookt mag worden, telefoneren, enzovoort.

Zijn jouw regels bekend en afgesproken, dan zal jullie energie onbeperkt op het leerproces gericht kunnen worden.Voor de meeste resultaten is **fase 3**, de samenwerking, dan ook het meest ideale klimaat. Je partner is nu geconcentreerd bezig met het realiseren van de afgesproken resultaten en het uitvoeren van de opgegeven opdrachten. Omdat fase 3 voor het bereiken van de meeste resultaten de meest ideale fase is, kun jij jullie relatie in deze fase houden. Dit doe je door emotionele uitingen, die een inleiding zijn op fase 4, de strijd om de intimiteit, niet toe te laten. Dit kun je het makkelijkst doen door te verwijzen naar het doel van de bijeenkomst. Het doel van de bijeenkomst is in deze fase om resultaten te realiseren en het afgesproken werk te doen, en niet op het persoonlijk evalueren van je partner of van jou.

Echter, jullie zullen doorgaan met het ontwikkelingsproces. Na enige tijd kunnen nieuwe vragen, problemen of conflicten ontstaan die op een meer persoonlijk vlak liggen. Die gaan dan over de wijze waarop jullie met elkaar omgaan. Elkaars loyaliteit en emotionele waarden zijn nu het onderwerp. Jullie zijn nu in **fase 4** aangekomen. Die wordt genoemd: de strijd om de intimiteit. De meeste coaches maken zich een beetje zorgen om deze fase omdat er plotseling heftige en persoonsgerichte kritiek door de partner geuit kan worden. Discussies kunnen ruzies worden en vaak krijgt de coach ook zijn portie. Deze fase vind ik zelf meestal juist vrij spannend en interessant omdat nu heel duidelijk te zien en te horen is wat mijn partner denkt en voelt. Als jij aan het begin duidelijke regels hebt afgesproken, hoef jij je over deze fase ook geen zorgen te maken. Dan komen jullie er samen altijd beter uit. Het is alleen wel belangrijk dat jij je eigen overtuigingen en gevoelens blijft uitspreken en deze niet je partner gaat opleggen. Want dan loop je in de valkuil dat je gaat vertellen hoe je partner zich in deze fase moet gedragen. Terwijl je partner juist de ruimte nodig heeft om zijn eigen waarden en gevoelens te ontdekken.

Blijf je eigen overtuigingen en gevoelens uitspreken en ga deze je partner niet opleggen.

Na deze fase kom je in de prettigste fase, **fase 5**. Daarin kun je in harmonie samenwerken. Door de strijd om de intimiteit heb je elkaars waarden en gevoeligheden leren kennen en nu kun je optimaal met elkaar samenwerken. Door alle stappen van het voorafgaande ontwikkelingsproces zijn jullie naar elkaar gegroeid en kan er echte vriendschap en affectie voor elkaar ontstaan. Voor bepaalde werkvormen, zoals zelf gestuurd leren, projectmatig leren, maar ook voor persoonlijke gerichte sociale vaardigheidstrainingen, netwerken en teambuildingsessies is het zeer zinvol om dit niveau te bereiken. Wil je op een dieper emotioneler niveau samenwerken met je partner, dan is deze fase het meest effectief.

Je kunt van dit ontwikkelingsproces slim gebruikmaken door voor jezelf de regels te bepalen waarmee jij met je partner wil samenwerken. Daardoor versnel je het voorafgaande proces en kom je sneller in fase 3 terecht. Je formuleert dan zelf je regels voor jullie toekomstige samenwerking en je vertelt die aan het begin van het coachingsproces aan je partner. Je partner kan die dan accepteren of veranderen. Meestal zal hij ze accepteren en je kunt ook nog vragen of hij regels wil toevoegen. Door dit te doen, coach jij je partner door fase 2, strijd om de macht, heen zonder dat hij dit door heeft. En dat is een groot voordeel, want dan is de kans veel kleiner dat jij nog een strijd om de macht krijgt met je partners positieve Denker. Jullie zitten dan samen gelijk in fase 3, samenwerken, en dat scheelt je veel tijd en energie. Hierna heb ik een aantal regels opgeschreven die je kunt gebruiken voor het bepalen van je eigen coachingsregels.

14 COACHINGSREGELS OM GOED SAMEN TE KUNNEN DENKEN

De volgende algemeen geldende regels kun je gebruiken om effectief met elkaar te gaan samendenken.

Iedereen heeft recht:
- op een gelijkwaardige behandeling, onafhankelijk van geslacht, leeftijd, geloof, ras of handicap
- om als capabel mens behandeld te worden
- 'nee' te zeggen zonder schuldgevoelens
- te zeggen wat hij denkt en voelt zonder zich daarvoor te hoeven verontschuldigen (tenzij hij de rechten van een ander overtreedt)
- van gedachten te veranderen
- te zeggen dat hij iets niet begrijpt
- om meer informatie te vragen
- fouten te maken (en daar zelf verantwoording voor te nemen)
- de tijd te nemen voor het nemen van een beslissing

- zelf prioriteiten te stellen en zelf beslissingen te nemen
- te vragen wat hij hebben wil (als hij maar onderkent dat anderen 'nee' kunnen zeggen)
- de verantwoordelijkheid voor andermans problemen van de hand te wijzen
- zijn eigen behoeften na te streven en alleen te zijn als hij dat wil
- te kiezen hoe hij zich wil gedragen/wil reageren in een bepaalde situatie, en dus het recht heeft om niet assertief te reageren.

Uit deze regels kun jij je eigen regels kiezen waarmee je wil gaan werken. Zelf gebruik ik nog een paar andere regels en daarbij geef ik altijd een korte uitleg. Deze kun je ook gebruiken. Deze regels zijn:

Regels voor trainingen en coachen

1 Storingen gaan voor.
2 Niets is gek.
3 Geen enkele vraag is gek.
4 Alle informatie is vertrouwelijk.
5 Jij bent verantwoordelijk voor je eigen leerproces.
6 Spreek feedback direct uit.
7 Werk aan de hand van voorbeelden die jij inbrengt.

Bij elke regel geef ik de volgende korte uitleg aan mijn partner:

Storingen gaan voor

Deze ***eerste regel*** betekent dat wanneer ik of mijn partner een persoonlijke storing heeft, omdat hij bijvoorbeeld naar de wc moet of zich aan iets ergert, ik hem uitnodig om dit direct uit te spreken. Dit is belangrijk omdat hij anders zijn concentratie niet bij het gespreksonderwerp kan houden en ik dit niet altijd door heb, want ik kan niet in hem kijken. Soms denken mensen dat ik in staat ben om in hen te kijken, omdat het mijn vak is om mensen te begrijpen, maar dat is niet zo. Ik ben ook maar een mens en ben niet in staat om alles te weten wat er in mijn partner gebeurt. Mijn partner heeft tijdens ons traject een eigen verantwoordelijkheid om ervoor te zorgen dat hij niet afgeleid wordt en volledig geconcentreerd aanwezig kan zijn.

Niets is gek

Met deze ***tweede regel*** wil ik zeggen dat alles bespreekbaar is en ik niets gek vind. Ik wil daarmee aangeven dat ik geen vooroordelen heb en dat ik opensta voor de mening en vragen van mijn partner. Tijdens het coachen laat ik mijn partner ook duidelijk weten dat ik zijn gedachten niet gek vind en ik bekritiseer die ook niet. De enige uitzondering die ik maak, is wanneer zijn overtuigingen extreem negatief zijn. In dat geval geef ik aan dat ik ze extreem negatief vind en ik vraag hem of hij zich daar bewust van is.

Geen enkele vraag is gek

Met de *derde regel* wil ik een mogelijke onzekerheid van mijn partner wegnemen dat hij denkt dat zijn vragen misschien dom, vreemd, gek of raar zijn. Veel mensen hebben van hun schooltijd meegekregen dat er alleen maar slimme vragen gesteld mogen worden en durven daarom geen vragen meer te stellen. Terwijl ik denk dat het stellen van vragen juist één van de belangrijkste versnellers is voor persoonlijke groei, effectiviteit, verandering en succes. Ik nodig hem, met deze regel, uit om elke vraag te stellen die in hem opkomt.

Alle informatie is vertrouwelijk

Met de *vierde regel* geef ik aan dat wij in vertrouwen met elkaar samenwerken en dat alle persoonlijke en professionele informatie vertrouwelijk is én blijft. Dit is voor mijn partner belangrijk om te weten omdat hij dan veel eerder bereid is om persoonlijke informatie in te brengen die anders voor mij verborgen blijft. Zonder deze persoonlijke informatie is het voor mij moeilijk en lastig om hem goed te kunnen coachen.

Jij bent verantwoordelijk voor je eigen leerproces

Met de *vijfde regel* bedoel ik dat mijn partner zelf verantwoordelijk is voor zijn leerproces. Deze regel is heel belangrijk omdat veel mensen denken dat als zij naar een coach gaan zij zelf niet meer hoeven na te denken. Zij denken dat de coach alle antwoorden geeft op hun vragen en dit kan voor de coach een behoorlijke valkuil zijn omdat zijn positieve Denker (en Superego) ook graag de antwoorden wil geven, en zo zijn eigen slimheid wil laten zien. Het grote nadeel is dat wanneer de coach de antwoorden geeft, je partner niet leert om zelf te denken en dus alleen maar afhankelijker van je wordt in plaats van zijn positieve Denker te ontwikkelen. En dan kan hij geen onafhankelijke positieve Denker worden. Een tweede belangrijke reden is dat mijn partner door deze regel zelf de verantwoordelijkheid blijft nemen voor zijn eigen leerproces. Dit maakt hem sneller slimmer en hij heeft de controle over zijn eigen leerproces. En dit is een extra motivatie om nog sneller te veranderen.

Spreek feedback direct uit

Met de *zesde regel* bedoel ik dat het voor beide partijen belangrijk is dat zij feedback op elkaar geven omdat beide partijen daar veel van kunnen leren. Mijn partner leert duidelijk en effectief te communiceren en aan de hand van zijn feedback weet ik hoe ver mijn partners positieve Denker in zijn ontwikkeling is. Ik geef hem mijn eerlijke feedback waardoor hij weet wat voor effect zijn acties en gedachten op mij hebben. Het is voor de relatie ook zeer belangrijk om direct de feedback uit te spreken, anders blijven er gedachten voor elkaar verborgen en dat kan later voor storingen zorgen. Hoe sneller feedback wordt uitgesproken, hoe beter.

Werk aan de hand van voorbeelden die jij inbrengt

Met de *zevende regel* nodig ik mijn partner uit om bij elke ontmoeting aan te geven over welke onderwerpen hij graag wil praten, welke onderwerpen hij wil gaan onderzoeken. Door deze regel bepaalt hij zelf de onderwerpen die we gaan bespreken en is hij extra gemotiveerd om zichzelf te onderzoeken. Als ik de onderwerpen zelf zou kiezen, dan wordt het begeleidingsproces erg voorspelbaar en wordt mijn partner eerder afhankelijker dan onafhankelijker van mij.
Nadat ik deze regels heb uitgelegd vraag ik aan mijn partner of hij nog regels wil toevoegen en akkoord kan gaan met deze regels. Wanneer hij geen andere regels wil toevoegen en duidelijk aangeeft akkoord te kunnen gaan met de regels, hebben wij een basis vanuit waar wij kunnen gaan samendenken. Als coach mag ik dan op basis van deze regels mijn partner aansturen en begeleiden. Dit geeft voor beide partijen veel duidelijkheid en rust.

Kies nu zelf vijf regels van alle hiervoor genoemde regels die jij wil gaan gebruiken om succesvol te gaan samendenken. Schrijf voor jezelf een korte uitleg per regel zodat je die regel makkelijk kunt uitleggen aan je partner.

Mijn vijf belangrijkste regels zijn:

1. ....
2. ....
3. ....
4. ....
5. ....

Ontdekken van je partners overtuigingen en zelfbeeld

Wanneer jij de regels met je partner hebt afgesproken kun je beginnen om samen de overtuigingen en het zelfbeeld van zijn positieve Denker te gaan onderzoeken. Je partners huidige overtuigingen vertellen je veel over het zelfbeeld van je partners positieve Denker. In een tekening ziet ons zelfbeeld met onze overtuigingen er als een tafel uit. Op het tafelblad staat ons zelfbeeld, dat gesteund wordt door onze overtuigingen. Zijn onze overtuigingen positief en hebben we daar veel vertrouwen in, dan staat onze tafel stevig en heeft onze tafel sterke stevige tafelpoten. Zijn onze overtuigingen negatief en hebben we daardoor weinig vertrouwen in onszelf, dan is onze tafel zwak. Onze tafel heeft dan zwakke, dunne poten. In een tekening ziet onze stevige tafel met vier positieve persoonlijke overtuigingen er als volgt uit:

Je partners huidige overtuigingen vertellen je veel over het zelfbeeld van je partners positieve Denker.

Door je partners positieve Denker positieve overtuigingen te laten gebruiken kan hij zijn ontwikkeling sterk positief beïnvloeden. Door negatieve overtuigingen te gebruiken kan hij zijn ontwikkeling sterk negatief beïnvloeden. Door zijn overtuigingen bewust te onderzoeken kan hij een onderscheid gaan maken tussen de verschillende overtuigingen die hij heeft en bewust beslissen welke overtuigingen hij wil gebruiken. En hij kan bewust beslissen van welke negatieve overtuigingen hij afscheid wil nemen. Het ontdekken van zijn overtuigingen is een proces dat je kunt vergelijken met het vinden van goud in een rivier. Er zit heel veel modder in een goudrivier en met je partner kun jij de belangrijke stukjes goud uit de rivier halen. Samen met je partner laat je zijn overtuigingen door de zeef gaan en laat je hem bewust kiezen welke overtuigingen hij wel of niet wil gebruiken. Dit goudzoekproces is voor je partners positieve Denker erg belangrijk omdat hij zich op deze manier bewust kan worden van alle overtuigingen die er in zijn positieve Denker zitten. Mensen verzamelen namelijk in de loop der jaren heel veel overtuigingen en weten op een gegeven moment niet precies meer wat ze allemaal weten. En op het moment dat zij niet precies weten wat zij weten, weten ze ook niet wat ze wél weten. En dat betekent dat zij niets weten en zelf geen duidelijke meningen of overtuigingen hebben.
Hun analytisch denkvermogen is vaak ook beperkt omdat ze niet goed weten hoe ze hun persoonlijke ervaringen het beste kunnen analyseren, en kunnen ontdekken welke kennis en overtuigingen belangrijk voor ze zijn en welke niet. Als coach van je partners positieve Denker kun je hem helpen bewust te worden wat zijn positieve Denker allemaal denkt. De makkelijkste manier voor je partner om te ontdekken

wat zijn positieve Denker allemaal denkt, is door hem zijn gedachten uit te laten spreken en zijn mening uit te laten spreken over de onderwerpen die hem interesseren. Dan kan hij naar zichzelf luisteren en begrijpen welke kennis en overtuigingen hij allemaal heeft. Dit onderzoek kun je ook doen door hem te vragen wat zijn overtuigingen over hemzelf en anderen zijn, wat hij goed aan zichzelf vindt en wat hij minder goed aan zichzelf vindt. In deze fase is de kunst om je partner zoveel mogelijk te laten praten en jou te laten uitleggen wat hij allemaal denkt. Dit doe je door actief te luisteren en open vragen te stellen. Door zijn levensverhaal gehoord te hebben heb je ook al een goed beeld van zijn positieve Denker gekregen. Dan hoor je direct de overtuigingen die hij over hij zichzelf heeft.
Wanneer jij je partners positieve Denker gaat analyseren is het zeer belangrijk dat jij dit doet vanuit de overtuiging: Ik ben Oké – Jij bent Oké. Want dan kun jij naar alle meningen, overtuigingen en oordelen van je partner luisteren zonder daarop te reageren. Jij vindt alles oké wat hij zegt omdat je belangrijkste doel is om te ontdekken wat er allemaal in zijn positieve Denker aan informatie en kennis zit, welke denkmodellen hij toepast en welke overtuigingen, normen en rechten hij allemaal in zijn positieve Denker verzameld heeft. Door zelf de overtuiging: Ik ben Oké – Jij bent Oké te gebruiken, blijf je openstaan voor je partners positieve Denker, hoe leuk, apart of vreemd je zijn overtuigingen, gedachten en meningen in eerste instantie ook mag vinden. Op het moment dat jij gaat denken dat je partners gedachten niet oké zijn, is de kans groot dat je partner dit zal merken aan je verbale en non-verbale gedrag. Met als resultaat dat hij niet meer bereid zal zijn om je te vertellen wat zijn positieve Denker denkt. Je partner zal door je oordeel onzeker worden en zijn gedachten niet meer durven vertellen. Daardoor kunnen hij en jij niet ontdekken wat zijn positieve Denker allemaal denkt, en stopt jullie coachingsrelatie op dit niveau. Als jij zijn gedachten echt niet oké vindt en dit ook niet voor hem verborgen wil houden, dan is de beste oplossing dat je hem doorverwijst naar een andere coach waarvan je denkt dat hij de gedachten van je partners positieve Denker wel oké kan vinden.

Als coach van je partners positieve Denker kun je hem helpen bewust te worden wat zijn positieve Denker allemaal denkt.

Positieve en beperkende overtuigingen

Zoals het voor jou belangrijk is om samen te denken vanuit de overtuiging: Ik ben Oké – Jij bent Oké is het ook belangrijk voor je partners positieve Denker om te denken vanuit de overtuiging: Ik ben Oké – Jij bent Oké. Er zijn namelijk nog andere beperkende overtuigingen die je partners positieve Denker kan gebruiken. Deze overtuigingen zijn door Thomas Harris ontdekt en in vier hoofdgroepen gezet. Deze zijn:

	Ik ben Oké	Ik ben niet Oké
Jij bent Oké	Ik ben Oké Jij bent Oké	Ik ben niet Oké Jij bent Oké
Jij bent niet Oké	Ik ben Oké Jij bent niet Oké	Ik ben niet Oké Jij bent niet Oké

Linksboven in zijn model staat de belangrijkste positieve overtuiging: **Ik ben Oké – Jij bent Oké**. Deze overtuiging geeft je partners positieve Denker een positief zelfbeeld over hemzelf en over anderen. Om succesvol samen te kunnen denken met je partner is deze overtuiging ook heel belangrijk. Beide partijen hebben dan vertrouwen in hun positieve Denker en vanuit deze positieve overtuiging kunnen ze open met elkaar in gesprek gaan over een bepaald onderwerp. Beide partijen vinden zichzelf ook gelijkwaardig aan de ander. De kenmerken van de relatie zijn: wederzijds respect, samenwerken op basis van gelijkheid, constructieve benadering van problemen en onenigheid, optimisme, (zelf)vertrouwen en elkaar niet kleineren.
Een voorbeeld van een gedachte die gebaseerd is op deze overtuiging is: 'Ik ben tevreden met mijn prestaties en ik vind mijn partner erg bekwaam'.

Linksonder in het model staat een minder positieve overtuiging voor je partners positieve Denker: **Ik ben Oké – Jij bent niet Oké**. Het is een wat arrogante benadering van je partner, de ik-persoon, naar zijn coach waarbij hij denkt slimmer of beter zijn dan zijn coach. Er zit ook een sterke competitiegedachte achter: win-verlies, waarbij de ene persoon beter is dan de andere. In het bedrijfsleven werken veel managers vanuit deze overtuiging en dit uit zich vaak in het gevecht om meer geld of macht te krijgen dan een andere manager. De kenmerken van deze overtuiging zijn: streberigheid, superioriteit, wedijveren zelfs ten koste van anderen, anderen graag kleineren, vijandigheid naar elkaar toe, zoeken naar andermans fouten en anderen tot een slachtoffer maken. Deze overtuiging heeft geen positieve kenmerken voor een goede samenwerking tussen positieve Denkers.
Een voorbeeld van een gedachte die gebaseerd is op deze overtuiging is: 'De baas was goed te spreken over mijn werk, maar over dat van jou niet'.

Rechtsboven in het model staat de overtuiging: **Ik ben niet Oké – Jij bent Oké**, die niet erg ondersteunend is voor de ik-persoon, je partner. De persoon die deze overtuiging heeft, vindt zichzelf minder dan de coach en stelt zich afhankelijk op. Helaas is het heel vaak zo dat mensen die naar een coach gaan, deze overtuiging over zichzelf hebben. Zij vinden zichzelf niet oké omdat zij zelf de antwoorden niet hebben kunnen vinden op hun vragen. Of ze zijn teleurgesteld over hun resultaten. Terwijl zij in mijn ogen juist heel erg oké zijn omdat ze de belangrijke en dappere stap hebben genomen om naar een coach te gaan. Nu kunnen ze weer verder groeien en

vanuit de overtuiging denken en leven: Ik ben Oké – Jij bent Oké. De kenmerken van deze overtuiging zijn: teruggetrokkenheid, machteloos zijn, eigen talenten en vaardigheden niet naar waarde schatten en weglopen voor problemen.
Een voorbeeld van een gedachte die op deze overtuiging gebaseerd is: 'Andere mensen doen hun werk veel beter dan ik'.

De laatste overtuiging uit het model die je partners positieve Denker kan hebben is: **Ik ben niet Oké – Jij bent niet Oké**. Dit is een erg negatieve en depressief makende overtuiging, die weinig kennis voor je partners positieve Denker zal creëren. Je partner vindt zichzelf niet oké en zijn coach ook niet. Mensen die deze overtuiging samen hebben, stellen zich daardoor beiden afhankelijk op van hun omgeving en durven geen nieuwe stappen meer te zetten. Daardoor wordt hun denkwereld steeds kleiner en beperkter. Totdat ze geen kant meer op durven en depressief op de bank blijven zitten. De kenmerken van deze negatieve overtuiging zijn: denken niks te kunnen, dat niets belangrijk is, dat er geen oplossingen zijn voor de problemen en dat zij zelf niet kunnen denken.
Een voorbeeld van een gedachte die gebaseerd is op deze overtuiging is: 'We hebben een puinhoop van dit project gemaakt. Het is verschrikkelijk'.

Om succesvol te zijn en goed samen te kunnen denken met je partner is het belangrijk dat je partner de positieve en ondersteunende overtuiging gebruikt: Ik ben Oké – Jij bent Oké. Door zijn andere overtuigingen te analyseren kun je ontdekken of zijn overtuigingen inderdaad voor hemzelf en anderen positief of negatief zijn.

Om succesvol te zijn en goed samen te kunnen denken met je partner is het belangrijk dat je partner de positieve en ondersteunende overtuiging gebruikt: Ik ben Oké – Jij bent Oké.

Als voorbeeld geef ik een aantal positieve ondersteunende overtuigingen die overeenkomen met de overtuiging Ik ben Oké – Jij bent Oké:

"Ik ben, omdat wij zijn."
Afrikaans spreekwoord

"Ik bewonder mijn gasten mateloos."
Martin Šimek

"Als hij voor jou werkt, werk jij voor hem."
Japans spreekwoord

"Geef leiding aan je relaties door een mentor voor de ander te zijn."
Dick Bartlett

"Weet wat je wil, ga ervoor en vraag hulp. Altijd vragen, want dan moet je eens opletten hoe vaak je krijgt wat je vraagt."
Cor Stutterheim

"Teamwerken is de essentie van het leven."
Pat Riley

"De kracht van Wij is veel sterker dan Ik."
Phil Jackson

Het proces om de overtuigingen van je partners positieve Denker te ontdekken kun je op verschillende manieren laten plaatsvinden. Je kunt dit in gesprekken doen waarbij jij je partner veel vragen stelt en luistert naar welke antwoorden hij daarop geeft. Daarbij is het meest effectief hem te vragen naar onderwerpen waarover hij graag nadenkt: zijn bedrijf, politiek, mensen, relaties, andere landen en culturen, auto's, voetbal? Dan kom je het snelst te weten waar zijn positieve Denker graag over wil praten en kun je goed horen welke gedachten, meningen en overtuigingen hij over deze onderwerpen heeft. Je kunt hem ook vragen zijn gedachten op papier te laten zetten zodat jij die kunt lezen en kunt kijken waar hij veel of weinig kennis over heeft.
Een andere zeer effectieve methode is om hem een oefening te laten doen waardoor zijn zelfbeeld en overtuigingen duidelijk worden. Een oefening die veel mensen erg leuk vinden om te doen, is dat jij je partner vraagt om terug te denken aan een ervaring of herinnering waarin hij een succesvolle leidende rol had. Dat kan in zijn werk, hobby of familie zijn. Bijvoorbeeld op de sportclub waar hij aanvoerder van het team was en het team een belangrijke wedstrijd won. Als hij een leuke ervaring heeft gevonden, dan vraag je hem om jou die ervaring te vertellen. Hij vertelt dan over de wedstrijd en dat hij het team heel erg had gemotiveerd om hun best te doen. Nadat hij jou zijn ervaring heeft verteld, ga je samen deze ervaring analyseren en vraag je hem welk zelfbeeld en welke overtuigingen hij over zichzelf en zijn teamgenoten had. Hij antwoordt dan bijvoorbeeld dat hij zich een goede aanvoerder vond, hij die dag geloofde dat zij van het andere team konden winnen, dat hij een slimme opstelling voor het team had gemaakt, dat hij zijn teamleden leuk en goed vond en dat hij zelf een goede voetballer is. Dit zijn allemaal overtuigingen over hemzelf en ze geven een goed beeld van zijn zelfbeeld op die dag. Hij vindt zichzelf een goede voetballer, een goede aanvoerder, zijn teamgenoten goede voetballers en hij had een slimme opstelling gemaakt. Je schrijft die overtuigingen voor jezelf op en je vraagt hem welke overtuigingen voor hem belangrijk zijn. Op basis van deze ervaring kan hij dan ont-

dekken dat 'vertrouwen krijgen van anderen' en 'geloof in zichzelf' voor hem belangrijke overtuigingen zijn. Dan heeft hij weer meer persoonlijke informatie over wat zijn positieve Denker denkt. En heeft hij weer twee belangrijke positieve overtuigingen gevonden.

Jij kunt dezelfde oefening doen door je partner te vragen een minder succesvolle ervaring in te brengen. Dan kun je hem vragen hoe het kwam dat deze ervaring minder succesvol was en vragen welke overtuigingen hij op basis van deze ervaring heeft bedacht. Als dit positieve overtuigingen zijn, zoals: 'Ik wil mij de volgende keer beter voorbereiden' of 'Nu is het niet gelukt, maar de volgende keer ga ik er weer voor', dan kun je daar akkoord mee gaan. Als dit echter negatieve overtuigingen zijn, zoals: 'Ik ga nooit meer presenteren' of 'Mijn medewerkers kunnen niks', dan kun je hem vragen om deze negatieve overtuigingen te herformuleren in positieve overtuigingen. De beste methode is om hem te vragen of hij afscheid wil nemen van deze overtuiging en, als hij daar akkoord mee gaat, hem een fysieke handeling te laten verrichten waardoor hij emotioneel ook afscheid kan nemen van deze overtuiging. Dit kan bijvoorbeeld zijn door de negatieve overtuiging op te schrijven op een papiertje en dat in brand te steken. Of door hem de negatieve overtuiging op het papier met een pen door te laten krassen totdat de overtuiging niet meer te lezen is. Dan is er ruimte voor een nieuwe overtuiging en die kunnen jullie dan samen formuleren. Zoals bijvoorbeeld voor de eerste negatieve overtuiging: 'Ik presenteer graag mijn ideeën aan andere mensen.' En voor bijvoorbeeld de tweede negatieve overtuiging: 'Ik wil mijn medewerkers beter begrijpen'.

Op deze manier kunnen jullie samen zijn succesvolle ervaringen en minder succesvolle ervaringen analyseren en erachter komen wat zijn zelfbeeld en zijn overtuigingen over zichzelf zijn. En hem coachen naar het gebruiken van een positief zelfbeeld met positieve ondersteunende overtuigingen, zodat hij zijn doelen succesvol kan gaan realiseren en met behulp van zijn mentale kracht en kwaliteiten gaan leven en werken.

In een tekening kunnen zijn zelfbeeld en zijn positieve overtuigingen er als volgt uitzien:

1 Ik presenteer graag mijn ideeën aan andere mensen.
2 Ik wil mijn medewerkers beter begrijpen.
3 Ik doe mijn best.
4 Ik vind mijn werk leuk.

Resultaatgerichte doelen gebruiken voor succes

Voor je partners positieve Denker is het heel belangrijk dat hij heldere en duidelijke doelen heeft waar hij zich op kan richten. Hij wil ook graag met resultaatgerichte doelen werken zodat hij dan precies weet waar hij aan toe is. Zonder een doel is zijn positieve Denker net zo hulpeloos als een wielrenner zonder fiets. Je rol van coach is om hem te vragen naar al zijn doelen en te luisteren hoe hij die geformuleerd heeft. Of hij zijn doelen uitdagend genoeg heeft geformuleerd en hem inspireren, zodat hij in actie komt om zijn doelen te realiseren. Tijdens dit proces is het wel heel belangrijk dat jij je partners positieve Denker zélf zijn doelen laat formuleren. Dat hij zelf antwoord geeft op vragen zoals: 'Wat wil ik vandaag heel graag bereiken?' 'Wat wil ik vandaag heel graag hebben?' 'Wat wil ik vandaag heel graag weten?' Wat jij wil, is namelijk een stuk minder belangrijk. Hij moet de verantwoordelijkheid nemen voor zijn doelen en dat kan hij alleen doen als hij ze zelf bepaalt. Het is ook erg goed voor zijn ontwikkelingsproces dat hij zelf leert om zijn doelen te kiezen en te realiseren.

Je partner zijn eigen doelen laten kiezen kan voor jou soms een beetje lastig zijn omdat je positieve Denker hem graag wil ondersteunen in het bepalen van zijn doelen. Dit is echter weer een valkuil voor jou als coach, omdat jij dan de doelen van je partner gaat invullen en je partners positieve Denker dan niet leert om zijn eigen doelen te bepalen en er ook geen verantwoordelijkheid voor neemt. Jij moet je discipline gebruiken om ervoor te zorgen dat jij niet de doelen van je partner gaat bepalen. Dan heeft je partners positieve Denker de motivatie en de overtuigingskracht om zijn persoonlijke doelen te gaan realiseren. Jouw taak is het om je partner te begeleiden in het zo duidelijk en uitdagend mogelijk formuleren van zijn persoonlijke doelen. Dit is een belangrijke taak omdat hoe duidelijker en uitdagender een doel geformuleerd is, hoe makkelijker het voor je partner zal zijn om het doel te realiseren. Je kunt het zien als een elastiekje dat door het doel naar voren wordt uitgetrokken en waar je partner naartoe getrokken wordt.

Zonder een doel is je partners positieve Denker net zo hulpeloos als een wielrenner zonder fiets.

Het duidelijk en uitdagend opschrijven van zijn doel doe je met de al eerder uitgelegde SMART-methode. De SMART-methode houdt in dat het doel Specifiek, Meetbaar, Attractief, Resultaatgericht en Tijdgebonden geformuleerd is. Zoals jij dit ook bij het resultatencontract hebt gedaan is het je taak om je partner te bege-

leiden om andere geselecteerde doelen volgens de SMART-methode op te schrijven. Door de SMART-methode te gebruiken weet je ook meteen of je partner echt gemotiveerd is om dit doel te bereiken. Je rol als coach is om zijn doelen te toetsen en niet dat je ze voor hem gaat bepalen of bedenken.
Wanneer je zijn doelen besproken hebt en volgens de SMART-methode hebt laten formuleren ga je samen kijken naar de strategie die je partner wil volgen voor het realiseren van zijn doelen.

Succesvolle strategie om resultaatgerichte doelen te realiseren

Om je partner zijn doelen succesvol te laten realiseren is het belangrijk dat hij de strategie kiest om zijn sterke kwaliteiten te gebruiken en niet de verkeerde strategie gebruikt om zijn zwakke kwaliteiten te bereiken. Helaas kiezen veel mensen de strategie om hun zwakke kwaliteiten te gebruiken om hun doelen te gebruiken. Zij denken dat dit de juiste strategie is omdat zij hun zwakke kwaliteiten dan ontwikkelen en zodoende als mens meer kunnen. Terwijl het tegendeel juist waar is. Het duurt veel langer voor je om je zwakke kwaliteiten te ontwikkelen en je doelen te bereiken dan wanneer jij je sterke kwaliteiten gebruikt. Het is ook veel minder leuk om je zwakke kwaliteiten te gebruiken want het duurt dan veel langer voordat je succesvol bent. *Als* je al succesvol wordt, want het kan best gebeuren dat je nooit succesvol wordt en je doelen nooit haalt, omdat je niet vanuit je persoonlijke kracht aan je doelen werkt maar vanuit je zwakte. De strategie om je zwakke kwaliteiten te gebruiken voor het realiseren van je doelen is een lastig, zwaar en frustrerend proces. En als je één ding van dit boek leert, wil ik je vragen om te onthouden dat jij je partner altijd richt op het gebruiken van zijn sterke kwaliteiten om zijn doelen en verlangens te realiseren. Dan is het ook leuk om aan je verlangens en doelen te werken. Want op het moment dat jij je gaat richten op het gebruiken van je sterke kwaliteiten gaat alles veel makkelijker. Succesvolle mensen gebruiken ook altijd hun sterke kwaliteiten om hun doelen te realiseren en huren andere mensen in die goed zijn in hun zwakke kwaliteiten. Op deze manier kunnen zij elk doel en resultaat bereiken waar zij naar verlangen. Neem een voorbeeld aan de heer Heineken die erg goed in marketing was (is) en daar al zijn aandacht op richtte. Alle andere activiteiten die met het produceren en distribueren van bier te maken had, liet hij aan andere mensen over die daar goed in waren. Hij nam alle belangrijke beslissingen op het gebied van de marketing voor Heineken en daardoor zijn hij en zijn bedrijf heel succesvol geworden.

Als je één ding van dit boek leert, wil ik je vragen om te onthouden dat jij je partner altijd richt op het gebruiken van zijn sterke kwaliteiten om zijn doelen en verlangens te realiseren.

Voor jou en voor iedere andere ondernemer, manager of leider die effectief wil zijn is het heel belangrijk om te weten waar hij goed in is en wat zijn sterke kwaliteiten zijn. Dan kan hij zich daar verder op ontwikkelen en met behulp van zijn persoonlijke kwaliteiten een succesvolle effectieve leider worden, en al zijn verlangens en doelen realiseren. Een succesvolle effectieve leider of ondernemer doet dan ook alleen de activiteiten waar hij goed in is; alle andere activiteiten laat hij door andere mensen doen.

Niet alleen succesvolle leiders en ondernemers richten zich op het ontwikkelen en gebruiken van hun sterke kwaliteiten maar ook bedrijven beginnen dat steeds meer te doen. Deze strategische aanpak is vooral gekomen door twee professoren, G. Hamel en C.K. Prahalad, die in 1994 het boek *Competing for the Future* hebben uitgegeven. Dit boek was het beste managementboek van dat jaar en kreeg heel veel belangstelling van bedrijven. In dit boek vertellen zij hoe belangrijk het is voor bedrijven om zich te richten op hun kerncompetenties (kwaliteiten) en daarin te investeren. Met behulp van veel voorbeelden laten zij zien dat succesvolle bedrijven veel tijd, geld en energie investeren in het gebruiken en ontwikkelen van hun specifieke sterke kwaliteiten. Dit geeft de bedrijven ook een concurrentievoordeel, dat door hun concurrenten niet te kopiëren is. Zoals het bedrijf Sony, dat de kwaliteit heeft om zeer kleine muziekapparaten te maken. Sony was daardoor de eerste met de walkman en daar heeft het heel veel succes mee gehad. Al hun producten zijn relatief klein en geen enkel bedrijf kan dit zo goed als zij. Door te focussen op deze specifieke sterke kwaliteiten is Sony heel groot en succesvol geworden. Deze strategie heeft veel mensen en bedrijven succes gebracht; vandaar dat wij ons gaan richten op onze sterke kwaliteiten om succesvol te zijn.

Een succesvolle effectieve leider of ondernemer doet alleen de activiteiten waar hij goed in is; alle andere activiteiten laat hij door andere mensen doen.

Deze successtrategie, sterke kwaliteiten gebruiken voor het realiseren van je doelen, kun je goed gebruiken tijdens het coachen voor je partner. De belangrijke eerste stap is dat je partner ontdekt wat zijn sterke kwaliteiten zijn. De tweede stap is met hem af te spreken dat hij alleen zijn sterke kwaliteiten bewust gaat gebruiken om zijn doelen, verlangens en resultaten te realiseren. Een goede mogelijkheid om je partner zijn goede kwaliteiten te laten ontdekken is door hem de volgende twee oefeningen te laten doen, die we ook gebruikt hebben om zijn overtuigingen en zelfbeeld bewust te worden.

1 Herinner je een ervaring waarin jij succesvol was en een leidende rol had. In je werk, hobby, familie of gemeenschap. Schrijf die kort op.

2 Wanneer jij een goed beeld, gevoel en omschrijving hebt van deze ervaring, vertel het je coach.
3 Na dit verteld te hebben, analyseer samen waardoor jouw leidende rol succesvol was.
4 Welke sterke kwaliteiten heb jij gebruikt?

•
•
•

Of je gebruikt deze oefening bij een ervaring die minder goed is verlopen.
1 Herinner je een ervaring waarin jij minder succesvol was en een leidende rol had. In je werk, hobby, familie of gemeenschap. Schrijf die kort op.

2 Wanneer jij een goed beeld, gevoel en omschrijving hebt van deze ervaring, vertel het je coach.
3 Na dit verteld te hebben, analyseer samen waardoor jouw leidende rol minder succesvol was.
4 Welke lessen heb je geleerd van deze minder succesvolle ervaring?

•
•
•

5 Welke kwaliteiten heb jij nodig om het de volgende keer beter te doen?

•
•
•

Door deze oefeningen te doen weet je partner wat zijn sterke kwaliteiten zijn en kan hij die bewust gebruiken om succesvol en effectief zijn doelen, verlangens en resultaten te realiseren. Jij kunt met hem afspreken voor welke doelen hij welke kwaliteiten gaat gebruiken en hem begeleiden om deze succesvol in te zetten.

Persoonlijk denkmodel voor je partners positieve Denker helpen ontwikkelen

Op het moment dat je partners positieve Denker een positief zelfbeeld met positieve overtuigingen heeft en zijn sterke kwaliteiten gebruikt om zijn doelen te realiseren kun je hem gaan coachen in het ontwikkelen van zijn persoonlijke denkmodel. Een persoonlijk denkmodel is een persoonlijke aanpak of filosofie over de wereld waarin je partner leeft. Een persoonlijk denkmodel zorgt ervoor dat je partners positieve Denker onafhankelijk zijn wereld kan begrijpen en kan besturen.
Iedere succesvolle leider of ondernemer heeft zijn eigen denkmodel, dat hij gebruikt om zijn leven en zijn organisatie te besturen. Minister-president Kok heeft bijvoorbeeld het denkmodel: 'poldermodel'. Hij gelooft in en werkt met dit overlegmodel om Nederland te besturen. Hij gebruikt alle voordelen van dit model en heeft zich in de loop van de tijd dit model helemaal eigen gemaakt. Dit denkmodel past ook goed bij zijn persoonlijkheid van effectief overlegger en bestuurder. In de autobiografische boeken van succesvolle mensen vind je ook altijd hun denkmodel, dat zij hebben toegepast om effectief en succesvol te worden. Een duidelijk voorbeeld daarvan is het boek van Alfred P. Sloan, Jr, *My years with General Motors*. Sloan was jarenlang president-directeur van het autobedrijf General Motors en in dit boek beschrijft hij zijn strategisch denkmodel en hoe hij dit zeer grote bedrijf had georganiseerd. Een ander mooi voorbeeld van een zeer succesvol denkmodel is het model van de zeer bekende marketingprofessor Kottler. Hij heeft het denkmodel voor marketing bedacht met de 4 P's. De 4 P's staan voor Product, Plaats, Prijs en Promotie. In de strategiewereld is het denkmodel van de Amerikaanse professor Porter van de Harvard Universiteit heel erg belangrijk. Hij heeft het '5 krachten strategiemodel' ontwikkeld, waarmee ieder bedrijf zijn strategische positie in de markt kan analyseren. En in de natuurkundewereld wordt veel gebruikgemaakt van het denkmodel van Newton, die op basis daarvan de wet $F = M \times A$ ontwikkelde. Een ander voorbeeld van een zeer succesvol denkmodel van een ondernemer is het denkmodel van Richard Branson. Hij heeft het bedrijf Virgin opgericht en zijn denkmodel is om producten en diensten te leveren die een betere kwaliteit en

een lagere prijs hebben, waardoor zij in korte tijd een groot marktaandeel kon veroveren. Een andere zeer succesvolle ondernemer, Bill Gates, heeft het denkmodel bedacht: één standaard besturingssysteem voor alle computers, Microsoft Windows.

Voor je partners positieve Denker is het belangrijk om een eigen denkmodel te hebben, want dan kan hij zelf richting geven aan zijn persoonlijke, professionele, en team- en organisatieresultaten. Als hij geen denkmodel heeft, dan heeft hij veel minder sturing op zijn eigen resultaten en kan hij veel moeilijker zijn persoonlijke en professionele wereld besturen. Vanwege de huidige kenniseconomie is het ook belangrijk en waardevol voor je partner om te weten welk denkmodel hij wil gaan gebruiken om zijn kennis verder te ontwikkelen. Een persoonlijk denkmodel geeft je partners positieve Denker ook een goede onderhandelingspositie om een interessante kennisbaan te krijgen. Met zijn denkmodel kan hij dan gelijk toegevoegde waarde leveren.
Voor je partners positieve Denker is het dus om verschillende redenen belangrijk om een eigen denkmodel te ontwikkelen. Alleen, dat gaat niet van vandaag op morgen. Een persoonlijk uitgekristalliseerd denkmodel ontwikkelen kan een paar maanden tot een paar jaar gaan duren. En jij kunt hem bij het maken van de eerste belangrijke stappen erg helpen. Je kunt hem helpen door samen te ontdekken waar je partner veel kennis over heeft en welke denkmodellen hij nu gebruikt, zodat hij bewust kan gaan kiezen welk denkmodel hij wil gaan gebruiken en welk niet. Het ontwikkelen van zijn persoonlijke denkmodel kun je weer zien als het zoeken naar goudklompjes in de rivier, waarbij je nu van deze goudklompjes een mooi sieraad gaat maken; een persoonlijk sieraad dat bij je partner past en hem altijd kracht en vertrouwen geeft.

Voor je partners positieve Denker is het belangrijk om een eigen denkmodel te hebben, want dan kan hij zelf richting geven aan zijn persoonlijke, professionele, en team- en organisatieresultaten.

Om je uit te leggen hoe je het beste zijn denkmodellen kunt ontwikkelen maak ik gebruik van het denkmodel van twee Japanse professoren: de heren Nonaka en Takeuchi. De belangrijkste ontdekking die zij gedaan hebben is dat er impliciete kennis en expliciete kennis is. Met ***impliciete kennis*** bedoelen zij de persoonlijke, subjectieve kennis die een mens ontwikkeld heeft door alle ervaringen die hij heeft opgedaan in het leven. Met ***expliciete kennis*** bedoelen zij de onafhankelijke, objectieve kennis die beschreven staat in boeken, zoals wiskundige wetten, theorieën en modellen. Dit zijn, volgens hen, de twee soorten kennis die er bestaan.
Een praktisch voorbeeld om deze twee soorten kennis makkelijk uit te leggen is de kennis die je over je televisie hebt. Je hebt zelf kennis om je televisie te gebruiken en je kunt kennis over het gebruik van de televisie vinden in het informatieboek-

je dat je van de fabrikant hebt gekregen. Je eigen kennis over de televisie is de persoonlijke, impliciete kennis. De kennis die in het informatieboekje staat is de onafhankelijke, expliciete kennis.
Hun model ziet er in een tekening als volgt uit:

	IMPLICIETE KENNIS	EXPLICIETE KENNIS
Impliciete kennis	Socialization	Externalization
Expliciete kennis	Internalization	Combination

In dit model kun je zien dat het op vier verschillende manieren mogelijk is om een denkmodel te ontwikkelen.

De eerste manier is 'socialization'. ***Socialization*** is een proces waarin beide partijen een gezamenlijke ervaring hebben en zij alle twee impliciete kennis opdoen. Je kunt dus bijvoorbeeld met je partner een huis gaan bouwen waardoor hij leert met welk denkmodel jij een mooi huis bouwt. In een meester-leerling relatie worden vaak op deze manier kennis en een persoonlijk denkmodel ontwikkeld.

De tweede manier om een denkmodel en kennis te ontwikkelen is ***externalization***. Dat houdt in, dat de impliciete kennis in een makkelijk te begrijpen theoretisch denkmodel wordt verduidelijkt. Een voorbeeld hiervan is het denkmodel: Ik ben Oké – Jij bent Oké, waarmee Amy en Thomas Harris hun impliciete kennis over het positieve ontwikkelen van jezelf en de ander doorgeven.

De derde manier om kennis te ontwikkelen is ***combination***. Daarbij wordt expliciete kennis van beide personen samengebracht. Dan kun je bijvoorbeeld denken aan het uitwisselen van kennis door brieven of documenten naar elkaar te sturen. Via internet sturen we nu heel veel kennis op deze manier.

De vierde manier om een denkmodel te ontwikkelen is door ***internalization***. Dit houdt in, dat je een expliciet (theoretisch) denkmodel omzet naar een impliciet (toegepast) denkmodel. Dit betekent dat je een bestaand denkmodel zelf gaat toepassen zodat jij het je eigen kunt maken. Dit gebeurt vooral door het denkmodel te gebruiken en te leren hoe je dit denkmodel het beste kunt gebruiken.
Een voorbeeld hiervan is dat je een nieuw eetgerecht maakt en je dat de eerste keer met behulp van een recept uit het kookboek maakt. Als je dit gerecht vijf keer hebt gemaakt weet je waarschijnlijk hoe je het moet maken en heb je geen recept meer nodig. Dan weet je het en kun je het. Het benodigde kook-denkmodel heb jij je dan eigen gemaakt of geïnternaliseerd.

Het ontwikkelen van je partners positieve Denker-denkmodel is vooral een proces van 'externalization'. De eerste stap is dat hij zich bewust wordt van zijn huidige innerlijke impliciete denkmodel. De volgende stap is dat hij daar een persoonlijk denkmodel van maakt dat hij makkelijk aan anderen kan vertellen. Voor het bewustmaken van je partners positieve Denker denkmodel maak je gebruik van de 'externalization'-methode. Deze methode houdt in dat je met elkaar in gesprek bent en al sprekend kennis met elkaar uitwisselt. Om dit bewustwordingsproces goed te laten verlopen is het belangrijk dat jij je partner het onderwerp en het denkmodel laat kiezen waarover jullie gaan praten. Dan weet jij zeker dat hij geïnteresseerd is om over dit onderwerp te praten en impliciete kennis over dit onderwerp heeft.
Wanneer je partner bijvoorbeeld als onderwerp 'Persoonlijke Ontwikkeling' inbrengt, dan weet je dat hij daarover wil praten, er vragen over heeft en er kennis over wil verzamelen. Hij is dan op zoek naar een denkmodel dat hij kan gebruiken om zichzelf te ontwikkelen. Je vraagt dan aan hem of hij al een persoonlijk denkmodel voor persoonlijke ontwikkeling heeft. Als hij een denkmodel heeft, dan vraag je hem om je dit te vertellen en uit te leggen hoe hij dit gebruikt. Als hij dat gedaan heeft en jij zijn denkmodel voor Persoonlijke Ontwikkeling makkelijk begrijpt, dan hoeft hij niets te doen. Dan is het belangrijkste dat hij zijn denkmodel vertrouwt en ermee gaat werken. En daar kun jij hem in begeleiden door hem oefeningen of activiteiten te laten doen die zijn zelfvertrouwen en zijn denkmodel groter maken.
De kans is ook aanwezig dat hij geen denkmodel heeft en ook geen bestaand denkmodel weet. Dan kun je hem een aantal bestaande denkmodellen voorleggen waaruit hij kan kiezen.
Het is wel belangrijk dat wanneer je partners positieve Denker een bepaald denkmodel heeft gekozen hij daar een behoorlijke tijd, een paar maanden tot een paar jaar, serieus mee bezig kan zijn. Ook als het voor hem wat moeilijker wordt om het denkmodel toe te passen is het belangrijk dat hij er tóch mee doorgaat. Wanneer hij namelijk te snel op een ander denkmodel overstapt, begint hij weer van voren af aan, en gaat de tijd en energie die hij steekt in het begrijpen en effectief toepassen van het denkmodel verloren. Hij kan beter het gekozen denkmodel even niet begrijpen en vervelend vinden en er toch mee doorgaan, dan van denkmodel naar denkmodel over te springen. Dan verbindt hij zich namelijk met geen enkel denkmodel en wordt het moeilijker om zijn eigen denkmodel te ontwikkelen. Want dan kent en begrijpt hij geen ander denkmodel om mee te beginnen en dat is altijd moeilijker. Het is verstandig om je partner uit bestaande denkmodellen te laten kiezen, want dan hoeft hij het wiel niet nog een keer uit vinden. Het scheelt hem veel tijd en energie om als begin van zijn eigen denkmodel een ander succesvol denkmodel te gebruiken.
Je kunt hem bijvoorbeeld voor het onderwerp Persoonlijke Ontwikkeling de volgende denkmodellen voorleggen:

– van Stephen Covey met de 7 eigenschappen van effectieve mensen
– het TA-denkmodel van Thomas Harris met: Ik ben Oké – Jij bent Oké
– het denkmodel De Creatiespiraal van Marinus Knoope
– het NLP-denkmodel over onze vijf zintuigen.

Dan kun je over elk denkmodel een korte uitleg geven en dan kan hij zeggen welk denkmodel hem het meest aanspreekt. Als hij voor een denkmodel heeft gekozen, bijvoorbeeld 'de 7 eigenschappen van effectieve mensen' van Stephen Covey, dan coach je hem om succesvol met dit denkmodel te gaan werken. Dan gebruik je de Internalization-methode om zijn denkmodel te ontwikkelen.

Nadat je partners positieve Denker een succesvol bestaand denkmodel heeft uitgekozen is het belangrijk dat hij dit denkmodel effectief en succesvol kan gebruiken voor het realiseren van zijn doelen, zoals in het voorafgaande voorbeeld voor zijn Persoonlijke Ontwikkeling. Jij kunt hem daarin begeleiden en dat doe je door met hem over het denkmodel te praten en vooral door hem het denkmodel te laten toepassen. Als hij het denkmodel van Stephen Covey heeft uitgekozen, dan betekent dit dat hij de eerste stap: 'Wees pro-actief', in zijn huidige leven gaat toepassen. Met het gebruiken van deze eerste eigenschap doet hij dan verschillende ervaringen op. Die ervaringen kunnen jullie dan samen weer bespreken. Hij gebruikt dan net zolang deze eerste eigenschap totdat hij deze heel makkelijk kan gebruiken. Dan gaat hij de tweede eigenschap gebruiken en zijn ervaringen kunnen jullie dan gaan bespreken. En zo werkt hij alle zeven eigenschappen af, totdat hij dit denkmodel perfect kan gebruiken.

Jij bent gedurende dit proces, het toepassen van een ander zijn denkmodel, belangrijk voor je partner omdat jij ervoor kunt zorgen dat hij gemotiveerd en enthousiast blijft. Jij kunt ervoor zorgen dat hij begrijpt wat hij aan het doen is en dat aan het einde van dit denkmodel een groot cadeau op hem ligt te wachten. Dan kan hij namelijk zijn eigen denkmodel ontwikkelen. Op basis van zijn ervaringen met het toegepaste denkmodel kan hij een geheel nieuw denkmodel bedenken of een unieke toevoeging aan het huidige model maken. Daar kun jij hem dan bij coachen door hem te vragen welk denkmodel hij nu het liefste wil gaan toepassen. In het voorafgaande voorbeeld zou je partner dan zijn eigen denkmodel ontwikkelen voor Persoonlijke Ontwikkeling. Op het moment dat hij zijn eigen denkmodel heeft ontwikkeld is hij onafhankelijk en kan hij zijn eigen wereld begrijpen en effectief en succesvol besturen. Jij merkt dit omdat hij over dit onderwerp geen vragen meer heeft en vanuit zijn denkmodel zelf de antwoorden op zijn vragen kan vinden. En dit is zijn grote cadeau, want hij kan nu 100% vertrouwen hebben in het denkmodel van zijn positieve Denker. Hij kan nu zijn eigen beslissing nemen en volledig op zijn positieve Denker vertrouwen.

Jij bent belangrijk voor je partner omdat jij ervoor kunt zorgen dat hij gemotiveerd en enthousiast blijft.

Motiveren van je partners positieve Denker

De beste motivatie voor een positieve Denker is dat hij zelf mag nadenken en zelf oplossingen mag bedenken over de afgesproken onderwerpen. Geef je partners positieve Denker de ruimte en laat hem zijn kennis etaleren. Dan is hij gemotiveerd en wil hij nog meer gaan nadenken. Je motiveert hem nog meer door je partners positieve Denker Superego-aandacht te geven. Want zoals ieder mens wil je partners positieve Denker graag erkend en beloond worden voor zijn inzet. Je kunt hem motiveren door hem elke keer dat hij een doel of resultaat heeft gerealiseerd, een beloning te geven. Je kunt hem belonen door hem status te geven, hem nummer 1 te maken van een ranglijst of door hem geld of materiële zaken te geven. De hoogte van de financiële of materiële beloning is daarbij erg belangrijk omdat dit voor hem een belangrijke graadmeter is. Hoe hoger het bedrag, hoe hoger hij de beloning zal vinden. Het krijgen van geld of status kan hem heel blij maken en wanneer jij je partners positieve Denker wil belonen, scoren materiële of financiële cadeaus dus erg goed. Een andere manier waarop jij hem kunt belonen is door hem in de aanwezigheid van andere mensen te belonen en hem in het middelpunt van de aandacht te zetten. Als jij je partner tijdens een bijeenkomst met andere mensen uitgebreid feliciteert met zijn resultaten, dan motiveert hem dit zeer. Zijn positieve Denker vindt dit erg leuk, want hij wordt in een groep graag erkend voor zijn prestaties. Dat vindt zijn Superego heerlijk. Boven aan een ranglijst staan en nummer 1 zijn van een grote groep mensen motiveert hem, zoals gezegd, ook sterk. Zoals de beloning krijgen dat hij beste verkoper van het jaar is. Je kunt ook weddenschappen met hem afsluiten. Weddenschappen winnen vindt hij erg leuk en je kunt hem motiveren door weddenschappen met hem af te sluiten waar hij de grootste kans heeft om te winnen. Dan motiveer jij zijn positieve Denker en is hij gemotiveerd om de afgesproken resultaten snel te realiseren. De heer Storm, voorzitter van de raad van bestuur van Aegon, maakt hier succesvol gebruik van.

10 tips voor het coachen van je partners positieve Denker

1 Voorkom een machtsstrijd door regels af te spreken.

2 Laat hem zelf zijn positieve Denker ontdekken.

3 Stel uitdagende vragen.

4 Coach vanuit de overtuiging: Ik ben Oké – Jij bent Oké.

5 Ontwikkel zijn positieve zelfbeeld door positieve overtuigingen.

6 Spreek positieve, uitdagende doelen met je partner af.

7 Laat je partner zijn eigen positieve denkmodel ontwikkelen.

8 Mediteer samen.

9 Geef hem een inspirerend boek per week te lezen.

10 Discussieer en filosofeer met hem over onderwerpen die hij interessant vindt.

Bron: Inspirerend Leidinggeven, ing. Rogier Offerhaus, MBA

KRACHTBRON 9

Coachen van je partners gelukkige Voeler

"Mensen raken gemotiveerd door liefde. Liefde is de kracht die onze ziel verlicht en teams bij elkaar brengt."
Phil Jackson

Coachen van de emotionele kracht van je partners gelukkige Voeler

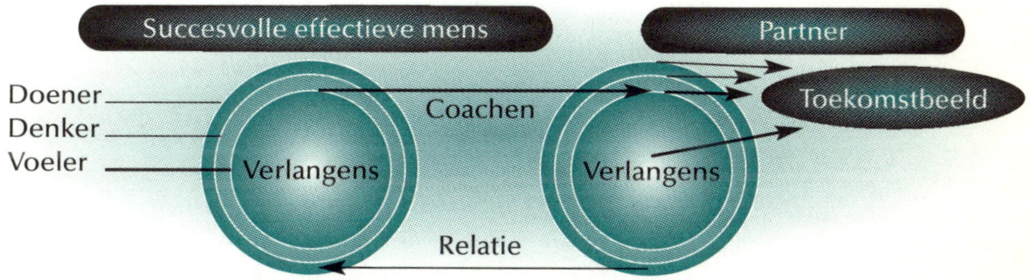

De emotionele kracht van je partners gelukkige Voeler mogen gaan coachen is een grote uitdaging en een compliment. Het is een uitdaging omdat je nu bij de kern van je partner komt en je hem mag begeleiden in het succesvol gebruiken van zijn emotionele kracht. En het is een compliment omdat dit betekent dat je partner vindt dat jij hem op de vorige twee niveaus, pro-actieve Doener en positieve Denker, goed hebt begeleid. Hij heeft daardoor het vertrouwen gekregen dat jij hem ook op dit niveau goed kunt begeleiden en ondersteunen in zijn ontwikkeling. Gefeliciteerd!

Om op het niveau van je partners gelukkige Voeler te mogen werken geeft je ook de gelegenheid om op het diepste niveau van je partner te werken. Op dit diepste niveau van de mens kun je door kleine veranderingen grotere veranderingen laten plaatsvinden in je partners pro-actieve Doener en positieve Denker. Het is daarom zowel uitdagend als spannend om je partner op dit niveau te mogen coachen. Het grote voordeel om op het emotionele niveau met elkaar samen te werken, is dat de vragen en problemen van je partner hier, met de juiste begeleiding, heel snel opgelost kunnen worden. En wanneer je hier een vraag of probleem oplost, geeft dit direct een positieve verandering aan je partners positieve Denker en pro-actieve Doener.

De bekende psycholoog Jung heeft eens gezegd dat je een probleem niet kunt oplossen op hetzelfde niveau waar het ontstaan is. De oplossing moet je op een ander niveau zoeken. Een probleem op je partners doen- en denkniveau kun je dus op dit emotionele niveau oplossen. En dat geeft heel veel bevrediging. Je kunt ook heel snel werken omdat emoties heel krachtig zijn en heel duidelijke signalen aan je partner geven of hij op het juiste pad zit. In essentie weet je partner tijdens het ontwikkelen van zijn gelukkige Voeler dat hij op het juiste pad zit wanneer hij zich steeds gelukkiger gaat voelen, en niet op het juiste pad zit als hij steeds meer pijn voelt. Hij kan zichzelf dus heel makkelijk sturen naar het ontwikkelingspad waar hij zich gelukkig voelt en geen pijn meer ervaart. Dit is ook het doel van de coach op dit emotionele niveau; zijn partner maximaal gelukkig te laten zijn. Vandaar dat het ook zo mooi is om op dit niveau je partner te mogen coachen omdat je hem steeds minder pijn ziet hebben en steeds gelukkiger ziet worden. Daarbij is je uiteindelijke doel dat hij weet hoe hij zichzelf gelukkig kan maken en zo altijd in staat is om gelukkig te zijn. Op het moment dat hij de aanpak heeft ontwikkeld waarmee hij zichzelf gelukkig kan maken is je rol als coach geslaagd en kunnen jullie afscheid nemen van elkaar.

In essentie weet je partner tijdens het ontwikkelen van zijn gelukkige Voeler dat hij op het juiste pad zit wanneer hij zich steeds gelukkiger gaat voelen.

Dit hoofdstuk gaat over hoe jij je partner naar dit constante gelukniveau kunt coachen. De relatie die je het beste met je partners gelukkige Voeler kunt ontwikkelen, om op dit emotionele niveau succesvol samen te werken, is een vriendschapsrelatie. Deze relatie is te vergelijken met de relatie die je met een goede vriend of vriendin hebt. In die relatie voel jij je op je gemak en vertel je direct hoe het emotioneel met je gaat. Je hoeft geen toneel te spelen en je hoeft je ook niet beter of slechter voor te doen dan je je voelt. Jij mag en kunt jezelf zijn, waardoor je communicatie spontaner, opener, eerlijker en effectiever is. Wanneer je deze openheid en eerlijkheid in je relatie met je partner kunt ontwikkelen, dan kun je hem heel snel en effectief coachen naar zijn emoties. En hoe sneller jij hem naar zijn emoties kunt brengen, hoe sneller hij kan gaan werken aan zijn emotionele ontwikkeling. Emotioneel coachen houdt dus in dat je vanuit je eigen emoties contact maakt met je partner en je geen afstandelijke, spiegelende coach meer kunt zijn. Dit is ook het grote verschil tussen het coachen van je partners pro-actieve Doener, positieve Denker en gelukkige Voeler. Bij de eerste twee kun jij je partner redelijk effectief coachen door een spiegelende vragende coach te zijn, maar als jij je partner emotioneel wil coachen, dan moet je op het emotionele niveau contact met hem maken. Je contact met je partner gaat nu dieper en veel van zijn emoties zul jij ook kunnen ervaren. Niet met dezelfde intensiteit maar als je partner zich gelukkig of kwaad voelt, zul jij die emoties ook ervaren. En dat maakt dit coachingsproces ook zo leuk omdat je direct ervaart wat je partner zegt, en je hem direct kunt begeleiden in het succesvol omgaan met zijn emoties. Zodat hij ze als een extra kracht kan gebruiken en niet als extra belemmering ervaart voor zijn succes.

Op dit niveau met elkaar samenwerken lijkt in eerste instantie misschien een beetje vreemd maar als je naar een concert of discotheek gaat en je staat met iedereen te dansen, dan heb je ook dit emotionele contact en ervaar je samen ook jullie emoties.

Het doel van de coach op dit emotionele niveau is zijn partner maximaal gelukkig te laten zijn.

Als coach heb je twee belangrijke doelstellingen. De eerste doelstelling is om je partner in contact te brengen met zijn emoties of gevoelens. Zelf maak ik geen onderscheid tussen de woorden 'emoties' en 'gevoelens'. Ze betekenen voor mij ook hetzelfde. Voor je partner is het belangrijk om contact te hebben met de emoties van zijn gelukkige Voeler omdat hij dan maximaal gebruik kan maken van zijn emotionele kracht. Want als hij zijn emotionele kracht niet kan gebruiken om zijn verlangens te realiseren, mist hij minimaal een derde van zijn persoonlijke kracht. Volgens de bekende wetenschappelijke onderzoeker Daniel Goleman bepaalt de emotionele kracht en intelligentie van een persoon voor twee derde zijn toekomstige succes. In zijn wereldberoemde boeken over emotionele intelligentie beschrijft hij dat succesvolle mensen juist zo succesvol zijn geworden omdat zij heel effectief gebruikmaken van hun emotionele kracht. Dit is ook wel te begrijpen omdat onze emotionele 'passie'kracht ervoor kan zorgen dat wij nét dat extra stapje doen om succesvol te worden waar anderen zonder emotionele 'passie'kracht al gestopt zijn. En daardoor net niet succesvol zijn geworden. In elk boek van succesvolle mensen en ondernemers kun je ook lezen dat zij in hun leven altijd doorgingen om te werken aan hun verlangens. Ook wanneer alles tegenzat bleven zij doorwerken en gebruikten zij vooral hun emotionele kracht om door te gaan. Hun emotionele kracht gaf hun het vertrouwen dat zij op het juiste pad zaten en daardoor realiseerden zij hun verlangens. Het enige wat hen in die zware tijd op de been hield was hun eigen emotionele passie voor de verlangens, producten en diensten die ze wilden verwezenlijken.

De tweede belangrijke doelstelling is om je partner te stimuleren om naar de informatie van zijn gelukkige Voeler te luisteren, en hem te leren om die 100% te vertrouwen. Veel mensen vertrouwen namelijk wel de informatie die ze van hun positieve Denker krijgen maar niet de informatie die ze van hun gelukkige Voeler krijgen. Dat komt omdat onze positieve Denker zijn informatie geeft als overtuigingen en opdrachten, die ook 'moeten' worden uitgevoerd. Vaak gebruikt onze positieve Denker ook een wetenschappelijk onderzoek of een wetenschappelijke argumentatie om aan te geven dat wat hij zegt toch echt de waarheid is. Terwijl de gelukkige Voeler zijn informatie geeft als een advies dat je wel of niet kunt gebruiken. Hij geeft geen wetenschappelijke onderbouwing en dat kan hij ook niet, want hij geeft de informatie op basis van zijn gevoel. Daarom kan je partner de adviezen van zijn gelukkige Voeler ook veel makkelijker negeren dan de overtuigingen en opdrachten van zijn positieve Denker, omdat zij geen dwingend karakter hebben. Alleen zijn de **adviezen van zijn gelukkige Voeler altijd juist, hoe vreemd ze in eerste instantie ook mogen lijken, en zijn de overtuigingen en uitleg van de positieve Denker veel minder vaak juist.** Dit komt omdat je partners positieve Denker makkelijk beïnvloed kan worden door de kennis, overtuigingen en opdrachten van anderen. Terwijl zijn gelukkige Voeler niet makkelijk door een ander beïnvloed kan worden omdat hij persoonlijke emotionele adviezen geeft.

Een voorbeeld maakt dit wat duidelijker. Je positieve Denker kan je de opdracht geven om vandaag wat langer door te werken omdat je dan het afgesproken werk af maakt of dan wat extra geld verdiend hebt. Dit is een logische opdracht met een logisch argument. Als je nu je gelukkige Voeler vraagt of hij ook wil doorwerken, dan kan hij het emotionele advies geven dat hij moe is en geen zin meer heeft. Wat doe je dan? Je kunt dan vrij makkelijk het advies van je gelukkige Voeler negeren en naar de opdracht van je positieve Denker luisteren. Dan werk je nog even door en maak je de werkopdracht af. Je kunt ook beslissen om niet door te gaan met het werk omdat jij je gelukkig wil voelen en jij je dat niet meer voelt als je blijft doorwerken.

Mijn advies is: neem de adviezen van je gelukkige Voeler heel serieus, want op de lange termijn zijn die altijd goed voor je. Terwijl de opdrachten van je positieve

Denker op de korte termijn meestal goed lijken, zijn ze op de lange termijn meestal niet goed voor je. Daarom vraag ik ook altijd het advies van mijn gelukkige Voeler over de opdrachten van mijn positieve Denker. Jij kunt je partner ook leren om aan zijn gelukkige Voeler te vragen hoe hij de opdracht van zijn positieve Denker ervaart. Zoals de opdracht om nog even door te werken aan een opdracht omdat die dan af is en hij dan meer geld verdient. Als zijn gelukkige Voeler dit leuk vindt, dan kan hij de opdracht afmaken. Als zijn gelukkige Voeler echter het advies geef dat hij erg moe is en geen zin meer heeft, dan is het beter voor je partner om toch te stoppen. Omdat hij anders over een emotionele grens heen gaat en hij dan na deze opdracht extra moe is. Op deze manier maakt hij optimaal gebruik van de adviezen van zijn gelukkige Voeler. Wanneer je hem leert om te communiceren met zijn gelukkige Voeler kan hij er ook maximaal gebruik van maken. En dan heeft hij een gratis perfect werkend innerlijk kompas, dat hem ondersteunt om ieder persoonlijk verlangen effectief en succesvol te realiseren.

Neem de adviezen van je gelukkige Voeler heel serieus, want op de lange termijn zijn die altijd goed voor je.

Randvoorwaarden voor succesvol emotioneel coachen

Om je partner succesvol emotioneel te coachen is het belangrijk dat jij je afvraagt welke emotionele problemen en vragen jij wel wil coachen en welke niet. Wil je hem coachen om het beste uit hem te halen? Wil je hem coachen zodat hij weer gelukkig wordt? Wil je hem begeleiden in het verwerken van pijn of ziektes? Wil je hem coachen in het vinden van een nieuwe baan? Wil je hem coachen in het afscheid nemen van het leven? Wil je hem coachen in het manipuleren van mensen? Of wil je iedereen coachen, ongeacht hun emotionele vragen? Door deze vragen voor jezelf te beantwoorden geef jij je eigen emotionele en ethische grenzen aan. Je kiest bewust met welke emoties je wel en met welke emoties je niet wil werken en welke mensen je wel emotioneel wil begeleiden en welke mensen je niet emotioneel wil begeleiden. Dit is belangrijk, omdat jij anders de kans loopt dat jij te betrokken raakt bij je partner en hem niet meer effectief emotioneel kunt coachen. Het is ook heel belangrijk om hier een bewuste beslissing over te nemen omdat je tijdens het emotioneel coachen veel emotionele energie uitwisselt. Dit kan heel leuk zijn, zoals op het moment dat je verliefd bent en met je geliefde veel liefdesenergie uitwisselt. Dit kan echter ook veel minder leuk zijn als een ander mens al je positieve energie opneemt en alleen maar negatieve energie teruggeeft. Deze mensen zuigen je positieve geluksenergie bij je weg en daardoor kun je zelf heel ongelukkig worden. Dit proces kun je vergelijken met het krijgen van een griep van iemand die zelf griep heeft. Dan word jij door de ander geïnfecteerd met zijn griep en word je ziek. Op deze manier kun je ook emotioneel ziek worden doordat je partner emotioneel ziek is. En dit is niet de bedoeling. Een tip die je kunt aanhouden om te beslissen of jij bepaalde emotionele problemen van je partner wel of niet wil coachen, is: hoe meer ervaring jij hebt, hoe groter de emotionele problemen van je partner mogen zijn. Daarbij is het belangrijk dat jij zelf je emotionele energie bewust kunt aansturen en jezelf goed kunt beschermen. Je lichaamsbouw, of je groot of klein bent, heeft hier ook mee te maken en de hoeveelheid levensenergie die je van nature per dag hebt. Neem zelf de beslissing per emotioneel probleem van je partner of je die wil coachen of dat je hem liever doorstuurt naar een andere coach, die zich bijvoorbeeld in deze emotionele problemen heeft gespecialiseerd.

Hoe meer ervaring jij hebt, hoe groter de emotionele problemen van je partner mogen zijn.

Vertrouwensband voor emotioneel coachen

Een andere randvoorwaarde is dat jij een sterke emotionele vertrouwensband met je partner opbouwt. Want hoe sterker jullie vertrouwensband is, hoe makkelijker jij hem emotioneel kunt coachen. Deze vertrouwensband heb jij al voor een groot gedeelte opgebouwd door zijn actieve Doener en positieve Denker succesvol te coachen. Je partner heeft hierdoor ervaren dat hij door jouw begeleiding effectiever en succesvoller is geworden en je vertrouwensband zal nu dus ook goed zijn met je partner. Jullie vertrouwensband zorgt er ook voor dat hij nu bereid is om zijn diepere emotionele ontwikkelingsvragen en problemen met je te delen. Tegelijkertijd is het heel belangrijk dat jij jullie vertrouwensband goed blijft onderhouden en dat die zich positief blijft ontwikkelen, waardoor jij hem effectief kunt blijven coachen.

Voor het onderhouden en ontwikkelen van je vertrouwensband heeft Stephen Covey een zeer effectief hulpmiddel bedacht: de ***emotionele bankrekening***. Op deze emotionele bankrekening kun jij zien hoe je vertrouwensband met je partner is.
Het principe van de emotionele bankrekening is heel simpel. Net zoals bij een gewone bankrekening kun je er een storting op doen of er een bedrag afhalen. Alleen is het verschil bij een emotionele bankrekening dat je geen geld aan je partner

geeft maar een emotionele storting doet. Je doet een storting door hem een compliment te geven, of door naar hem te luisteren, of door hem te helpen een opdracht goed uit te voeren, of door hem op te zoeken wanneer hij ziek is, of door hem op te bellen om te vragen hoe het met hem gaat, enzovoort. In essentie komt een emotionele storting erop neer dat jij je partners gelukkige Voeler persoonlijke aandacht en liefde geeft.
Het tegenovergestelde is dat je een emotionele opname doet. Een opname is dat jij je partner vraagt om jou ergens mee te helpen, dat je een afspraak niet nakomt, negatief kritisch naar hem bent, hem vraagt of hij op je huis, hond of kat in je vakantie wil oppassen, advies vraagt over een probleemsituatie, enzovoort. In essentie komt een emotionele opname erop neer dat jij liefde, ondersteuning en persoonlijke aandacht vraagt van je partners gelukkige Voeler.

In een tekening ziet de emotionele bankrekening er als volgt uit:

Persoon A

Emotionele storting	Emotionele opname
++++	– – –

Zoals je op deze bankrekening ziet, heeft persoon A hier vier keer een emotionele storting gedaan en drie keer een emotionele opname genomen. Dat betekent dat deze persoon nog maar één emotionele plus bij zijn partner heeft, en nog maar één emotionele opname kan doen voordat hun vertrouwensrelatie op nul komt te staan. Wil persoon A een goede emotionele vertrouwensband met zijn partner hebben, dan is het verstandig dat hij snel weer een aantal emotionele stortingen op de rekening doet. Daardoor blijft de relatie positief en vindt zijn partner het leuk om hem weer te zien. Als persoon A alleen maar emotioneel aan het opnemen is, dan voelt de andere persoon dat hij veel meer emotionele energie in de relatie moet stoppen dan hij terugkrijgt. Dat vindt hij niet leuk, want dan moet hij steeds meer van zijn emotionele energie in de ander investeren en hij krijgt er niets voor terug. Daar heeft hij weinig zin in en dat zal betekenen dat hij op een gegeven moment de relatie zal stopzetten. Je emotionele bankrekening met je partners gelukkige Voeler kan dus het beste er als volgt uitzien:

Emotionele storting	Emotionele opname
++++++++	– –

Daarbij sta je ruim in de plus en heb je de ruimte om verschillende emotionele opnames te kunnen doen. Hierdoor blijft je relatie met je partners gelukkige Voeler goed en blijft je vertrouwensband zich positief ontwikkelen. Hij vindt het dan ook leuk om je weer te zien en weet dat hij er een voordeel bij heeft om een relatie met je te hebben. Je staat genoeg in de plus als je drie of meer positieve plussen aan de linkerkant van de emotionele bankrekening hebt. Dan heb je ook de ruimte om een emotionele opname te kunnen doen, wanneer bijvoorbeeld iets niet helemaal goed gaat tijdens het coachen of als jij een afspraak vergeet. **Als jij positief staat, hoef je je ook niet snel zorgen te maken als er iets niet helemaal goed gaat tussen jou en je partner want jullie bankrekening is positief, dus jullie relatie kan wel tegen een stootje**.

Door deze emotionele bankrekening bewust te gebruiken kun je met je partner een sterke emotionele vertrouwensband ontwikkelen. Die vormt dan de basis om samen te gaan werken aan zijn emotionele vragen en problemen. Om snel en succesvol je partner emotioneel te kunnen coachen is het verstandig dat jij zelf begint met het geven van een aantal positieve emotionele stortingen. Dit kun je doen door complimenten te geven en door positieve opmerkingen te maken over zijn ontwikkeling. Of door ervoor te zorgen dat de sfeer tussen jullie twee goed is en hij zich op zijn gemak voelt. Zodat hij zich kan ontspannen en duidelijk merkt dat jij hem respecteert, en hem accepteert zoals hij is.

Door de emotionele bankrekening bewust te gebruiken kun je met je partner een sterke emotionele vertrouwensband ontwikkelen.

Emotioneel coachen van je partners gelukkige Voeler

Om je partners gelukkige Voeler emotioneel te coachen is het belangrijk dat je zo snel mogelijk op het emotionele niveau komt te zitten. Want dan kun je hem daar coachen. Dit kun je doen door veel grapjes te maken, waardoor jullie samen gaan lachen of door je partner lichamelijk aan te raken waardoor je ook emotioneel contact hebt. Je kunt ook beginnen door zelf eerst kort te vertellen hoe het met jou gaat en hoe jij je voelt. Doordat jij je eigen emoties inbrengt, geeft dit je partner de ruimte om ook te vertellen hoe hij zich voelt. Dan hebben jullie een gesprek over jullie emoties en is de stap voor je partner om over zijn minder prettige

emoties te gaan praten minder groot. Is het gesprek dan op gang gekomen, dan kun je hem vragen welke emotionele vragen en problemen hij tijdens het coachingsgesprek wil bespreken.
Bij een nieuwe partner, die je op de vorige twee niveaus nog niet hebt begeleid en die specifiek naar jou toekomt om zijn emotionele problemen en vragen op te lossen, kun je de vertrouwensband ontwikkelen door nog iets meer over jezelf te vertellen. Je kunt hem dan bijvoorbeeld vertellen hoe jij andere mensen emotioneel begeleidt (zonder namen te noemen) en vertellen wat jij belangrijke normen en waarden vindt. Door meer over jezelf te vertellen laat je steeds meer van jezelf zien en weet je cliënt wie jij bent en waar je voor staat. Je stelt je daardoor open en ontvankelijk op en je geeft hem de uitnodiging om hetzelfde te doen. Als hij hier helemaal niet emotioneel op reageert en een afstandelijk, rationeel antwoord terug blijft geven, dan weet je dat jullie vertrouwensrelatie zich nog niet op het juiste emotionele niveau bevindt. Dan is het verstandigste om geduldig te wachten en hem het initiatief te laten nemen. Wacht dan totdat hij zelf zijn emotionele vragen stelt. Het werkt dan niet om je partner onder druk te gaan zetten, want dan sluit hij zich alleen maar af. Of nog meer over jezelf te vertellen, want dan ben jij alleen maar aan het woord terwijl jij wil dat híj aan het woord is. **Als je partner zich emotioneel en open opstelt, dan weet je dat hij bereid is om zijn gelukkige Voeler te onderzoeken.** Dan is hij bereid om zijn verlangens, waarden en emoties te gaan onderzoeken, te ervaren en kunnen jullie samen gaan onderzoeken hoe zijn gelukkige Voeler zich nu voelt. En ontdekken hoe je partner zichzelf continu gelukkig kan maken.

> *Door meer over jezelf te vertellen laat je steeds meer van jezelf zien en weet je cliënt wie jij bent en waar je voor staat.*

Om zijn verlangens te ontdekken kun je de visieoefening gebruiken die ik in hoofdstuk 1 heb besproken. Door je partner een visie te laten maken over zijn toekomst krijg je heel veel informatie over wat zijn verlangens zijn en waar zijn passie ligt. Je kunt dan gelijk ontdekken hoe hij nu zijn emotionele verlangens en emoties gebruikt om zijn huidige leven vorm te geven. Als hij op dit moment niet succesvol en gelukkig is, dan heb je een grote kans dat hij zijn emotionele kracht niet effectief gebruikt in zijn leven en werk, en kun je hem gaan coachen om de emotionele kracht van zijn gelukkige Voeler bewust te gaan gebruiken.
Een eerste stap daarin is voor hem om zijn belangrijkste emotionele waarden te ontdekken. Daar kun je hem de korte oefening voor laten doen die we ook in hoofdstuk 5 hebben behandeld. Voor deze oefening vraag jij je partner welke van de hierna opgegeven elf emotionele waarden hij het belangrijkste vindt. Zijn be-

langrijkste waarde vraag jij je partner op 1 op te schrijven en de volgende op 2, enzovoort, tot de elfde waarde die het minst belangrijk voor hem is.

• Liefde	1:	....
• Succes	2:	....
• Geld	3:	....
• Zekerheid	4:	....
• Avontuur	5:	....
• Macht	6:	....
• Hartstocht/Passie	7:	....
• Comfort	8:	....
• Gezondheid	9:	....
• Geluk	10:	....
• Kracht	11:	....

Dan weet je wat voor hem emotioneel belangrijk is.

Actief luisteren naar je partners gelukkige Voeler

Door de visie- en de waardenoefening heeft je partner een goede handleiding waar hij in de toekomst naartoe wil en welke emotionele waarden hij belangrijk vindt. De volgende stap is om hem te laten ontdekken hoe hij zichzelf nu gelukkig en succesvol kan maken. Dit bewustwordingsproces kun je het beste beginnen door hem open vragen te stellen en emotioneel actief te luisteren naar zijn antwoorden. Als eerste kun je hem vragen hoe het met hem gaat en hoe het met zijn werk gaat. Als hij dan aan het praten is en de sfeer is goed, kun je hem wat directere vragen stellen over zijn emoties. Hoe voelt hij zich nu? Welke gevoelens heeft hij over zijn werk? Welke gevoelens heeft hij over zijn familie, vrienden en zijn leven? Enzovoort. Door hem deze vragen te stellen begint hij meestal vanzelf meer te vertellen over zijn emotionele belevingswereld. Als hij dat niet kan of wil, dan vraag je hem om een lichamelijke oefening te doen. Sommige mensen zijn namelijk zó verstandelijk en rationeel ingesteld, dat zij altijd rationele antwoorden geven op de gestelde vragen. Door ze te laten staan en ze fysiek een oefening te laten doen, kunnen zij makkelijker hun emoties ervaren en met je bespreken. Wanneer je partner wel emotionele antwoorden geeft op je vragen, dan is het belangrijk dat jij emotioneel actief naar hem gaat luisteren. Dit wordt ook wel ***empathisch luisteren*** genoemd. ***Emotioneel actief luisteren*** betekent dat je met al je concentratie en aandacht naar je partner luistert. Je denkt aan niets anders dan je partner en je aandacht is helemaal op hem gericht. De grootste fout die je namelijk nu kunt maken is dat je passief naar zijn antwoorden gaat luisteren en met je gedachten heel ergens anders bent. Dan is de kans namelijk heel groot dat je het contact met je partner verliest en je partner niet meer bereid is om je volgende vragen nog te beantwoorden. Ook je non-verbale lichamelijke gedrag is belangrijk en dient volledig op je partner gericht te zijn. Je kijkt hem bij voorkeur recht in zijn gezicht aan en je luistert rustig naar wat hij zegt, en ook naar wat hij *niet* zegt. Jij luistert naar zijn stem en de gevoelens in zijn stem. Jij luistert naar de intonatie van zijn stem en je luistert wanneer hij gelukkig of verdrietig wordt. Je luistert naar de inhoud van zijn uitleg en ook naar de manier waarop hij het uitlegt. Je luistert naar alles wat hij zegt, vertelt, voelt en doet. Door emotioneel actief te luisteren naar je partner krijg je heel veel informatie over je partner, veel meer dan wat hij je met woorden vertelt. Deze informatie is zeer belangrijk omdat je met bijvoorbeeld deze informatie de emotionele belevingswereld van je partner kunt begrijpen. En al deze informatie kun jij goed gebruiken om je partner optimaal emotioneel te coachen.

Door emotioneel actief te luisteren naar je partner krijg je heel veel informatie over je partner, veel meer dan wat hij je met woorden vertelt.

Een aantal regels die je kunnen helpen om emotioneel actief te luisteren, zijn:

1 Zorg ervoor dat je kunt horen wat je partner zegt.
2 Wees gemotiveerd en uitgerust om te luisteren.
3 Laat zien dat je echt geïnteresseerd bent.
4 Verplaats je in de gedachte- en gevoelswereld van je partner.
5 Stel op het geschikte moment je vragen.
6 Onderbreek je partner niet.
7 Let niet alleen op wat hij zegt.
8 Herformuleer en vat samen wat hij gezegd heeft.
9 Denk terwijl je luistert niet aan wat je straks zelf te zeggen hebt.
10 Wees natuurlijk.

Coachen van een succesvolle ervaring voor continu succes

Je bent nu in gesprek met je partner over zijn emoties. De volgende stap is om zijn emoties in het hier en nu te gaan ervaren. Anders loop je het risico dat jullie over emoties blijven praten en daar leert je partner weinig van. Net zoals een voetballer die tegen een bal moet trappen om te leren voetballen, moet je partners gelukkige Voeler zijn emoties ervaren om ze te leren gebruiken. Vandaar dat het nu verstandig is met hem een fysieke oefening te doen. En als je partner moeite heeft om over zijn emoties te praten is het ook voor hem erg goed om een emotionele oefening te doen omdat hij dan makkelijker bij zijn emoties kan komen. **Het doel van deze oefening is om je partner te laten ervaren hoe hij zichzelf nu gelukkig maakt en hoe hij in de toekomst zichzelf makkelijker, gelukkiger en succesvoller kan maken.**

De oefening gaat als volgt. Je vraagt je partner om een plezierige emotionele ervaring in te brengen, waarvan hij wil weten waarom die goed ging. Het kan bijvoorbeeld zijn dat je partner een goed verlopen functioneringsgesprek heeft gehad met één van zijn medewerkers. Hij wil nu graag weten waarom dit gesprek goed ging zodat hij de volgende functioneringsgesprekken met zijn medewerkers bewust op deze succesvolle manier opnieuw kan doen. Anders blijft het misschien bij deze éne keer omdat hij niet precies weet wat hij goed heeft gedaan. Jij, als coach, hebt de verantwoordelijkheid om te beoordelen of je met zijn ingebrachte succesvolle ervaring wil werken en of je akkoord gaat met het gewenste resultaat dat je partner wil bereiken. Als je partner bijvoorbeeld wil leren hoe hij zijn teamlid nog beter kan motiveren, dan kun je hem daarbij begeleiden. Als hij wil leren hoe zijn teamlid kan demotiveren en negatief manipuleren, dan moet je de beslissing nemen of je hem wil coachen in het bereiken van dit doel. Deze beslissing neem je op basis van je persoonlijke principes en ethische regels. Wanneer het gewenste doel voor jou ethisch verantwoord is, dan kun je met hem de hierna volgende bewustwordingsoefening doen. Is het gewenste leerdoel niet ethisch, dan kun je hem vragen om een ethisch wel verantwoord doel te formuleren. Als hij die geformuleerd heeft, dan kun je de oefening alsnog gaan doen. Kan hij die niet bedenken, dan is het waarschijnlijk beter om de coachingsrelatie te stoppen en je partner te vertellen dat jij hem vanuit jouw principes en ethische regels niet kunt coachen. Dan kan hij beter naar een andere coach gaan die hem wél wil coachen in het bereiken van zijn leerdoelen.

Jij, als coach, hebt de verantwoordelijkheid om te beoordelen of je met zijn ingebrachte succesvolle ervaring wil werken en of je akkoord gaat met het gewenste resultaat dat je partner wil bereiken.

De structuur van deze bewustwordingsoefening is heel simpel. Vanaf de volgende bladzijde heb ik hem helemaal uitgeschreven. Vraag je partner op te staan en stap voor stap door zijn ervaring heen te lopen. Je begint bij de omgeving van zijn ervaring en vraagt daar naar informatie over deze omgeving. Dan laat je hem een stap naar voren doen en vraag je naar de informatie van zijn pro-actieve Doener. Dan laat je hem een stap naar voren doen en vraag je naar de informatie van zijn positieve Denker. Dan laat je hem een stap naar voren doen en vraag je naar de informatie van zijn gelukkige Voeler. Dan laat je hem een stap naar voren doen en vraag je naar de informatie van zijn verlangen en zijn 'zijn'-niveau. Dan vraag je hem om zich om te draaien en laat je hem een stap naar voren zetten, en vraag je naar de informatie die zijn gelukkige Voeler nu heeft. Je laat hem weer een stap zetten en je vraagt hem naar de informatie die zijn positieve Denker nu heeft. Dan laat je hem weer een stap naar voren doen en vraag je naar de informatie die zijn pro-actieve Doener nu heeft. Dan laat je hem een stap naar voren doen en vraag je naar de informatie over zijn omgeving. En dan is de oefening afgelopen. Nu heeft je partner alle informatie die hij wilde hebben over zijn succesvolle ervaring en kan hij met behulp van deze informatie heel bewust zijn succesvolle ervaring herhalen.

Tijdens deze bewustwordingsoefening heb jij als coach de belangrijke taak om je partner een duidelijke structuur aan te bieden waarin hij zich veilig voelt om zijn emotionele ervaring te kunnen onderzoeken. Jij moet zorgen voor een veilige omgeving waardoor hij zich volledig kan concentreren op het ontdekken van zijn succesvolle ervaring. Anders zal hij niet bereid zijn om zijn eigen emoties weer te gaan ervaren. Je partner zal zich vooral veilig voelen wanneer jij rustig bent en vertrouwen uitstraalt. Als jij rustig bent, zal hij namelijk ook rustig worden. Daarbij is het erg behulpzaam om hem de oefening duidelijk uit te leggen zodat hij goed begrijpt wat er gaat gebeuren. Dan kun je hem in alle harmonie op dit emotionele niveau coachen.
Het zal ook best spannend zijn om je partner op dit niveau te coachen; die spanning kun je het beste gewoon inbrengen. Je mag best zeggen dat je het spannend vindt, want dat vindt je partner waarschijnlijk ook. Die spanning is alleen maar een gezonde spanning die ervoor zorgt dat je optimaal kunt functioneren. Belangrijk is dat jij je partner gewoon rustig blijft coachen en hem niet gaat opjagen. Laat hem zelf de antwoorden vinden en trek de antwoorden niet uit hem. Zoals gezegd gaat

het gras niet sneller groeien als je eraan trekt. Ieder mens heeft zijn eigen tempo. Volg het tempo van je partner. Anders gaat je partner zich ongemakkelijk voelen, voel jij je ongemakkelijk en loopt het coachingsproces alleen maar moeilijker. Een andere goede tip is: onthoud dat eventuele op- of aanmerkingen van je partner op jou geen kritiek zijn maar feedback. Gebruik deze informatie die je partner je geeft ook als feedback en ga daar geen discussie over houden. Als iets even niet gelijk lukt of goed gaat, zie dit dan als feedback en zoek rustig een nieuwe manier om te ontdekken wat wél goed gaat. Je kunt ook altijd aan je partner zelf vragen of hij ideeën heeft hoe hij tijdens de oefening het liefste begeleid wil worden naar het vinden van zijn antwoorden. Emotioneel samenwerken betekent tenslotte dat jullie beiden jullie kennis en ervaring inzetten voor het bereiken van het afgesproken resultaat.

Emotioneel samenwerken betekent dat jullie beiden jullie kennis en ervaring inzetten voor het bereiken van het afgesproken resultaat.

De voorafgaande uitleg over de bewustwordingsoefening is wat kort. Vandaar dat ik hieronder de volledige oefening heb opgeschreven. De beste manier om deze oefening goed te begrijpen is door nu op te staan en hem gelijk zelf te doen. Neem een succesvolle ervaring en ontdek waarom jij succesvol en gelukkig was. Aan het begin van de oefening kun je aan je partner de volgende korte uitleg geven:

'Deze bewustwordingsoefening is speciaal ontwikkeld zodat jij jezelf beter kunt leren kennen. De oefening neemt je mee door je verschillende niveaus van je persoonlijkheid. Je kunt deze oefening in gedachten doen, alleen is de oefening veel krachtiger wanneer je gaat staan en elke keer een stap naar voren doet om naar het volgende logische niveau te gaan. Vandaar dat ik je wil vragen op te staan en de eerste stap te zetten.'

1 Ga staan op een plek waar je vijf stappen naar voren kunt zetten. Zet een stap naar voren en ga staan op het papier met 'omgeving' erop geschreven. Herinner je een succesvolle ervaring die je wilde inbrengen en denk terug aan de (werk)omgeving waar je was. Misschien is dit op je werk, bij je thuis of bij een klant. Ik ga je hier een aantal vragen over stellen zodat je weer goed contact krijgt met deze ervaring. Om je de ervaringen makkelijker te herinneren en de vragen makkelijk te beantwoorden is het een voordeel om je ogen dicht te doen.
   - Waar ben je?
   - Wie is er bij je?
   - Met welke producten of diensten ben je bezig?

- Kun je zien wie er bij je zijn?
- Welke geluiden hoor je?
- Wat zijn de gevoelens van de mensen in je omgeving?
- Hoe is de sfeer van je omgeving?

2 Doe een stap voorwaarts. Dit is het volgende bewustzijnsniveau van je **pro-actieve Doener**. Stap op het papier met woord '**pro-actieve Doener; gedrag en vaardigheden**' erop en onderzoek het **gedrag** en de **vaardigheden** van je pro-actieve Doener in deze ervaring.
- Wat ben je daadwerkelijk aan het doen?
- Welke bewegingen maak je?
- Wat voor acties onderneem je?
- Waar denk je aan?
- Wat valt je op in je gedrag?
- Van welke vaardigheden maak je nu gebruik?
- Wat is jouw vakmanschap?
- Wat voor vaardigheden heb je geleerd?
- Welke kwaliteiten neem je mee in deze situatie?

3 Doe een stap voorwaarts. Dit is het volgende bewustzijnsniveau van je positieve Denker. Stap op het bord met het woord '**positieve Denker en overtuigingen**'. Vraag je af wat je **overtuigingen** zijn over jezelf in deze situatie en in je werk.
- Waarom doe je dit?
- Wat zijn je overtuigingen over je producten/diensten?
- Wat zijn je overtuigingen over jezelf?
- Hoe kijk je naar anderen?
- Waar gaat deze situatie eigenlijk over?
- Wat vind je nu belangrijk?
- Waar zou je meer van hebben wanneer je vaker zo'n situatie ervaart?
- Wat is je overtuiging over je eigen rol in deze situatie?

4 Doe een stap voorwaarts en stap op het papier met de woorden '**gelukkige Voeler, waarden en emoties**' erop. Sta stil bij de **waarden en emoties** die je hebt. Want dat wat je doet en denkt, maakt je nog niet tot wie je bent.
- Welke waarden zijn in deze situatie belangrijk voor je?
- Hoe maak je in deze situatie gebruik van je waarden?
- Welke waarden vind je heel belangrijk in je leven?
- Hoe verhoudt je werk zich hiermee?
- Wat wil jij bereiken?
- Als er een groot 'iets' was, wat je zou willen doen in je leven, wat zou dat zijn?

5 Doe nu de laatste stap voorwaarts en stap op het papier met de woorden '**Zijn, verlangens en identiteit**' erop. Voel hoe jij nu verbonden bent met alle andere levende wezens en hoe jij denkt over wat er na dit leven is. Dit is het: **Zijn, verlangens/identiteit** niveau.

- Aan welke kracht ontleen jij wie je bent en wat je doet?
- Misschien heb jij een religieuze of persoonlijke filosofie. Neem de tijd die jij nodig hebt om je te realiseren wat die is en wat die filosofie voor je betekent.
- Wat voor symbool zou je jouw identiteit kunnen geven? Bijvoorbeeld een dier, een bepaalde boom of een plant uit de natuur, een kunstwerk of iets anders wat je in je leven gezien hebt.
- Wat zijn je diepste verlangens die je graag wil realiseren?

6 Terwijl je deze emotionele verbondenheid met jezelf en anderen voelt, draai je dan om en kijk terug op de weg waarlangs je gekomen bent. Neem je emotionele gevoelens van verbondenheid en je symbool mee terwijl je terugstapt naar het bewustzijnsniveau van je **gelukkige Voeler, waarden en emoties**. Voel het verschil dat er nu is.

- Welke waarden brengen je identiteit nu tot uitdrukking?
- Welke waarden vind jij heel belangrijk?
- Van welke waarden maak je nu gebruik?

7 Neem nu je krachtige gevoelens, je symbool en je waarden mee, terwijl je terugstapt naar het bewustzijnsniveau van je **positieve Denker en je overtuigingen**.

- Welke overtuigingen zijn in deze situatie nu belangrijk?
- Welke overtuigingen zijn verder nog belangrijk voor je?
- Welke overtuigingen brengen je identiteit tot uitdrukking?

8 Neem nu je krachtige gevoelens, je symbool, je waarden en je overtuigingen mee terwijl je terugstapt naar het niveau van je **pro-actieve Doener, je gedrag en je vaardigheden**.

- Welk gedrag heb je nu in deze situatie?
- Hoe zal de kennis die je op de andere niveaus hebt gekregen invloed hebben op je gedrag?
- Wat is het effect nu op je gedrag?
- Van welke vaardigheden maak je nu gebruik?
- Hoe kun jij je vaardigheden op de best mogelijke manier inzetten?
- Hoe belangrijk zijn jouw vaardigheden voor je?
- Welke vaardigheden zijn nog meer belangrijk voor je?

9 Neem nu je krachtige gevoelens, je symbool, je waarden, je overtuigingen, je gedrag en je vaardigheden mee terwijl je terugstapt naar het niveau van je (werk)**omgeving**.

- Hoe is de sfeer in je omgeving nu?
- Hoe reageren de anderen op je?
- Wat zijn de gevoelens van de anderen in je omgeving?

Vraag je partner van het laatste papier met het woord '**omgeving**' af te stappen en vraag hem de verschillende niveaus op te pakken en mee te nemen. Ga dan weer zitten en bespreek samen de antwoorden en de oefening met elkaar na. Laat je partner daarbij zoveel mogelijk reageren op de antwoorden die hij heeft gegeven. Ondersteun hem daarbij door de antwoorden te geven die hij op de verschillende niveaus heeft uitgesproken, zodat hij precies weet waarom hij gelukkig en succesvol was in die ervaring. Wanneer je partner aangeeft dat hij de succesvolle ervaring goed heeft begrepen, is de oefening klaar.

Nu de oefening goed is verlopen heeft je partner alle belangrijke informatie van zijn pro-actieve Denker, positieve Denker en gelukkige Voeler tijdens zijn ervaring. Wat hij gedaan heeft, welke vaardigheden hij gebruikt heeft, welke overtuiging en meningen hij had en vanuit welke waarden, emoties en verlangens hij handelde. Deze informatie is zeer waardevol voor hem omdat hij nu weet hoe hij zich gelukkig en succesvol kan maken. Hij heeft nu de informatie om ieder volgend functioneringsgesprek succesvol te laten verlopen. Daarbij heeft hij ook heel veel informatie gekregen over zijn persoonlijke verlangens, waarden, emoties, overtuigingen en vaardigheden. **Deze persoonlijke succesinformatie kan hij nu gebruiken om andere nieuwe activiteiten succesvol te realiseren.** Met deze informatie kan hij ook steeds bewuster en zelfverzekerder zijn leven en werk sturen, en zich daardoor competenter, gelukkiger en succesvoller voelen.

Nu je partner meer zelfvertrouwen heeft gekregen in het ontdekken van zijn gelukkige Voeler kun je hem gaan begeleiden naar de volgende stap. En die is om een minder succesvolle ervaring te ervaren. Daarbij is het doel dat hij door de voorafgaande oefening te doen kan ontdekken hoe hij de volgende keer in dezelfde situatie wél succesvol kan zijn.

Coachen van een minder succesvolle ervaring voor verandering

Deze bewustwordingsoefening kun je heel goed gebruiken om je partner te laten leren van zijn minder succesvolle ervaringen, waardoor hij grenzeloos gelukkig, effectief en succesvol kan worden. 'Grenzeloos gelukkig' betekent dan dat je partner geen pijnlijke ervaringen meer heeft en vanuit zijn gelukkige Voeler kan leven. Door vanuit onze verlangens te leven en te luisteren naar de adviezen van onze gelukkige Voeler kunnen we grenzeloos succesvol zijn. Alleen lukt ons dat soms niet. Dan doen we bijvoorbeeld de verkeerde dingen of hebben we de verkeerde doelen. Ik heb bijvoorbeeld laatst een klant begeleid die al achttien jaar pijn had. Hij dacht dat pijn een normaal onderdeel van zijn leven was en was dan ook heel verbaasd om te horen dat er mensen zijn die zonder pijn leven. Nadat wij acht maanden intensief hebben samengewerkt is hij nu pijnvrij en kan hij vanuit zijn gelukkige Voeler leven en werken. Hij heeft wel zijn leven drastisch veranderd en luistert veel beter naar zijn lichaam. Hij stuurt nu zijn eigen emoties en zorgt ervoor dat hij geen pijnlijke emoties meer krijgt. Zijn pijn was een heel duidelijk actiesignaal om zijn leven te veranderen en dat heeft hij ook gedaan.
Nadat je partner zijn succesvolle gelukmakende ervaring bewust heeft ervaren is het de volgende stap voor jouw partner om zijn minder succesvolle ervaringen bewust te ervaren. Dan gebruikt hij zijn pijnlijke emoties om zichzelf te veranderen en zich te richten op toekomstige gelukkige ervaringen. **Jij hebt hier weer een belangrijke coachende rol in omdat je hem coacht in het effectief en betekenisvol verwerken van zijn minder succesvolle ervaringen.** Doordat jij hem begeleidt in het ervaren van zijn minder succesvolle ervaringen en de pijnlijke emoties die hij daarbij gevoeld heeft, kan hij die emoties verwerken en ze een plek geven. Dit doe je door je partner een ervaring te vragen die minder goed voor hem ging en hem de bewustwordingsoefening te laten doen. De oefening is alleen nu wel aangepast om ervoor te zorgen dat je partner deze pijnlijke actie-emotie kan gebruiken om te veranderen.

Door vanuit onze verlangens te leven en te luisteren naar de adviezen van onze gelukkige Voeler kunnen we grenzeloos succesvol zijn.

De oefening gaat als volgt (de eerste vijf stappen zijn hetzelfde):

1 Ga weer staan op een plek waar vanuit je vijf stappen vooruit kunt doen. Herinner je de ervaring en denk aan de (werk)**omgeving** waar je was. Misschien is dit op je werk, bij je thuis of bij een klant.

- Waar ben je?
- En de andere vragen van de vorige oefening.

2 Doe een stap voorwaarts. Dit is het volgende bewustzijnsniveau. Hier kun jij je **pro-actieve Doener, je gedrag** en **je vaardigheden** onderzoeken:
- Wat ben je daadwerkelijk aan het doen?
- En de andere vragen van de vorige oefening.

3 Doe een stap voorwaarts. Hier kun jij **positieve Denker en je overtuigingen** onderzoeken. Wat zijn die over jezelf in deze situatie en in je werk?
- Waarom doe je dit?
- En de andere vragen van de vorige oefening.

4 Dat wat je doet en denkt, maakt je nog niet tot wie jij bent. Doe een stap voorwaarts en sta stil bij je **gelukkige Voeler, je emoties en je waarden**.
- Welke waarden zijn in deze situatie belangrijk voor je?
- En de andere vragen van de vorige oefening.

Vanaf stap 4 gaat het nu anders dan in de vorige oefening omdat jij je nu gaat richten op hoe je partner werkelijk wil zijn, welke emotionele krachtbronnen hij vanaf nu wil gaan gebruiken in deze ervaring en in zijn leven.

5 Doe nu de laatste stap voorwaarts en voel hoe jij nu verbonden bent met alle andere levende wezens. Veel mensen noemen dit het: **Zijn, verlangens of identiteit**niveau. Beantwoord de volgende vragen los van de ervaring die je hebt ingebracht en vanuit je gevoel dat je een unieke mens bent met unieke verlangens, behoeften en gevoelens.
- Welke krachtbronnen gebruik jij nu om te doen wat je doet?
- Hoe wil jij **nu werkelijk** zijn?
- Wat is **nu je werkelijke** missie in het leven?
- Misschien heb jij een religieuze of persoonlijke filosofie. Neem de tijd die jij nodig hebt om je te realiseren wat die is en wat die filosofie **nu** voor je betekent.
- Wat voor symbool zou jij je **nieuwe identiteit** kunnen geven? Bijvoorbeeld een dier of een bepaalde boom of plant uit de natuur, een kunstwerk of iets anders wat je in je leven gezien hebt.
- Wat zijn **nu** je diepste verlangens die je wil realiseren?

6 Terwijl je deze emotionele verbondenheid met jezelf en anderen voelt, draai je dan om en kijk terug op de weg waarlangs je gekomen bent. Neem je emotionele gevoelens van verbondenheid en symbool mee terwijl je terugstapt naar het logi-

sche niveau van je **gelukkige Voeler, je emoties en je waarden**. Merk het verschil.
- Welke waarden brengen je identiteit **nu** tot uitdrukking?
- Maak **nu** een keuze uit de volgende waarden. Wat is nu je belangrijkste waarde?
  - Liefde
  - Succes
  - Vrijheid
  - Intimiteit
  - Zekerheid
  - Avontuur
  - Macht
  - Hartstocht/Passie
  - Comfort
  - Gezondheid
- Welke waarden vind jij **nu** heel belangrijk?
- Van welke waarden wil je **nu** gebruikmaken?

7 Neem nu je nieuwe emotionele krachtbronnen, symbool en waarden mee, terwijl je terugstapt naar het niveau van je **positieve Denker en je overtuigingen**.
- Welke overtuigingen zijn **nu** voor jou in deze situatie belangrijk?
- Welke overtuigingen zijn **nu** verder nog belangrijk in leven?
- Welke overtuigingen brengen **nu** je identiteit tot uitdrukking?

8 Neem nu je nieuwe emotionele krachtbronnen, symbool, waarden, overtuigingen en je vaardigheden mee terwijl je terugstapt naar het niveau van je **pro-actieve Doener, je gedrag en je vaardigheden**.
- Welke gedrag heb je **nu** in deze situatie?
- Wat is er **veranderd** aan je gedrag?
- Hoe heeft deze **nieuwe zelfkennis** invloed op je gedrag?
- Wat is het effect hiervan **nu** op je gedrag?
- Van welke vaardigheden maak je **nu** gebruik?
- Hoe kun jij je vaardigheden **nu** op de best mogelijke manier inzetten?
- Hoe belangrijk zijn deze vaardigheden **nu** voor je?
- Welke andere vaardigheden zijn **nu** nog meer belangrijk voor je?

9 Neem nu je nieuwe emotionele krachtbronnen, symbool, waarden, overtuigingen, vaardigheden en gedrag mee terwijl je terugstapt naar je (werk)**omgeving**.
- Hoe is de sfeer **nu** in je omgeving?
- Hoe reageren de anderen **nu** op je?
- Wat zijn de gevoelens van de anderen **nu** in je omgeving?

Je partner heeft nu op een heel duidelijke en simpele manier de kennis en informatie gekregen om zichzelf te veranderen en, misschien nog wel veel belangrijker, hij heeft dat tijdens deze oefening ook al gedaan. **Vooral op de terugweg heeft hij veel belangrijke informatie gekregen, van de verschillende niveaus, over wie hij wil zijn.** Wat zijn persoonlijke verlangens, emoties, waarden, overtuigingen, vaardigheden en gedrag zijn die hij graag wil gebruiken om gelukkig, effectief en succesvol te worden. Hij kan nu zijn verlangens gaan vervullen en hij kan zichzelf gaan verwezenlijken. Van elke ervaring kan hij nu leren en zichzelf beter maken. Er bestaat ook geen tegenslag in zijn leven, alleen maar feedback over hoe hij iets doet en waar hij nu staat. Hij kan zichzelf nu veranderen en ontwikkelen in de richting van zijn leerdoelen. En niemand kan hem tegenhouden behalve hijzelf. Je partners gelukkige Voeler heeft nu ook de ervaring hoe het voelt om vanuit zijn eigen krachtbronnen te zijn en die ervaring zal hem steunen in het bereiken van zijn verlangens. Dit is ook de grote kracht van deze oefening omdat je partner zelf heeft onderzocht hoe hij wil zijn en wat hij heel graag wil doen, en ook weet wat hij *niet* meer wil doen. Jij hebt hem daarbij geholpen door de juiste vragen te stellen en hij heeft zelf de antwoorden gevonden. Dit is de optimale vorm van emotioneel samenwerken en je partners gelukkige Voeler coachen. Gefeliciteerd!

Er bestaat ook geen tegenslag in je partners leven, alleen maar feedback over hoe hij iets doet en waar hij nu staat.

Motiveren van je partners gelukkige Voeler

Om op het emotionele niveau je partners gelukkige Voeler succesvol te motiveren zijn er twee vormen die erg goed werken. De eerste motivatievorm is door verhalen te vertellen. De tweede motivatievorm is door metaforen te gebruiken. Door verhalen en metaforen te gebruiken kun jij je partners gelukkige Voeler bereiken en spreek je hem aan op zijn emoties. Hij kan je dan veel beter begrijpen dan als je feitelijke wetenschappelijke informatie geeft. De metafoor: 'wij leven hier als God in Frankrijk' maakt meteen duidelijk hoe de gebruiker van deze metafoor zich voelt. De metafoor 'ik voel mij onder druk gezet' geeft ook gelijk aan hoe iemand zich emotioneel voelt. Voorbeelden van andere metaforen zijn:

Die persoon is een rots in de branding.
Mijn leven is de hemel op aarde.
Het leven is een groot feest.
Het leven is een spel.
Liefde is als een regenboog.

Succesvolle mensen en ondernemers gebruiken ook vaak emotionele verhalen en metaforen om hun medewerkers te inspireren en te motiveren. Een zeer bekend voorbeeld hiervan is Richard Branson van Virgin. De naam van het bedrijf, Virgin, is op zich al een metafoor voor zijn organisatie. Richard wil graag nieuwe, innovatieve producten en diensten leveren aan zijn klanten; vandaar dat hij zijn bedrijf Virgin heeft genoemd. Het verhaal dat hij over Virgin aan zijn medewerkers vertelt, is dat zij een klein bedrijf zijn en als underdog vechten tegen de grote tegenstanders. Die slecht en gemeen zijn. Terwijl Virgin heel eerlijk is en het daardoor uiteindelijk wint van de grote jongens. Dat bewijst hij in de realiteit door zijn grote concurrent British Airways in de rechtszaal te verslaan. Met zijn verhaal weet hij zijn medewerkers emotioneel aan zijn bedrijf te binden en te motiveren om de best mogelijke producten en diensten te maken, zodat zij hun concurrenten kunnen verslaan. Zijn poging om het ballonluchtvaartrecord 'non-stop over de wereld vliegen' te realiseren past dan ook weer goed in zijn verhaal: Virgin als de rebel op aarde en in de lucht. De heer Heineken heeft ook een metafoor bedacht voor zijn bier. Die is: 'heerlijk helder Heineken'. Daarmee wil hij zijn medewerkers motiveren om heerlijk en helder bier te maken, en zijn klanten motiveren om zijn bier te kopen omdat zijn bier heerlijk en helder is. Daarbij verkoopt hij Heineken als een prestigieus duur biermerk waardoor de klanten het gevoel hebben dat zij een speciaal heerlijk helder biertje drinken. Ook in de politiek worden er veel metaforen en verhalen gebruikt om de kiezers te beïnvloeden. Zo heeft de huidige minister-president, Wim Kok, tijdens de laatste verkiezingsstrijd van 1996 in Nederland zijn verkiezingsmetafoor als volgt geformuleerd: 'Nederland, sociaal en sterk'. Hij wilde inspelen op de verlangens van de kiezers, die een sterk en sociaal Nederland wilden hebben. En dat is hem goed gelukt, want zijn partij was na de verkiezing de grootste partij. Deze zeer succesvolle mensen gebruiken metaforen en verhalen om in te spelen op onze verlangens en emoties. Zodat wij enthousiast worden over hen en hun producten en gemotiveerd zijn om ze te gaan kopen en gebruiken.

Mensen die ons de juiste emotionele verhalen en metaforen vertellen, inspireren ons en geven onze gelukkige Voeler een goed gevoel. Als coach is het belangrijk om ook metaforen en verhalen te gebruiken om onze partner positief te beïnvloeden. En niet te veel feiten te vertellen wanneer we onze partners gelukkige Voeler willen motiveren. Wat hierbij helpt is om je partners gelukkige Voeler als een vrij kind te zien. Kinderen wil ook graag mooie verhalen horen en daar inspireer je ze heel erg mee. In ieder mens zit een vrij kind, dus je kunt je partners gelukkige Voeler en vrije kind extra motiveren door een mooi verhaal te vertellen.
Een mooi voorbeeld van een inspirerend verhaal over persoonlijke verandering is een verhaal die een coach van mij, Wibe Veenstra, mij eens vertelde.
Het verhaal gaat als volgt: Er was eens een directeur van een heel grote dierentuin in

het zuiden van Nederland. Hij was heel trots op zijn dierentuin en hij had er bijna alle diersoorten uit de hele wereld verzameld. De dieren werden allemaal erg goed behandeld en elke dag liep hij dan ook trots en blij door zijn dierentuin. Hij begroette dan alle dieren en medewerkers en sommige dieren herkenden hem zelfs ook. Er was echter één dier dat hij nog niet in zijn dierentuin had en dat was de bruine beer. Hij vond dat een geweldig dier en hij wilde heel graag een bruine beer in zijn dierentuin hebben. Hij had er ook al een hok voor klaar voor het geval er onverwachts een bruine beer werd aangeboden door een andere dierentuin. Hij reisde elk jaar de hele wereld rond en ging dan overal kijken bij zijn collega's of zij nog een bruine beer over hadden. En na vijf jaar overal gezocht te hebben ging daar de telefoon. Het was het een bevriende dierentuindirecteur, die hem het goede nieuws vertelde dat er een kleine bruine beer was geboren. En hij zou die kunnen krijgen. De directeur was door het dolle heen en vloog direct naar de dierentuin in Rusland. Daar aangekomen zag hij de kleine beer voor de eerste keer en hij was op slag verliefd. Zijn verlangen en levenswens was uitgekomen en hij had nu alle dieren voor zijn dierentuin verzameld. Hij vloog weer naar huis en na twee weken werd de kleine beer, die nu al een stuk groter was, met het vliegtuig overgevlogen naar Nederland. De directeur was aanwezig op het vliegveld en daar zag hij de mooie grotere bruine beer uit het vliegtuig komen. Hij had een grote vrachtwagen meegenomen en daar ging de bruine beer makkelijk in. Snel reden ze naar de dierentuin. Daar aangekomen werd de mooie bruine beer in zijn hok gestopt omdat zijn nieuwe verblijfplaats die nu speciaal voor hem gebouwd werd nog niet klaar was. En na drie maanden hard werken was het zover en werd de gegroeide bruine beer uit zijn hok van vier bij vier meter gehaald en overgebracht naar zijn nieuwe grote behuizing. Het was een prachtige berenlocatie geworden op het mooiste plekje van de dierentuin. Iedereen had hard zijn best gedaan om ervoor te zorgen dat de bruine beer in de bomen kon klimmen, in het water kon zwemmen en lekker op het strandje kon gaan liggen. En de directeur, samen met alle andere medewerkers van de dierentuin, waren heel erg benieuwd hoe de bruine beer zou reageren op deze schitterende locatie. De bruine beer liep heel rustig zijn nieuwe locatie binnen en na vier meter naar voren te hebben gelopen ging hij naar rechts en liep vier meter in die richting. En na vier meter liep hij weer naar rechts. Zo liep hij een aantal rondjes, in de vier bij vier meter die hij gewend was van zijn oude hok, en ging toen op de grond liggen. De directeur en alle andere medewerkers probeerden hem met aanmoedigingen nog wel vooruit te krijgen maar de bruine beer gaf daar geen gehoor aan. Hij bleef rustig liggen in de voor hem bekende ruimte.

Als coach is het belangrijk om metaforen en verhalen te gebruiken om je partner positief te beïnvloeden.

Ik vond dit een heel sterk verhaal om uit te leggen dat mensen niet zomaar gemotiveerd zijn om hun gedrag te veranderen als ze in een nieuwe omgeving komen. De boodschap van dit verhaal heb ik ook veel beter kunnen onthouden dan als hij mij dit verteld had met behulp van een wetenschappelijk onderzoek (en rationele argumenten) dat mensen niet veranderen vanwege een nieuwe omgeving. Ik ervaar zijn verhaal op emotioneel niveau ook als waar en ik kan het daarom ook eens zijn met de boodschap van het verhaal. Het verhaal heeft emotionele waarde voor mij zonder dat ik één wetenschappelijk argument heb gehoord. De kern van zijn boodschap: er is meer nodig om het gedrag van mensen te laten veranderen dan alleen de omgeving van die persoon te veranderen, kan ik door dit verhaal goed begrijpen. Dit is de emotionele kracht van een verhaal en die kun jij tijdens het coachen effectief gebruiken om je partner te motiveren om een volgende stap te zetten. Met de bruine beer is gelukkig alles goed, want na twee weken maakte hij heel gelukkig gebruik van alle mogelijkheden in zijn nieuwe omgeving.

Er is meer nodig om het gedrag van mensen te laten veranderen dan alleen de omgeving van die persoon te veranderen.

10 tips voor het coachen van je partners gelukkige Voeler

1 Gebruik lichamelijk contact voor emotioneel contact.

2 Lachen en huilen mag.

3 Wees eerlijk en open.

4 Geniet van het emotionele contact.

5 Doe samen iets leuks; eten, koffiedrinken of wandelen.

6 Vertrouw je emoties en breng ze in.

7 Bepaal wie je wel en niet emotioneel wil coachen.

8 Vertrouw jezelf en je aanpak.

9 Motiveer door verhalen en metaforen te vertellen.

10 Er is geen slechte aanpak, alleen feedback.

Bron: Inspirerend Leidinggeven, ing. Rogier Offerhaus, MBA

KRACHTBRON 10

Jezelf vernieuwen

"De redelijke mens kijkt naar de wereld en zegt 'waarom'?
De onredelijke mens kijkt naar de wereld en zegt 'waarom niet'?
Alle vooruitgang komt door de onredelijke mens"

George B. Shaw

Actief werken aan je vernieuwing

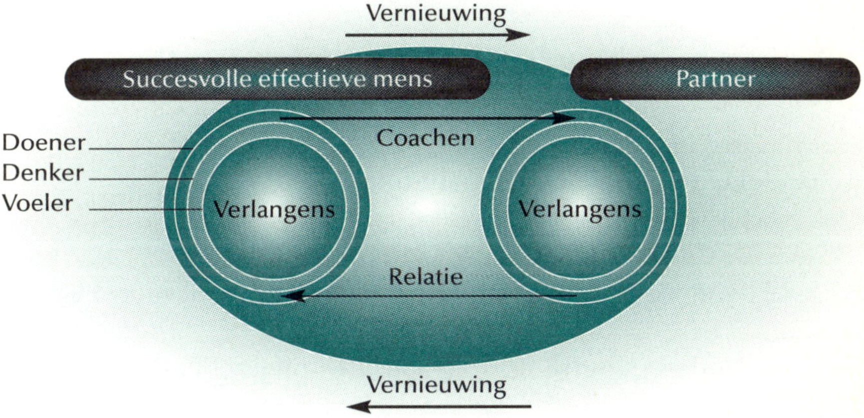

Succesvolle mensen blijven zich vernieuwen omdat zij weten dat vernieuwing bij het leven hoort. Zij hebben ervaren dat als zij stil gaan staan, zij achteruitgaan en dat willen zij niet. Zij hebben ook geleerd dat veranderingen bij het leven horen en geven liever leiding aan hun veranderingsproces dan dat de veranderingen hun overkomen. Zij blijven liever de kapitein op hun levensschip en willen richting geven aan hun reisschip. Zij zijn pro-actief en gaan elke dag weer op zoek naar nieuwe mogelijkheden waar ze van kunnen leren en beter van kunnen worden. Zij willen elke dag nieuwe verlangens realiseren en een uitdagende, spannende dag hebben. Zij realiseren zich dat elke dag hun laatste dag op deze aarde kan zijn en willen maximaal genieten van de tijd die zij op deze aarde hebben. Zij begrijpen dat alles tijdelijk is en blijven niet hangen in hun huidige omgevingen of in hun herinneringen. Zij willen zich elke dag vernieuwen omdat zij niet anders kunnen en zich dan gelukkig voelen. Zij hebben elke dag een nieuw doel in hun leven en gaan voor de uitdaging om dit nieuwe doel succesvol te realiseren. Daarbij weten ze dat het niet altijd makkelijk zal zijn om hun nieuwe verlangens en levensdoelen succesvol te realiseren. Zij weten dat ze zichzelf zullen tegenkomen en zullen ontdekken wat ze wel en niet kunnen. Ze zullen nieuw gedrag en nieuwe vaardigheden moeten ontwikkelen, maar dat vinden ze juist een uitdaging. Zij begrijpen ook dat zij zichzelf moeten blijven vernieuwen om hun partner te kunnen begeleiden in zijn ontwikkeling. Door zichzelf te vernieuwen, ontwikkelen zij nieuwe kennis en vaardigheden die zij kunnen doorgeven aan hun partner. Jezelf overtuigen en vernieuwen heeft dus het grote voordeel dat je eigen leven uitdagend en spannend blijft. En dat jij toegevoegde waarde voor je partner blijft houden omdat je hem weer verder kunt begeleiden op zijn ontdekkingsreis.

> *Jezelf overtuigen en vernieuwen heeft het grote voordeel dat je eigen leven uitdagend en spannend blijft.*

James Kouzes en Barry Posner geven in hun heldere boek over succesvol leiderschap, *Het geheim van Leiderschap*, tien manieren waardoor jij jezelf continu kunt vernieuwen. Deze zijn:

1 **Behandel iedere taak als een avontuur**
Ook al heb je al jarenlang dezelfde baan, doe vandaag alsof het je eerste dag is. Stel jezelf de vraag: Wat kan ik vandaag vernieuwen aan mijn baan? Hoe kan ik het beter doen? De kans is aanwezig dat je dan op een andere manier wil gaan werken.

2 **Behandel iedere nieuwe opdracht als een nieuw begin, ook als het dat niet is**
Blijf attent op de mogelijkheden om jezelf en je organisatie te vernieuwen. Bij iedere nieuwe opdracht kun jij je afvragen: Als ik deze opdracht voor de eerste keer kreeg, hoe zou ik hem dan nu doen? Hoe kan ik deze opdracht nog sneller uitvoeren?

3 **Stel de status-quo ter discussie**
Maak een lijst van alle werkzaamheden die bij de volgende beschrijving pas-

sen: 'Zo hebben we het hier altijd gedaan'. Vraag jezelf af of je de werkzaamheden zo wil blijven doen of dat er betere manieren zijn om deze werkzaamheden te doen.

4 **Ga op zoek naar ideeën**

Door met je klanten, medewerkers, leveranciers en andere sleutelfiguren te communiceren kun je veel innovatieve ideeën bedenken en ontwikkelen.

5 **Zet het verzamelen van ideeën op je prioriteitenlijst**

Het verzamelen en toepassen van nieuwe ideeën is een belangrijk hulpmiddel om jezelf te vernieuwen en te ontwikkelen.

6 **Ga eropuit om iets te vinden wat aan reparatie toe is**

Niets is zo dodelijk voor vernieuwing als de kreet: 'Als het werkt, blijf er dan met je vingers af.' Verbeter en vernieuw de apparatuur waar je mee werkt.

7 **Geef jezelf de opdracht nieuwe dingen aan te pakken**

Ga op zoek naar nieuwe kansen omdat daar de groeimogelijkheden liggen voor jezelf en je organisatie.

8 **Vernieuw je team**

Teams hebben net als levensproducten een levenscyclus. Zelfs de beste teams worden muf en moeten worden ververst. Vernieuw op tijd je eigen team of ga naar een nieuw team.

9 **Voeg plezier en avontuur toe aan je werk**

Succesvolle mensen zijn op hun best als zij uitgedaagd worden, en dat geldt voor iedereen. Zoek naar manieren om je werk uitdagend en spannend te laten zijn.

10 **Neem les: leer een nieuwe vaardigheid**

Schrijf je in voor een les, cursus, workshop of seminar over een onderwerp waar je niets vanaf weet. Dan ervaar je weer hoe het is om een leerling te zijn en onbekwaam te zijn. Daardoor kun jij je kennis en vaardigheden voortdurend vernieuwen.

Om deze manieren toe te passen voor je persoonlijke vernieuwing heb je de aandacht van jezelf voor jezelf nodig. Om jezelf die aandacht te kunnen geven is het verstandig om wat afstand van je levenspartner te nemen zodat je meer ruimte voor jezelf hebt. Dit zal je levenspartner niet altijd leuk vinden omdat jij minder tijd en aandacht voor hem hebt. Door je levenspartner op tijd te vertellen dat jij jezelf wil vernieuwen kan hij/zij aan de gedachte wennen dat jij gaat veranderen en dat jullie relatie gaat veranderen. Dan kan hij/zij dit accepteren en heeft hij/zij de tijd om afscheid te nemen van jullie huidige relatie. De kans blijft echter aanwezig dat hij/zij en andere mensen in je omgeving negatief gaan reageren op je nieuwe verandering. Omdat als jij verandert, dit ook een verandering in hun leven betekent en zij daar bang voor zijn. Door jezelf te vernieuwen neem je afstand van je huidi-

ge relaties en van de mensen die nu een belangrijke rol spelen in je leven. Doordat jij je gaat vernieuwen en op reis gaat, verandert alles; dus ook je relaties met je familieleden, vrienden of kennissen. Je relaties kunnen dieper en beter worden maar ook oppervlakkiger en afstandelijker. Je partner en je vrienden kunnen het heel leuk vinden dat jij jezelf vernieuwt omdat ze nu een andere kant van je leren kennen. Ze kunnen het ook veel minder leuk vinden omdat zij niet mee durven te vernieuwen en jij ze daarmee confronteert. Of ze zijn bang dat zij hun invloed op jou verliezen en denken dat jij hun nu gaat beïnvloeden.
Het meest effectief is om deze mensen zo min mogelijk aandacht te geven en je te richten op de mensen die het leuk vinden dat jij je wil vernieuwen. Die mensen geven je de steun die je nu wil ontvangen en ze ondersteunen je in je vernieuwingsproces. Zij geven jou positieve energie en maken je ontdekkingsreis leuk.

Richt je op de mensen die het leuk vinden dat jij je wil vernieuwen. Die mensen geven je de steun die je nu wil ontvangen en ze ondersteunen je in je vernieuwingsproces. Zij geven jou positieve energie en maken je ontdekkingsreis leuk.

Je vernieuwingsproces

De belangrijkste krachtbron voor je vernieuwing zijn je verlangens. Die geven precies aan in welke richting jij je wil vernieuwen. Met je verlangens kun je weer een toekomstbeeld ontwikkelen en dan weet jij in welke richting jij je wil vernieuwen. Visueel ziet je vernieuwingsweg er dan als volgt uit:

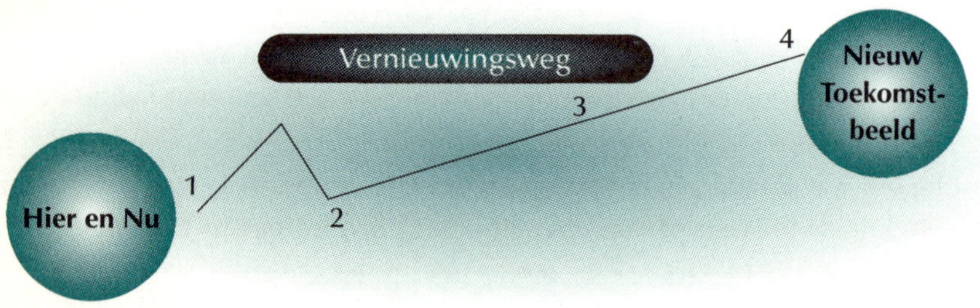

Je vernieuwingsweg gaat als volgt:
Bij 1 begin jij aan het realiseren van je verlangens en daar word je heel enthousiast van. Dit niveau wordt ***onbewust incompetent*** genoemd omdat je onbewust bent wat je allemaal kunt en nog niet kunt. Je bent net op je reis begonnen en je gaat nu ontdekken wat je nog moet gaan leren om je nieuwe verlangens te gaan realiseren.

Je voelt je goed en je bent blij met de beslissing die je hebt genomen. Je bent trots op jezelf en je vindt het geweldig dat je de eerste belangrijke stap om jezelf te vernieuwen hebt genomen. Er is ook alle reden voor je om blij en gelukkig te zijn, want het is heel erg leuk om iets nieuws en spannends te gaan doen. Je durft beslissingen te nemen en alles lijkt te lukken. En als iets niet lukt, ben je zo enthousiast dat je daar niets van merkt. Als een blij kind loop je door de wereld en vol enthousiasme ga je op weg naar je nieuwe toekomst.

Na een tijdje, dat kan een week of een maand zijn, blijkt dat alles veel zwaarder gaat dan je verwacht had. Alles lijkt ook moeilijker te zijn geworden en je pro-actieve Doener krijgt er steeds minder plezier in om te doen wat je wil kunnen. Omdat hij steeds meer merkt dat zijn huidige vaardigheden niet goed genoeg zijn om je verlangens te realiseren. Je inzet wordt ook steeds minder goed beloond en je moet steeds harder werken om een redelijk resultaat te behalen. Het lijkt wel of je steeds slechter wordt in plaats van dat je aan het leren en groeien bent. De lol van je vernieuwingsproces wordt nu een stuk minder en je bent aangekomen in het dalletje. Dit is punt 2. Dit niveau wordt ***bewust incompetent*** genoemd. In dit dal ben je bewust incompetent omdat je daar merkt wat je allemaal nog moet leren. Eigenlijk is dit heel erg leuk omdat je dan actief bezig kunt zijn met het vernieuwen van jezelf. In alles kun jij jezelf verbeteren en als je wel iets kunt, geeft dat veel voldoening. Alleen ervaar je deze voldoening niet altijd omdat je het nu nog niet zo goed kan als je dat wil. Je leert om te gaan met je beperkingen en dat kan ook lastig zijn. Het is echter wel de voorwaarde om verder te kunnen groeien. Op dit punt kun je een beetje je zelfvertrouwen verliezen en begin jij je misschien af te vragen waar je eigenlijk mee bezig bent. Het antwoord daarop is dat je bezig bent om je bewust te worden wat je allemaal kunt en niet kunt. Waarbij je met beide benen op de grond wordt gezet. Het dalletje maakt je ook duidelijk hoe ver je in je vernieuwingsproces bent, en dit is een belangrijk keerpunt. Om door te kunnen groeien is het namelijk belangrijk om te weten wat je proactieve Doener, je positieve Denker en je gelukkige Voeler nog moeten leren om jezelf te vernieuwen, zodat zij je naar je toekomstbeeld kunnen brengen.
In deze fase is het belangrijk om door te blijven gaan en het niet op te geven. **Daarbij kan de ondersteunende overtuiging van Winston Churchill je helpen, die hij in de Tweede Wereldoorlog had: "Geef nooit, nooit, nooit, nooit op".** En dat kun je omdat jij je nieuwe verlangens wil realiseren en jezelf wil vernieuwen. Zonder de kracht van je nieuwe verlangens is de kans groot dat je wil stoppen. Dit dalletje is ook één van de belangrijkste reden waarom mensen zichzelf niet vernieuwen en niet succesvol zijn in hun leven. Zij komen of durven niet door dit dal heen te gaan en stoppen op het moment dat zij ervaren dat het minder met ze gaat. En daardoor blijven ze stilstaan. Zij hebben te weinig vertrouwen in henzelf, hun verlangens en hun nieuwe toekomstbeeld om door te kunnen gaan. En omdat stilstaan achteruitgaan

betekent, wordt hun leven steeds saaier en beperkter. Bij jou hoeft dit niet te gebeuren want jij kunt je verlangens wél vertrouwen en je kunt gebruikmaken van een ervaren coach. Deze kan je, door het geven van de juiste kennis en adviezen, sneller door het dalletje heen laten komen, waardoor je door kunt groeien naar niveau 3. En op het moment dat je ervaart dat je bewust incompetent bent, ben je al op het dieptepunt van het dalletje aangekomen en gaat de weg alleen nog maar omhoog.

> *Om door te kunnen groeien is het belangrijk om te weten wat je pro-actieve Doener, je positieve Denker en je gelukkige Voeler nog moeten leren om jezelf te vernieuwen.*

Omdat je door het dieptepunt heen bent, krijg je een nieuwe golf van vertrouwen en enthousiasme om door te gaan op weg naar punt 3: ***bewust competent***. Je ontwikkelingspad wordt nu nog leuker omdat je begint te merken dat jij jezelf succesvol kunt vernieuwen. Je begint nu ook weer kleine successen te realiseren en je voelt je een stuk krachtiger. Je weet ook welk nieuw gedrag en vaardigheden je moet ontwikkelen om je nieuwe verlangens en toekomstbeeld te realiseren, en dat geeft je een duidelijke focus en richting. Je merkt nu ook weer dat wat je doet je steeds makkelijker afgaat en dat je daar steeds meer succes mee hebt. Je voelt je gelukkig en je krijgt steeds meer zelfvertrouwen. Je vindt je vernieuwingsproces ook weer leuk en spannend en je krijgt er steeds meer energie van. Je vernieuwt jezelf door je vaardigheden en kennis te blijven ontwikkelen en beter te maken. Na verloop van tijd ben je in staat om alles te doen waar je naar verlangt. Dan ben je 'bewust competent' en ben je op punt 3 van de leercurve aangekomen.

Je blijft jezelf vernieuwen (ontwikkelen) en groeit door naar punt 4: ***onbewust competent***. Je wordt daardoor nog beter in wat je doet. Je krijgt steeds meer zelfvertrouwen in jezelf en je hoeft ook niet steeds meer al je bewuste aandacht te geven aan de nieuwe activiteiten die je moet uitvoeren om je nieuwe verlangens te realiseren. Op een gegeven moment ben je zó goed geworden, dat je bijna automatisch al je verlangens en activiteiten kunt uitvoeren. Je gedrag en je vaardigheden zijn nu zó goed ontwikkeld, dat je onbewust competent bent geworden. En dat is punt 4. Je hebt je nieuwe toekomstbeeld bereikt en je voelt je daar erg gelukkig. Je ervaart hoe het is om in je nieuwe toekomstbeeld van je nieuwe verlangens te leven en dat geeft je een waanzinnige kick. Je hebt jezelf vernieuwd en dat geeft je een heerlijk geluksgevoel. Je voelt je ook gelukkig zonder dat je daar nog iets voor hoeft. Je staat open voor andere mensen en je maakt veel plezier. Het leven lijkt je toe te lachen en je barst van het zelfvertrouwen. De ervaringen die je nu opdoet zijn ook erg leuk en bevredigend. Je kunt niet makkelijk uit balans gehaald worden en dat geeft je veel rust. Deze staat kon je tijdens de vorige Olympische Spelen in Australië goed zien bij de zwemmers die gouden medailles hadden gewonnen. Vooral bij Pieter van den Hoogenband en Ingrid Haringa was duidelijk te zien en te horen dat zij op dit hoge niveau actief waren. Alles ging goed en zij hoefden ook niet meer na te denken tijdens het zwemmen hoe zij wilden zwemmen. Zij zwommen zo hard mogelijk, haalden zeer goede resultaten en bereikten daar veel successen mee. En ze voelden zich daar heel erg gelukkig bij.

Wanneer je op dit nieuwe niveau bent aangekomen geniet je maximaal van jezelf en je nieuwe toekomstomgeving. Je hebt de hoofdprijs van de jackpot gewonnen en je hebt de top van een nieuwe berg bereikt. Je voelt je heerlijk thuis in je nieuwe omgeving en je geniet van alle nieuwe verlangens die je hebt gerealiseerd. Verlangens die je drie maanden geleden had opgeschreven en nu bereikt hebt. Ongelooflijk gewoon en toch is het zo. Veel mensen knijpen zich ook in de arm omdat ze nog niet kunnen geloven dat zij hun verlangens succesvol gerealiseerd hebben. In drie maanden tijd heb je nu je toekomstvisie gerealiseerd. Je bent trots en blij over wat je bereikt hebben. Je geniet van je nieuwe leven en als vanzelf krijg je na een tijdje weer nieuwe verlangens die je wil gaan realiseren, waardoor jij jezelf weer kunt vernieuwen en voor jezelf de lat weer een stukje hoger kunt leggen naar een nog mooiere toekomstige omgeving.

Dit vernieuwingsproces van jezelf heb je waarschijnlijk al een paar keer in je leven meegemaakt. Denk bijvoorbeeld eens terug aan je schooltijd waar je hard leerde om goede cijfers te halen voor de verschillende schoolvakken. Toen was je ook heel blij dat je een voldoende haalde en het vak begreep. Of de tijd dat je leerde fietsen en jij jezelf de vaardigheden aanleerde om goed te kunnen fietsten. Of de tijd dat je leerde autorijden. Aan het begin wilde je waarschijnlijk erg graag in een auto rijden en toen was je ook heel enthousiast om te leren autorijden. Daarna merkte je ook dat je steeds meer moest kunnen om de auto goed te kunnen besturen. Om alle rij-activiteiten tegelijk te doen was dan ook best moeilijk en daar had je een aantal rijlessen voor nodig. Na een tijdje mocht jij je rijexamen doen en toen je dat haalde, was je waarschijnlijk ook heel blij. Je mocht nu alleen een auto besturen en dat gaf je veel zelfvertrouwen en maakte je heel trots. Of de ervaring dat jij jezelf als verkoper had ontwikkeld en je eerste klant positief reageerde op je offerte, zodat je nu zeker wist dat je een goede verkoper bent. Of de ervaring dat jij positieve feedback krijgt van de mensen aan wie je leiding geeft en je nu zeker weet dat je een goede leidinggevende bent.

Motiveren van jezelf voor vernieuwing

Om jezelf te motiveren tijdens je vernieuwingsproces is het belangrijk dat je rekening houdt met de hiervoor besproken vernieuwingscurve, van onbewust incompetent naar bewust competent. Om jezelf goed en succesvol te kunnen motiveren moet je weten waar jij je bevindt op de leercurve. Als je bijvoorbeeld bij stap 1, onbewust incompetent, bezig bent om je nieuwe verlangens te ontdekken, dan kun jij jezelf het beste ondersteunen door leuke nieuwe dingen te gaan doen. Zodat je kunt ontdekken welke nieuwe activiteiten je nog meer leuk vindt om te doen. Als je bijvoorbeeld presenteren heel erg leuk vindt en dat met veel enthousiasme doet, dan zit daar waarschijnlijk een verlangen van je achter. Dan vind jij het waarschijnlijk leuk om in het middelpunt van de aandacht te staan. Dit is dan een verlangen dat je verder kunt gaan ontwikkelen, door bijvoorbeeld in de verkoop te gaan werken of bij de televisie te gaan werken. Of als je een bepaalde hobby, zoals klaverjassen, heel leuk vindt, dan kun je die gebruiken om jezelf te vernieuwen. Want aan deze hobby kun je zien dat je het waarschijnlijk leuk vindt om samen in een team te werken, spannend en uitdagend werk te hebben en risico's te mogen nemen. Aan je hobby's kun je goed zien wat je leuk vindt om te doen en waar je motivatie ligt. Je hobby's doe je tenslotte vrijwillig. Daar kun je dus veel informatie vinden over wat je leuk vindt en in welke richting jij jezelf het makkelijkste kunt vernieuwen.
Als je begint aan het bewust worden van je nieuwe verlangens, dan ben je vaak heel enthousiast en gemotiveerd. Op dit moment is het heel erg belangrijk dat jij jezelf niet gaat demotiveren door te bedenken welke moeilijkheden je allemaal kunt tegenkomen of jezelf te vertellen dat waar jij enthousiast over bent helemaal niks voorstelt. Of jezelf te vertellen dat jij met deze verlangens geen geld kunt verdienen. Geniet van je eerste stappen en je enthousiasme. En wees niet te kritisch naar jezelf.

Geniet van je eerste stappen en je enthousiasme.

Als je in fase 2: 'bewust incompetent' van je vernieuwingscurve komt, dan is het belangrijk dat jij jezelf veel aandacht en ondersteuning geeft. Je voelt je al niet zo zeker en je kunt al je persoonlijke positieve kracht goed gebruiken. Vraag zoveel mogelijke tips aan andere succesvolle mensen hoe zij zichzelf hebben vernieuwd en lees inspirerende boeken over mensen die zich vernieuwd hebben. Lees ook hoe zij met tegenslagen zijn omgegaan. Zorg dat je een uitlaatklep hebt waar jij je eventuele frustratie of teleurstelling kwijt kan. Dit kan zijn door te gaan sporten of een goed gesprek te hebben met je coach. Spreek jezelf moed in en herinner je succesvolle ervaringen. Geef jezelf in deze fase zo min mogelijk kritiek omdat jij je toch al niet zo zeker voelt en je kritiek nu extra hard aankomt. Ga op zoek naar je hulpbronnen waar jij kracht van krijgt. Hulpbronnen zijn bijvoorbeeld boeken waarin beschreven wordt wat je in een bepaalde situatie het beste kunt doen. Of waarin een bekende persoon zijn levensverhaal vertelt en aangeeft dat bij hem ook niet alles vanzelf ging. Een andere hulpbron kan zijn dat je even een korte vakantie neemt en afstand neemt van je intensieve vernieuwingsactiviteiten om weer te kunnen genieten van het leven, waardoor je ook weer nieuwe energie en kracht kunt opdoen. Een andere hulpbron kan zijn om jezelf kleine opdrachten te geven, die je makkelijk succesvol kunt uitvoeren, zodat jij je zelfvertrouwen weer kunt opbouwen.

Ga op zoek naar je hulpbronnen waar jij kracht van krijgt.

Als je door het dalletje heen bent en naar fase 3: 'bewust competent' aan het gaan bent, dan ben je makkelijker in staat om jezelf weer te motiveren. Je merkt nu dat je steeds beter wordt en dat geeft je een goed gevoel. Je krijgt ook weer het zelfvertrouwen dat jij jezelf kunt vernieuwen en je nieuwe verlangens kunt realiseren. Je mag je nu ook weer wat kritischer naar jezelf opstellen en je kunt ook weer grotere uitdagingen aangaan. Je motiveert jezelf in deze fase door je successen te vieren en jezelf een beloning te geven als iets goed gaat. Je kunt jezelf extra stimuleren door beloningen te geven zoals een mooie succesbeker, een mooi boek, een goede fles wijn, een leuk etentje met vrienden of dat je een leuke training gaat doen. Je kunt ook weddenschappen met jezelf afsluiten waarbij de intentie is dat je de grootste kans heb dat jij wint en jij jezelf een mooi groot cadeau kunt geven. Het is ook erg motiverend om voor jezelf bij te houden wat er allemaal goed gaat en al je successen op te schrijven in je succesdagboek.

Na fase 3 gaat je naar fase 4: 'onbewust competent', waar je weer optimaal succesvol kunt functioneren. Je hebt jezelf vernieuwd en je voelt je erg gelukkig. Je hebt nu zeer veel interne motivatie om je nieuwe activiteiten te doen en die gaan je ook makkelijk af. Je motiveert jezelf door jezelf toe te staan om te genieten van jezelf en het realiseren van je nieuwe verlangens. Je hebt een belangrijke prestatie geleverd en het is nu tijd om daarvan te genieten. Je mag trots zijn op jezelf en de kunst is om zo lang mogelijk van dit gevoel te genieten. Je demotiveert jezelf door te snel jezelf weer te willen vernieuwen. **De uitdaging is nu te genieten van het hoge niveau waar je nu staat en tevreden te zijn over de prestaties die je geleverd hebt.** Je hebt nu alles bereikt wat je wilde bereiken en dat is genoeg. Meer hoef je nu niet te doen en na verloop van tijd zul je als vanzelf merken dat je weer een nieuwe stap wil maken.

tips om jezelf te vernieuwen
10

1 Vernieuw jezelf door nieuwe verlangens te realiseren.

2 Bepaal zelf het tempo van je vernieuwing.

3 Neem afscheid van beperkende relaties.

4 Lees voor inspiratie boeken van andere succesvolle vernieuwers.

5 Een tegenslag is pas een tegenslag als je het zo beleeft.

6 Vertrouw jezelf en je verlangens.

7 Geef nooit, nooit, nooit op.

8 Motiveer jezelf door jezelf succes cadeaus te geven.

9 Neem op tijd vakantie om te genieten van je vooruitgang.

10 Leer over jezelf van andere vernieuwers of laat je coachen.

Bron: Inspirerend Leidinggeven, ing. Rogier Offerhaus, MBA

Inspirerende literatuur

Bennis, Warren: *Why Leaders can't Lead*. Jossey-Bass Publishers, San Fransisco 1989

Bennis, Warren & Biederman, Patricia: *Organizing Genius.* Addison-Wesley Publishing Company, Inc., New York 1997

Bruel, Maurits & Colson, Clemes: *De geluksfabriek*, Scriptum Management 1998

Castaneda, Carlos: *The power of Silence.* Washington Square Books, New York 1987

Collins, James C. & Porras, Jerry I.: *Built to Last.* Harper Business, New York 1994

Chopra, Deepak: *The seven spiritual Laws of Success.* Amber-Allen Publishing, San Rafael 1993

Covey, Stephen: *The 7 habits of highly effective People.* Simon & Schuster, New York 1989

Csikszentmihalyi, Mihaly: *FLOW*. Boom, Amsterdam 1999

Dalai Lama & Cutler, Howard: *De kunst van het Geluk.* BZZTôH, 's-Gravenhage 1999

Dawson, Roger: *The confident Decision Maker.* Quill William Morrow, New York 1993

Drucker, Peter F.: *Adventures of a Bystander.* Transaction Publishers, London 1978

Dyson, James: *Against the Odds.* Orion Business Books, London 1997

Dohrwardt, Sabine: *Meer succes door Positief denken.* Tirion Uitgevers, Baarn 1999

Erickson, Milton H.: *Mijn stem gaat met je mee.* Karnak, Amsterdam 1994

Fentener van Vlissingen, Paul: *Ondernemers zijn Ezels.* Uitgeverij Balans 1995

Foudraine, Jan: *Wie is van Hout.* Ambo, Amsterdam 1991

Geus, Arie de: *The Living Company*. HBS Press, Boston 1997

Goleman, Daniel: *Emotional Intelligence*. Bantam Books, New York 1995

Goleman, Daniel: *Working with Emotional Intelligence.* Bantam Books, New York 1998

Gerber, Michael E.: *De Succesfactor.* Elmar, Rijswijk 1997

Gray, John: *Krijgen wat je wilt en willen wat je hebt.* Het Spectrum, Nieuwegein 1999

Greenleaf, Robert K: *De Dienaar als Leider.* Academic Service, Schoonhoven 1996

Greene, Robert & Elffers, Joost: *The 48 Laws of Power.* Viking Penguin, New York 1998

Hamel, Gary & Prahalad C.K.: *Competing for the Future.* Harvard Business Press, Boston 1994

Hamel, Gary: *Leading the revolution.* HBS Press, Boston 2000

Harris, Thomas: *I'm OK – You're OK.* Arrow, London 1968

Harris, Amy & Thomas: *Staying OK*, Arrow, London 1995

Hersey, Paul: *Situationeel Leiding geven*. Veen, Amsterdam 1999

Hill, Napoleon: *Think & Grow Rich*. Fawcett Crest, New York 1983

Heskeet, James L & Sasser, W. Earl & Schelsinger, Leonard A.: *Groeien door tevreden klanten.* F&G Publishing, Utrecht 1997

Jackson, Tim: *Virgin King, inside Richard Branson's business empire.* Harper Collins, London 1995

Jackson, Tim: *Inside Intel.* Harper Collins, London 1998.

Jackson, Phil: *Sacred Hoops.* Hyperion, New York 1995

Jager, de J.L.: Albert Heijn, *De memoires van een optimist.* De Prom, Baarn 1997

Jaworski, Joseph: *Synchronicity: The inner path of Leadership.* Berret-Koehler Publishers, San Francisco 1996

Jung, C.G.: *Memories, Dreams, Reflections.* Vintage Books, New York 1989

Katz, Donald: *Just Do It.* Adams Media corporation, Massachusetts 1994

Kets de Vries, Manfred: *Het Geluk.* Uitgeverij Nieuwezijds, Amsterdam 2000

Knoope, Marinus: *De Creatiespiraal.* KIC, Nijmegen 1998

Kouzes, James & Posner, Barry: *Het geheim van Leiderschap.* Scriptum Management, Schiedam 1999

Lewis, Michael: *Liar's Poker.* Coronat Books, London 1989

Mandela, Nelson: *Long walk to Freedom*. Abacus, London 1994

Maucher, Helmut: *Leadership in Action*. McGraw-Hill, New York 1994

Mintzberg, Henry: *The Rise and Fall of Strategic Planning*. Prentice Hall, Hemel Hempstead 1994

Morgan, Gareth: *Images of Organization*. Sage, London 1986

Nonaka, Ikujiro & Takeuchi, Hirotaka: *The Knowledge-Creating Company*, Oxford University Press, Oxford 1995

O'Neil, John: *Leadership Aikido.* Harmony Books, New York 1997
Peters, Tom: *Liberation Management.* Fawcett Columbine, New York 1992
Peters, Tom & Waterman, Robert H. JR: *In Search of Excellence.* Harper Collins, London 1995
Rand, Ayn: *Atlas Shrugged.* Random House, New York 1957
Ratelband, Emile: *Tsjakka.* Andromeda, Blaricum 1995
Rinpoche, Sogyal: *The Tibetan Book of Living and Dying.* Harper Collins, San Francisco 1994
Robbins, Anthony: *Stap in je Grootsheid.* Meta Vision Publishing, Baarn 1995
Russo, J. Edward, & Schoemaker, Paul J.H.: *Beslis(T) beter!* Scriptum Management, Schiedam 1993
Schäfer, Bodo: *Bereik uw eerste miljoen.* Kosmos-Z&K uitgevers, Utrecht 1998
Seiwert, Lothar J.: *Haast je langzaam.* Het Spectrum, Utrecht 2000
Senge, Peter: *De vijfde discipline: De kunst en praktijk van de lerende* organisatie. Scriptum, Schiedam 1992
Simpson, Joe: *Over de rand.* Nijgh & Van Ditmar 1989
Slater, Robert: *Jack Welch and the GE Way.* McGraw Hill, New York 1999
Sloan, Alfred P., Jr.: *My Years with General Motors.* DoubleDay, New York 1963
Slywotzky, Adrian J. & Morrison, David J.: *Op zoek naar winst.* Contact, Amsterdam 1999
Strouse, Jean: *Morgan: American Financier.* Perinnial, New York 1999
Taylor, Frederick Winslow: *The Principles of Scientific Management.* Dover Publications, New York 1998
Tichy, Noel M.: *The Leadership Engine.* HarperBusiness, New York 1997
Veenbaas, Wibe & Weisfelt, Piet: *Persoonlijk Leiderschap.* Phoenix-Opleidingen TA/NLP, 1996
Walsch, Neale Donald: *Een ongewoon gesprek met God.* Kosmos-Z&K uitgevers, Utrecht 1998
Williams, A.L.: *Succes Verzekerd.* Omega Boek, Amsterdam 1988
Wennekes, Wim: *De Aartsvaders.* Uitgeverij Atlas, Amsterdam 1997
Wallace, James & Erickson, Jim: *Hard Drive.* Harper Business, New York 1992